Ernst Badian

Zöllner und Sünder

Ernst Badian

Zöllner und Sünder

Unternehmer im Dienst der römischen Republik

Wissenschaftliche Buchgesellschaft
Darmstadt

Autorisierte Übersetzung von
Wolfgang Will und Stephen Cox

Die Deutsche Bibliothek – CIP-Einheitsaufnahme

Badian, Ernst:
Zöllner und Sünder: Unternehmer im Dienst der römischen Republik / Ernst Badian. [Autorisierte Übers. von Wolfgang Will und Stephen Cox]. – Darmstadt: Wiss. Buchges., 1997
Einheitssacht.: Publicans and sinners ⟨dt.⟩
ISBN 3-534-13143-6

Bestellnummer 13143-6

Gedruckt auf säurefreiem und alterungsbeständigem Werkdruckpapier
Satz: Setzerei Gutowski, Weiterstadt
Druck und Bindung: Clausen & Bosse, Leck
Printed in Germany
Schrift: Linotype Walbaum, 9.5/11

ISBN 3-534-13143-6

Inhalt

Vorwort zur deutschen Ausgabe

Eine deutsche Übersetzung von ›Publicans and Sinners‹ war schon bald nach der Erstveröffentlichung im Jahre 1972 vorgesehen. Dieser Plan wurde verschiedentlich aktuell, mußte aber jedesmal wieder aufgegeben werden, weil sich kein geeigneter Übersetzer finden ließ. Auch als Wolfgang Will sich anbot, die Übersetzung zu betreuen, und mir dabei eine beratende Funktion einräumte, konnte ich mich anfangs einer gewissen Skepsis nicht erwehren. Doch dieses Mal entwickelten sich die Dinge anders. Mit großem Interesse an der Sache gewann Herr Will Herrn Stephen Cox als Mitübersetzer und überzeugte, noch ehe die Übersetzung ganz abgeschlossen war, Herrn Heitmann von der Wissenschaftlichen Buchgesellschaft, die deutschsprachige Fassung zur Veröffentlichung anzunehmen. Mit fast grenzenloser Geduld haben die Übersetzer meine Hinweise und Bemerkungen immer entgegenkommend aufgenommen, und das im Laufe eines Arbeitsprozesses, der sich immerhin über einen Zeitraum von drei Jahren erstreckte.

Auch wenn man der Meinung ist, es sei der Mühe nicht wert gewesen – auf jeden Fall haben die Übersetzer, so weit ich das beurteilen kann, ausgezeichnete Arbeit geleistet. Der Verfasser des Buches wird sich nicht hinter ihnen verstecken können, wenn Fehler festgestellt werden sollten. Gerne nutzt er die Gelegenheit, allen, die an dieser Ausgabe beteiligt sind, an dieser Stelle seinen aufrichtigen Dank auszusprechen.

Es wäre eine Untertreibung, wenn man bloß von einer Vielzahl von Arbeiten spräche, die in dem Vierteljahrhundert seit der Erstveröffentlichung dieses Buchs auf allen Gebieten der Klassischen Altertumswissenschaften erschienen sind. Dies lehrt schon ein flüchtiger Blick auf die Entwicklung der einzelnen Bände der ›L'Année philologique‹: Sie werden immer dicker und erscheinen besonders in den letzten Jahren mit immer größerer Verspätung, obgleich immer mehr Teilgebiete ausgespart bleiben, die in den älteren Jahrgängen berücksichtigt wurden. Auch die Römische Geschichte ist von dieser massiven Zunahme von Publikationen nicht ausgenommen. Wie sollte man hier mit dieser Flut von Veröffentlichungen umgehen? Hätte man das Buch gänzlich unverändert gelassen, so stellte es ein bloßes Fossil dar: gewiß nützlich, wie es Fossilien eben sind, aber für das Entfalten dieses Nutzens auf eine sachkundige Erläuterung angewiesen. Andererseits war es offenkundig unmöglich, auch nur alle direkt auf das Thema bezogenen Arbeiten zu berücksichtigen, die seit der Erstauflage des Buches erschienen waren. Im Jahre 1983 habe ich einem von der Cornell University Press verlegten, inzwischen vergriffenen Nachdruck des Buches eine kurze kritische Auswahlbibliographie beigefügt. Einige der dort erwähnten Arbeiten haben sich als ephemer erwiesen und sind mittlerweile wohl entbehrlich. Einige andere Hinweise sind unverändert oder revidiert in die Übersetzung eingegangen (s.u.). Zu Nicolets wichtigem Aufsatz über einige Aspekte der Organisation der Pachtgesellschaften verweise ich auf meine Anmerkungen im Nachdruck (S. 160–161).

Schließlich kam ich zu der Ansicht, daß sich das Buch nur in sehr begrenztem Umfang aktualisieren ließ, und zwar in einer zweistufigen Verfahrensweise:

1. Kleinere Änderungen wurden an zahlreichen Stellen des ursprünglichen Textes vorgenommen, wo eine Angabe auf den neuesten Stand gebracht werden mußte, wo eine Feststellung nicht mehr haltbar war oder wo nur eine kleinere Ergänzung nötig schien. Außer in den Fällen, die so geringfügig waren, daß sie keiner Kennzeichnung bedurften, sind alle diese Änderungen durch eckige Klammern kenntlich gemacht worden – und sei es nur zu dem Zweck, Literaturarchäologen eine Schichtanalyse zu ermöglichen.

2. Eine kurze Erörterung einiger wichtiger Werke und ihrer Relevanz für die Argumentation des vorliegenden Buches wurde

als Anhang hinzugefügt. Er befaßt sich allein mit den nach Meinung des Verfassers wirklich wichtigen Arbeiten, die sich direkt auf das Hauptthema des Buches beziehen. [Hinweise darauf sind im Text mit * gekennzeichnet.] Vor allem gibt es, wie Fachleute natürlich wissen werden, nun ein bedeutendes neues Zeugnis, das „Zollgesetz der Provinz Asia“ aus der Zeit Neros, dessen Text und detaillierte Interpretation inzwischen ausgiebig behandelt worden sind. Nur kleine Teile dieses Gesetzes sind für den hier beschriebenen Zeitraum von Bedeutung, und auf sie allein wird sich der Kommentar beschränken. Sodann stellte ›Roman Statutes‹ eine Reihe größerer Änderungen am Text der Gesetze der „Tabula Bembina“ vor – ein Ergebnis mustergültiger Forschung und wahrscheinlich der wichtigste epigraphische Beitrag des ganzen Werkes. Diese Änderungen sind, soweit sie für die hier vorgebrachten Argumente von Belang sein können, beachtet worden. Die relativ wenigen zusammenfassenden Darstellungen, die für das Thema dieses Buches wichtig sind, konnten nicht in der Ausführlichkeit behandelt werden, die einige von ihnen verdienen. Wie bereits erwähnt, konnten auch die Versuche einer breiten Neudeutung der inneren Geschichte und der Außenpolitik der römischen Republik nicht diskutiert werden, so bedeutend sie zum Teil sein mögen. Neue Untersuchungen, in denen Detailfragen zur Sprache kommen, sind, wie oben unter Punkt eins erwähnt, selektiv herangezogen worden.

Die einschneidendste Veränderung jedoch betrifft nicht die Abhandlungen der Historiker, die ihre Entstehung oft der konventionellen akademischen Hochschätzung jeglicher „Originalität“ verdanken, sondern das breitere gesellschaftliche Umfeld, auf welches das Buch beiläufig Bezug nimmt. Gerade zu der Zeit, als es publiziert wurde, begann sich die öffentliche Grundstimmung in den westlichen Gesellschaften zu wandeln, und bisher als „schockierend“ und undenkbar geltende Ideen drangen in politische Programme ein, ja wurden sogar in die Praxis umgesetzt. Dem Eintrag im ›Oxford English Dictionary‹ (2. Aufl.) zufolge ist die früheste Verwendung des Wortes “privatise" für das Jahr 1970 belegt, also für das Jahr, in dem dieses Buch erschien. Für das Substantiv "privatisation" fand sich schon im Jahre 1960 ein vereinzeltes Beispiel, aber sein regelmäßiger Gebrauch ist wiederum erst vom Jahr 1970 an bezeugt. In allen westlichen Gesellschaften mit Ausnahme der Vereinigten Staaten, wo einflußreiche Lobbies dies verhindert haben und wo die Kontrolle der Zentralregierung über das Leben der Bürger sogar noch im Wachsen ist, ist der Einsatz privaten Unternehmertums für öffentliche Aufgaben in einem Maß Realität geworden, wie es vor einer Generation nicht denkbar war. Diese Entwicklung wurde durch den Zusammenbruch jenes Staates gefördert, der die umfassendste und strengste Aufsicht über Abermillionen seiner unmittelbaren und mittelbaren Untertanen behauptete und der mit seiner bloßen Macht und seinen propagandistisch vertretenen Idealen beinahe bis zum Ende eine magische Anziehungskraft auf einen großen Teil der intellektuellen Elite ausübte: Als der Zwang, der diesen Staat zusammenhielt, gelockert wurde, konnten seine hohlen Prinzipien ihn nicht tragen, und er zerfiel. Wir sind immer noch auf der Suche nach dem richtigen Verhältnis zwischen staatlicher Aufsicht und privater Ausführung.

Angesichts unserer weit komplizierteren Wirtschaft und der Unbeweglichkeit unserer mächtigen Staatsbürokratien ist es jedenfalls sicher, daß irgendeine Form der Zusammenarbeit zwischen Regierung und Privatwirtschaft selbst in den Kernbereichen des öffentlichen Dienstes eine Notwendigkeit geworden ist. Ähnlich wie es sich im Falle der römischen Republik herauskristallisierte, können auch wir bereits sagen, daß dieser Schritt keinen Nutzen für die Regierten gewährleistet. Wie zu Zeiten der römischen Republik wird der Nutzen am Ende weitgehend davon abhängen, wieweit unsere Regierenden korrumpierbar sind. Sie machen die Regeln und sie geben das Vorbild.

Cambridge, Mass., im Juli 1996

Vorwort zur Originalausgabe

Als die Universität von Otago mich mit ihrer Einladung ehrte, die De-Carle-Vorlesungen im Wintertrimester ihres hundertjährigen Bestehens zu halten, nahm ich die Gelegenheit wahr, ein Thema zu behandeln, das mich schon lange Zeit interessierte, weil es nicht nur für den von Bedeutung ist, der sich mit der späten Republik (und insbesondere dem römischen Imperialismus und der Provinzverwaltung in dieser Zeit) befaßt, sondern weil es auch eine Problematik ist, die nicht viel Beachtung gefunden hat, obgleich ihre Bedeutung allgemein anerkannt wird. Glücklicherweise und unerwartet erschien Ürögdis Artikel über *publicani* in der Real-Encyclopädie gerade rechtzeitig, um mir eine Hilfe bei der abschließenden Vorbereitung der Vorlesungen zu sein. Vorrangigen Dank schulde ich aber (wie man an vielen Stellen sehen kann) Professor P.A. Brunts Abhandlung ›The Equites in the Late Republic‹. Sie wurde veröffentlicht, als ich gerade einige Gedanken zum römischen Imperialismus zusammengestellt hatte, und lenkte meine Aufmerksamkeit auf ein Gebiet, das dringend einer detaillierteren Untersuchung in Zusammenhang mit diesem Thema bedurfte. Dieser kurze, aber anregende und fundierte Aufsatz wird auf den folgenden Seiten häufig zitiert werden, wobei es, denke ich, nur gelegentlich Meinungsunterschiede in Detailfragen gibt. Wer auf diesem Gebiet arbeitet, kann weiterhin nicht an Professor Claude Nicolets umfassendem Werk über die *equites* vorbeigehen – einer Fundgrube von Wissen und Erkenntnissen.

Es ist mir eine Freude, der Universität von Otago für ihre großzügige Gastfreundschaft zu danken, die es mir ermöglichte, in angenehmer Atmosphäre und ruhiger Umgebung zu arbeiten, wie sie in anderen Ländern heutzutage immer seltener zu finden sind; ganz abgesehen davon, daß ich alte Freunde nach vielen Jahren wieder treffen und neue gewinnen konnte. Vielleicht ist es ungerecht, einzelne Namen hervorzuheben. Aber die freundliche Unterstützung durch den Registrar (Dr. J.W. Hayward) und seine Mitarbeiter bedarf besonderer Erwähnung, ebenso die durch Professor J.R. Hamilton (damals Acting Head of Classics, inzwischen an der Universität von Auckland); vor allem sind auch das Interesse meines alten Freundes Professor Kenneth Quinn und die Anstrengungen zu erwähnen, die er unternahm, um meinen Besuch zu ermöglichen und überaus angenehm zu gestalten, auch wenn er schließlich nicht in Dunedin bleiben konnte, um die Vorlesungen selbst zu hören.

Ich hoffe – und bin sogar fest überzeugt –, daß die Universität von Otago während des zweiten Jahrhunderts ihres Bestehens, wie schon im ersten, eine führende Rolle im Leben Neuseelands spielen und weiterhin für ein Klima sorgen wird, in dem die Geistes- und Naturwissenschaften gedeihen können und ein aufgeschlossenes Publikum finden.

Buffalo, N.Y., Oktober 1970

I. Staatsaufträge in Krieg und Frieden

Falls der durchschnittlich Gebildete überhaupt etwas von den römischen *publicani* gehört hat, wird er zwei Dinge über sie wissen, beide gegründet auf Hinweise im Neuen Testament: Sie waren Steuereintreiber und wurden mit den Sündern in einem Atemzug genannt[1] – sie waren also nicht die Art Mensch, mit der ein Religionsführer hätte verkehren sollen. Die Sorge, die Jesus für sie zeigte, entspricht seiner Sorge für die Leprakranken oder die Samariter: eine paradoxe Liebe für die Ausgestoßenen der etablierten Gesellschaft.

Derjenige, der Grundkenntnisse in der Alten Geschichte hat, wird wissen, daß die Zöllner des Neuen Testaments gar keine echten römischen *publicani* waren, sondern nur deren örtliche Angestellte, die nicht nur mit der natürlichen Abneigung betrachtet wurden, die die ganze arbeitende Bevölkerung mit Recht für den Steuereintreiber empfindet, sondern auch mit der besonderen Abneigung, die jenen gilt, die mit dem fremden Eroberer kollaborieren und sich dadurch bereichern.[2] Der Geschichtskundige wird aber auch wissen, daß die *publicani* im eigentlichen Sinn des Wortes in der Zeit der Republik – und vor allem die Steuereinnehmer der imperialen Republik im Zeitalter Ciceros – der Fluch und die Geißel der besiegten Länder waren, weitgehend (wenn wir einigen modernen Werken glauben können) verantwortlich für den Abscheu vor dem römischen Namen unter den Untertanen Roms, ja vielleicht sogar für den Untergang der römischen Republik. Und nicht nur moderne Werke vermitteln diesen Eindruck. Der Historiker Livius erzählt uns von der ersten Hälfte des zweiten Jahrhunderts v. Chr. als wohlbekannte Tatsache, daß „dort, wo ein *publicanus* war, es kein wirksames öffentliches Recht und keine Freiheit für die Untertanen gab".[3]

Ein Jahrhundert später erscheinen die *publicani* bei Cicero (wenn er ihnen nicht gerade aus persönlichen oder politischen Gründen schmeichelt) als gnadenlose Ausbeuter, die man aber wegen ihrer ökonomischen Mittel und ihrer politischen Macht beschwichtigen muß.[4]

Diese Geschichte ist keineswegs völlig irrelevant und weit von uns entfernt – bloße 'Alte Geschichte'. Wie alle wichtigen historischen Fragestellungen tangiert auch unser Thema immerdauernde Probleme der Menschheit, die heute ebenso drängend, ebenso kontrovers und wohl ebenso unlösbar sind wie vor zweitausend Jahren. In diesem besonderen Fall mag die Terminologie ungewöhnlich klingen, und die geläufigen Vorurteile haben sich gewandelt. Trotzdem gehört das Problem an sich zu einem der möglicherweise dringendsten Fragenkomplexe entwickelter moderner Gesellschaften: dem Verhältnis zwischen Staat und Privatwirtschaft im Dienste des Gemeinwesens. Der Mangel an geschichtlicher Bildung – der leider immer öfter vorkommt und heute in manchen Kreisen schon fast zum guten Ton gehört – birgt in sich die ständige Gefahr, daß eine bestimmte Situation als gottgegeben betrachtet wird und daß unsere Vorurteile zu moralischen Kriterien erhoben werden, wobei jede Alternative unvorstellbar bleibt oder nur mit einem Schaudern betrachtet wird. Vor allem in unserer Zeit[5] neigen die Menschen dazu, eine geschichtliche Entwicklung mit Fortschritt in Richtung auf ein moralisches Ziel gleichzusetzen, das allzu leicht als vorgegeben verstanden wird, und Widerstand gegen Wandel – geschweige denn ein Vorschlag, ihn rückgängig zu machen – kann dementsprechend als böse gedeutet werden, bestenfalls (von den Toleranten) als naiver Wunschtraum. Deshalb muß ich mit der Bitte an den Leser beginnen, einige äußerst schockierende Überlegungen anzustellen.

Jedermann kennt den naiven Dogmatismus mancher Länder, nach dem der privatwirtschaftliche Betrieb sogar eines Lebensmittelgeschäftes als etwas Böses angesehen wird.

Die meisten von uns hätten nur ein Lächeln für diese Vorstellung übrig, wie auch immer ihre politischen Ansichten in unserer eigenen Gesellschaft sein mögen. Aber dieselben Leute sind vielleicht darüber entsetzt, daß anderswo etwa das Fernmeldewesen oder die Wasserversorgung in privaten Händen liegen könnte. Und selbst diejenigen, die dies akzeptieren, würden beim Vorschlag, Steuern privatwirtschaftlich einziehen zu lassen, die Grenze ziehen wollen. Dennoch ist es nicht lange her, daß solche Zustände ansatzweise existierten, und es kann sie durchaus irgendwo auf dieser Erde noch geben. Als ein bedeutender Juraprofessor an der Universität Jena (1896, also vor nur einem Jahrhundert) ein Standardwerk über die *publicani* veröffentlichte, konnte er berichten, daß die Einziehung bestimmter Kommunalsteuern in seiner Stadt noch verpachtet wurde. Zudem erwähnte er, daß die Stadt Jena der festen Meinung war, daß dies für sie einträglicher sei als das in manchen anderen Städten praktizierte System der direkten Einziehung durch die Behörden.[6] In einer ernsthaften Erörterung wägt er, auch in bezug auf die staatlichen Steuern, die Vor- und Nachteile der beiden Systeme sowohl für den Staat als auch für den Bürger ab. Heute halten wir ein sehr viel stärkeres Eingreifen des Staates in unsere Privatangelegenheiten (auf lokaler und staatlicher Ebene) für selbstverständlich, als es selbst unsere Väter und Großväter für annehmbar gehalten hätten, so daß all dies uns sehr weit weg erscheint. Das Maß dieser Entfernung kann vielleicht ein Blick auf die Bemerkung eines etablierten Althistorikers zeigen, die er vor dreißig Jahren in einem Buch machte, das (insgesamt mit Recht) von den Rezensenten und der Öffentlichkeit gut aufgenommen wurde. Der Autor ist von dem traurigen Schauspiel bedrückt, daß öffentliche Steuern für privaten Gewinn eingezogen werden. Die Sache bereitet ihm wirklichen moralischen Schmerz. „Privatfirmen, die für Gewinn arbeiten, besitzen nicht die Integrität von Staatsbeamten".[7]

Solche Naivität ist ebenso gewinnend wie charakteristisch. Was sie bestürzend macht, ist, daß es sich um einen angesehenen Historiker handelt, der über eine Zeit schreibt, die gerade den Schwerpunkt seiner eigenen Forschung bildet. Man denke an das in bewundernswerter Weise um das Staatswohl besorgte Vorbild an Integrität, den Staatsdiener Gaius Verres, an seine ebenso dem Staatswohl dienenden subalternen Staatsbeamten sowie freilich auch an die Länder, in denen noch heute – wie der Althistoriker wissen muß, wenn er außerhalb der geschützten Umgebung einer englischsprachigen Gesellschaft westlicher Prägung zu reisen pflegt – der Staatsbeamte seinen persönlichen Anteil von einem Bürger erwartet, der sicher sein will, daß der Beamte seinen Verpflichtungen nachgeht.

Und man fragt sich: Wie steht es mit der Medizin? Ist es nicht bestürzend, menschliches Leben jemandem anzuvertrauen, der für Gewinn arbeitet, also nicht die Integrität eines Staatsbeamten besitzt? Diese Meinung wird in der Tat vertreten, und mein geschätzter Kollege hat sie wohl geteilt. Aber wie steht es dann mit der Integrität derjenigen, die Brot oder Schuhe privatwirtschaftlich gewinnorientiert herstellen? Sicherlich verlangen solche verantwortungsvollen sozialen Aufgaben den Einsatz des Staatsbeamten. Man hört hier allmählich die Stimme des Dogmatikers, den wir anfangs belächelt haben. Vielleicht aber wird jetzt deutlich, daß die Fragen der Geschichte niemals ohne Aktualität sind, zumindest für diejenigen, die sie nicht als bloße antiquarische Übungen betrachten. Heute sind wir nicht weniger darum bemüht, eine angemessene Grenze zwischen der richtig verstandenen Rolle des Staates und der der Privatwirtschaft zu ziehen, als jede andere Zivilisation vor uns. Und die Untersuchung dieser Wechselwirkung in jeder Zivilisation kann, wenn man die ahistorischen Scheuklappen ablegt, nur lehrreich und interessant sein. Wenden wir uns also jetzt wieder der römischen Republik zu.

Nichts wäre sinnloser als zu versuchen, diese sprichwörtlichen schwarzen Schafe, die römischen *publicani*, weißzuwaschen. Unsere Untersuchung muß *sine ira et studio* verfahren. Es geht uns hier darum, herauszufinden, wie Privatpersonen – denn das Wesen der *publicani* lag in der Tatsache, daß sie nicht Teil des eigentlichen Staatsapparates waren – eine solche Machtposition gegenüber den Untertanen und sogar der Regierung in Rom erreichen konnten. Und wir müssen auch versuchen, zu einer gerechten Einschätzung der Grenzen dieser Macht in den verschiedenen Stadien zu gelangen sowie der Bedeutung der *publicani* im Rahmen jenes historischen Prozesses, der von der Republik zum Kaiserreich führte. Dabei werden wir die Behandlung von allerlei Detailfragen geduldig ertragen müssen: Geschichte ist keine Unterhaltung. Der Historiker kann nur versprechen, das Ziel immer im Auge zu behalten.

Ich werde mich nur wenig mit Zeiten befassen, die – strenggenommen – der Vorgeschichte angehören. Als der alte Stadtstaat des Mittelmeerraumes in das volle Licht der Geschichte tritt, wird er, politisch gesehen, von einer kleinen Oberschicht regiert – mit einem Minimum an Personal und Regierungsmaschinerie.[8] Die Pflichten der Regierung sind sehr einfach: das Wohlwollen der Götter gegenüber der Bevölkerung sichern; den Staat gegen äußere Feinde verteidigen und gegebenenfalls seine Macht und sein Territorium vergrößern; den inneren Frieden bewahren. Selbstverständlich messen die einzelnen Staaten den verschiedenen Aufgaben einen unterschiedlichen Wert bei, und sie unterscheiden sich auch in dem Ausmaß, in dem sie staatliche Mittel anstelle aristokratischer Privatmacht für diese begrenzten Ziele einsetzen. Als einige Stadtstaaten ansatzweise demokratische Institutionen entwickeln, wobei Athen im fünften und vierten Jahrhundert v. Chr. am weitesten geht, nimmt der Staat eine größere Bedeutung und ein breiteres Aufgabenfeld ein; das Privatvermögen der großen Familien wird – meistens mit deren Einverständnis und Mithilfe – zunehmend entpersönlicht und über den Staat geleitet. Im Athen des vierten Jahrhunderts finden wir ein hochentwickeltes Steuersystem (über andere von den Reichen getragene

Staatslasten hinaus), und in ihm ist die Steuerpacht ein fester Bestandteil. Denn trotz aller Verantwortlichkeiten, die er auf sich genommen hat, hat der Staat weiterhin nur die in der Regel jährlich wechselnden Magistrate, um seine Geschäfte zu erledigen; der wahre Geist der Demokratie – im alten Sinne – mißtraut der einem bürokratischen Staatsapparat inhärenten unpersönlichen Machtkontinuität und schließt sie aus.

Dies soll uns hier nicht im Detail beschäftigen und würde uns überhaupt nicht interessieren, wenn die Ähnlichkeiten zwischen dem entwickelten athenischen Steuerpachtsystem (dem einzigen im klassischen Griechenland, von dem wir Genaueres wissen) und dem römischen nicht manche Historiker hätten denken lassen, daß Rom von den Griechen habe beeinflußt sein müssen. Dies ist durchaus möglich: Der Einfluß mag in einem sehr frühen Stadium über Etrurien gekommen sein oder auch über die griechischen Kolonien Süditaliens, aber er ist heute noch völlig unbewiesen. Im Detail sind die Unterschiede genauso groß wie die Ähnlichkeiten, so daß sich argumentieren läßt, es sei zu der insgesamt ähnlichen Verfahrensweise gekommen, weil grundsätzlich ähnliche Probleme in grundsätzlich ähnlichen Gesellschaften auftraten. Ich mache auf diese Möglichkeit nur aufmerksam, weil der Historiker dazu verpflichtet ist, weise aber auch darauf hin, daß man nichts Weiteres damit anfangen kann. Man muß mit den Quellen arbeiten, so wie man sie vorfindet, und der Befund – vor allem für die Frühzeit – ist sehr begrenzt, selbst wenn man sich auf Rom beschränkt. Bei den heutigen Erkenntnissen wäre es ganz unzulässig, darüber hinauszugehen.

So soll unsere Analyse sich auf Rom beschränken und zunächst vom Grundsätzlichen ausgehen. Es gab zwei Arten von Aufgaben, die der römische Staat zu leisten hatte und zu denen er selbst nicht in der Lage war. Eine war, die Versorgung sicherzustellen – für religiöses Zeremoniell, für das Heer, für profane städtische Zwecke (z.B. öffentliche Gebäude), alles Dinge, die benötigt wurden, damit der Staat seine eigentlichen Mindestaufgaben erfüllen konnte. Selbstverständlich mußten diese Versorgungsgüter bezahlt werden, sobald der Staatsapparat aus mehr bestand als dem Kreis der Adelsfamilien, die seine herrschende Klasse bildeten. Also brauchte der Staat auch das Geld dafür, und dies führte zu der zweiten Art von Aufgabe, nämlich dem Einziehen der Gelder, die für die notwendigen Staatsaufgaben gebraucht wurden. Bei einem sehr kleinen Staatsapparat mußten beide Seiten der Bilanzrechung zumindest teilweise in privater Hand sein. In Anbetracht solch erstaunlicher, wenn auch typischer Beispiele von Vorurteil und Dogma, wie wir sie erwähnt haben, muß ich hier noch einmal darauf hinweisen, daß diese Arbeitsweise ziemlich einfach und weder überraschend noch – egal, von welchem ethischen Standpunkt aus – tadelnswert ist. Wie einige moderne Staaten alle wirtschaftlichen Abläufe in der Gesellschaft, alle modernen Staaten jedoch wenigstens einige, ja sogar immer mehr dieser Vorgänge, als ihre rechtmäßige Domäne ansehen, auch wenn praktische Erwägungen die jeweiligen Ideale zwangsläufig nicht zur vollen Wirkung kommen lassen, so hat die frühe römische Republik wirtschaftliche Aufgaben als grundsätzlich außerhalb ihrer Zuständigkeit angesehen, selbst wenn der Staat aus Gründen, für die theoretische Erklärungen zu liefern niemand für nötig hielt, traditionsgemäß einige wirtschaftliche Aufgaben ausführte. Im großen und ganzen waren es die *publicani*, die alle wirtschaftlichen Aufgaben erledigten – wie es ja in gewissem Ausmaß ihre heutigen Nachfahren in allen nichtsozialistischen Staaten immer noch tun. Selbst der Name *publicani* leitet sich von der Tatsache ab, daß sie mit dem öffentlichen Eigentum *(publica)* des römischen Volkes umgingen.[9]

Zuverlässige Hinweise auf die staatliche Verpachtung öffentlicher Arbeiten und Dienstleistungen lassen sich indirekt zumindest bis zum Beginn des vierten Jahrhunderts v.Chr. zurückverfolgen. Bekanntlich wurde in der Zeit vor ca. 200 v.Chr. keine Geschichte Roms verfaßt. Die Einzelheiten der früheren Geschichte wurden im Lichte der zeitgenössischen Interessen und Verhältnisse von den späteren Autoren oft frei erfunden.[10] Wo Livius die Modalitäten beim Bau früher Tempel beschreibt, verwendet er eine Sprache, die nahelegt, daß er sich vorstellte, die Arbeit sei – wie in späteren Zeiten – von Unternehmern durchgeführt worden; und er verwendet die gleiche Sprache im Falle des einzigen Profanbaus sowie bei anderen Bauvorhaben.[11] Sind wir nun berechtigt, diese Darstellung zu glauben? Wie wir schon gesehen haben, scheint sie an sich hinreichend glaubhaft. Die einzig denkbare Alternative für das frühe Rom wäre, daß die Arbeit durch das private Hauspersonal der herrschenden Familien erledigt wurde; und dafür gibt es – im Gegensatz zum Pachtsystem – keinerlei Hinweise. Darüber hinaus können wir aber positive Argumente anführen.

Einer der ersten Aufträge, die die Zensoren in der späten römischen Republik traditionsgemäß vergeben mußten, betraf das Füttern der heiligen Gänse auf dem Kapitol. Die Gänse hatten sich dadurch ausgezeichnet, daß sie Alarm schlugen, als die Gallier um 390 v.Chr. Rom einnahmen.[12] Der Auftrag muß also mindestens ebenso lange bestanden haben und ist wahrscheinlich noch älter. Denn die Gänse, der Juno geweiht, waren schon da, als sie die Stadt retteten – was kaum ohne eine offizielle Futtermittelzuteilung möglich gewesen wäre. Der Auftrag zur Fütterung muß wohl dem guten Dienst der Gänse vorangegangen sein. Es ist naheliegend, daß der Auftrag für das Signal, das die Zenturiatkomitien einberief, so alt wie die Versammlung selbst war, deren Tradition bis in die Zeit des Königs Servius zurückreicht.[13] In der klassischen Zeit waren die Senatoren von der Staatspacht ausgeschlossen (wir wissen nicht, seit wann), doch durften sie bei der Ausschreibung zur Lieferung von Pferden und Wagen für die Zirkusspiele bieten: C. Antonius, Ciceros Kollege im Konsulat von 63 v.Chr., hatte nämlich diesen Auftrag erworben.[14] Nun scheint es, daß die ersten Spiele schon in der ersten Hälfte des vierten Jahrhunderts v.Chr. ausgetragen wurden.[15] Das war sicherlich lange vor der Zeit, in der Senatoren von den staatlichen Pachtgeschäften ausgeschlossen waren; und die sakrale Natur der Aufgabe hat verhindert, daß das Teilnahmerecht der Senatoren abgeschafft wurde, als das Gesetz geändert wurde. Es gibt gute Gründe für die Annahme, daß andere Aufträge mit kultischem Bezug ihnen weiterhin zugänglich geblieben sein mögen.[16] Folglich können wir ziemlich sicher sein, daß es ab dem vierten Jahrhundert v. Chr. eine Selbstverständlichkeit war, öffentliche Aufträge zu vergeben, und man kann mit ziemlicher Zuversicht davon ausgehen, daß dies wahrscheinlich schon ein Jahrhundert zuvor oder vielleicht sogar unter den Königen der Fall war. So gesehen gibt es keinen Grund, daran zu zweifeln, daß Livius' Bericht über die Errichtung früher Tempel als im Kern richtig akzeptiert werden kann, und es gibt auch keinen vernünftigen Grund dagegen, daß die wenigen staatlichen Profanbauten, die es damals gab, in der gleichen Art und Weise geplant und errichtet wurden. Die *publicani* bildeten einen festen Bestandteil der *res publica*, seit wir diese beobachten oder zurückverfolgen können.

Lieferungsaufträge für die militärische Versorgung werden erst aus der Zeit des Krieges gegen Hannibal erwähnt, aber in einer Art und Weise, die darauf schließen läßt, daß solche Pachtverträge schon eine seit langer Zeit bestehende Einrichtung waren. Der Hinweis verdankt sich überhaupt nur dem Umstand, daß damals (215 v. Chr.) ein Ausnahmezustand herrschte. In einer Zeit noch nie dagewesener Knappheit in der Staatskasse wurden diejenigen, die durch die Kriegslieferungen Gewinne erzielt hatten, darum gebeten, den Bedarf der Truppen in Spanien auf Kredit zu decken: Die Aufträge schlossen Lebensmittel ein, Kleidung und „was darüber hinaus, nämlich für die Flotte, benötigt wurde".[17] Die Bezahlung sollte erfolgen, sobald die Staatskasse wieder über genügend Geld verfügte.

Drei Gesellschaften, an denen insgesamt neunzehn Männer beteiligt waren,[18] zeigten sich unter diesen Umständen bereit, Angebote zu machen. Im Gegenzug bestanden sie aber darauf, außergewöhnliche Bedingungen zu stellen: Befreiung vom

Militärdienst für die Laufzeit der Verträge und staatliche Bürgschaften für die Verschiffung aller Versorgungsgüter. Der Prätor mußte die Bedingungen akzeptieren. Leider erfahren wir nicht, ob er in der Zeit bis zur Abzahlung der geschuldeten Summe Zinsen zu zahlen hatte. Das ist aber sehr wahrscheinlich, vor allem weil keinerlei Sicherheiten geboten wurden und die Kaufleute es sich bei den hohen Zinsen, die in der Antike im allgemeinen und in Krisenzeiten insbesondere üblich waren, wohl kaum leisten konnten, jahrelang ohne jegliche Bezahlung auszukommen. Die ganze Vorgehensweise zeigt jedoch, daß die Vergabe von Aufträgen der einzige damals bekannte Weg war, die Güter zu besorgen, und daß solche Geschäfte schon in ein System mit festen Formen gebracht worden waren.

Die Versteigerungen wurden vom Prätor veranstaltet, sobald sich ein Bedarf abzeichnete. (Freilich hätte es genausogut auch ein Konsul sein können, aber die Konsuln waren mit der Kriegsführung beschäftigt.) Schon bei dieser ersten Erwähnung sind die Bieter in Gesellschaften organisiert. Ob das Bieten normalerweise auf Wettbewerb beruhte, können wir nicht sagen; daß es in diesem außergewöhnlichen Fall nicht so war, beweist nichts. Zudem müssen wir berücksichtigen, daß in der Regel alle Frachtrisiken vom Lieferanten getragen wurden und nicht vom Staat: Das Vorgehen, das diesmal vereinbart wurde, bildet eine Ausnahme, wobei auch hier der Staat nur für die Seefracht bürgte. Vermutlich war das Risiko bei der Beförderung über Land klein, denn die Unternehmen baten nicht einmal darum, daß sie davon befreit wurden: Die Hauptstraßen Italiens, die außerhalb Hannibals Reichweite lagen, wurden gut überwacht. Auf See dagegen war das Risiko, vor allem in Kriegszeiten, durchaus nicht gering: Was wir über antike Schiffe wissen, zeigt, daß die Seetransporte zu jeder Zeit große Risiken in sich bargen. Dies muß man berücksichtigen, wenn man bemerkt, daß bei solchen Unternehmungen private Gewinne zugestanden wurden. Leider haben wir keine Zahlen über die Geschäfte, die in diesem Falle getätigt wurden. Im folgenden wird die Prüfung späterer Zeugnisse zumindest etwas

Licht auf die Sache werfen können. Wie üblich sind unsere Quellen aber mehr an moralischer Wertung als an Wirtschaftsgeschichte interessiert. Man denke an die Begeisterung, mit der Livius den Patriotismus der Pächter kommentiert: „So waren Gesinnung und Vaterlandsliebe, die damals alle Stände gleichermaßen zu durchziehen schienen."

Als er diese Worte schrieb, wußte Livius wahrscheinlich * noch nichts über das Nachspiel.[19] Zwei Jahre später[20] wurde enthüllt, daß zwei der neunzehn beteiligten Herren die Staatskasse betrogen hatten, indem sie seeuntüchtige Schiffe mit wertlosen Gütern beladen ließen und die Versicherungssumme für die Heereslieferungen einforderten, als die Schiffe sanken – übrigens eine Methode, die uns heute sehr modern erscheint. Interessanterweise wollte der Senat nicht gegen sie vorgehen, als ihm die Sache bekannt wurde, da er die Abhängigkeit des Staates von den Unternehmern klar erkannte und sie in einer solchen Krisenzeit nicht vor den Kopf stoßen wollte. Zumindest lautet so die Erklärung. Zwar versuchten zwei Tribunen mit Hilfe der Volksversammlung Maßnahmen zu ergreifen, die Versammlung wurde aber durch einen von den Unternehmern angeführten Mob gesprengt. Daraufhin unternahm der Senat entschlossene Schritte, die zur Bestrafung aller Übeltäter führten.

Bemerkenswert ist, daß die Schuldigen sehr bedeutende Römer waren – beide aus Etrurien, wo sich viele römische Familien auf erobertem Territorium niedergelassen hatten und die Einheimischen zu Bürgern gemacht worden waren. Einer, T. Pomponius aus Veii, war ein ziemlich erfolgreicher *praefectus socium*: Anscheinend hat er später ein Heer aus Freiwilligen in Süditalien aufgestellt, wurde aber schließlich geschlagen und gefangengenommen.[21]

Der andere Mann, M. Postumius aus Pyrgi, der (oder dessen Freunde) hinter dem Aufruhr in der Versammlung stand, war sogar mit einem Volkstribun dieses Jahres verwandt, der es aber ablehnte, für ihn Einspruch zu erheben.[22] Beide Männer müssen *equites* gewesen sein, also Männer des oberen (Offiziers-)Standes der römischen Gesellschaft,[23] die, wie wir später sehen werden, einen führenden Teil der *publicani* bildeten. Interessant ist, sie schon beim ersten Mal in Erscheinung treten zu sehen, wenn in unseren Quellen von einem Versorgungsauftrag die Rede ist.

Der Vorfall sieht auf den ersten Blick alarmierend aus und scheint die Klugheit der Kritiker eines solchen Systems zu bestätigen. Er zeigt, daß die *publicani* faktisch bei ihrer ersten ausdrücklichen Erwähnung in unserer Überlieferung schon in außergesetzlichen Interessengruppen organisiert sind, schon ihren persönlichen Gewinn über das öffentliche Interesse stellen und bereit sind, ein Mitglied ihres Standes zu verteidigen, ungeachtet dessen, was es getan hat. Wir dürfen aber nicht übertreiben. Andere Nationen haben auch ihre gesetzesbrüchigen Kriegsgewinnler gehabt, haben sie bestraft und weiterbestanden.

Wir dürfen nicht übersehen, daß von den neunzehn Männern, die am Vertrag beteiligt waren, nur zwei in den Betrug verwickelt waren: Es gibt keinen Grund anzunehmen, daß weitere Missetäter unentdeckt blieben, nachdem die Tatsachen einmal ans Licht gekommen waren. Dies stellt keine schlechte Bilanz dar. Es gibt nur wenige Staaten, die etwa hinsichtlich ihrer höheren Staatsbeamten mit einer besseren aufwarten könnten. Was die Bestrafung der Schuldigen angeht, erfordert diese Episode eine genaue Untersuchung: Es sei nochmals betont, daß die Geschichte, wie wir sie lesen, erst in der späten Republik geschrieben wurde, oft im Lichte der aktuellen Ereignisse. Erstens, zur angeblichen kleinmütigen Unentschlossenheit des Senats, der nicht bereit war, den Stand der *publicani* zu beleidigen. Hierbei wird – wie es auch Livius in der Darstellung des Nachspiels tut – vorausgesetzt, daß ein organisierter *ordo publicanorum* mit dem Status und der Macht existierte, die er zur Zeit Ciceros innehatte. Die Episode läßt aber Zweifel daran aufkommen. Es wird – vage – angedeutet, daß der Senat „im vorigen Jahr" nichts unternehmen wollte und daß deshalb zwei Tribunen den Fall vor das Volk brachten, und zwar offenkundig am Anfang des neuen Konsuljahres, denn der Vorfall behinderte anscheinend die Aushebungen der Konsuln für das neue Jahr. Demgegenüber ist der Senat nach dem Aufruhr keineswegs kleinmütig. Wir brauchen nicht auf die leidenschaftliche Rhetorik des Livius einzugehen, es bleibt die Tatsache, daß dieselben Tribunen, die die ursprüngliche Strafverfolgung in Gang gesetzt hatten, später als Instrument des Senats für die strenge Durchführung der Konsequenzen auserkoren werden.

Wenn wir Faktum und Deutung auseinanderhalten, kommen wir zu einem in sich geschlossenen Bild: Der Senat, vom Prätor (wahrscheinlich gegen Ende des Konsuljahres) über den angeblichen Betrug informiert, weigert sich zu handeln. Sofort am Beginn des nächsten Konsuljahres (nicht des Amtsjahres der Tribunen, das drei Monate früher begann!) leiten zwei Tribunen eine staatliche Strafverfolgung ein. Nachdem die Versammlung aufgelöst worden ist, ergreift der Senat, geführt von einem der neuen Konsuln, entschlossen repressive Maßnahmen, mit deren Ausführung er dieselben zwei Tribunen betraut. Die offensichtliche Erklärung, losgelöst von ihren spätrepublikanischen Zutaten, ist die, daß der Senat es ablehnte, die Angelegenheit am Jahresende in Abwesenheit der Konsuln zu besprechen. (Man beachte, daß es der Prätor war, der den Fall zur Sprache brachte.) In einer Sache von solcher öffentlicher Tragweite war es besser, auf die Amtsübernahme der neuen Konsuln zu warten. Furcht vor einer möglichen Beleidigung der *publicani* läßt sich nicht so einfach annehmen, wenn später so wenig davon zu spüren war. Zudem war der Senat kein Gerichtshof. Wenn der Fall erörtert worden wäre, hätte der Senat nur beschließen können, daß die vermuteten Verbrechen strafrechtlich verfolgt werden sollten. So kam es auch: Sie wurden strafrechtlich von zwei Tribunen verfolgt, und zwar von denselben zwei Tribunen, die später die Unterstützung des Staates genießen und zu dessen Bestrafungsinstrument werden. Es gibt keinen Grund, daran zu zweifeln, daß die Tribunen von Anfang an im Auftrag des Senats gehandelt haben, so wie es bei Tribunen gewöhnlich der Fall war. Die Weigerung eines anderen Tribuns, der mit einem der Beschuldigten verwandt war, sein Veto gegen den Prozeß einzulegen, ist auch sehr leicht zu erklären, wenn der Prozeß keine bloße Privatinitiative zweier Amtskollegen war, sondern auf Anweisungen des Senats hin stattfand. Wie die frühere Geschichte im Lichte der Politik der späten Republik neu geschrieben wurde, kann glücklicherweise anhand der Fakten dieser Episode ziemlich gut demonstriert werden.

Unter diesen Aspekten gerät auch der vom „Stand" der *publicani* organisierte Aufruhr in Verdacht. Genauso wie der Senat tatsächlich selbst bei einem größeren Konflikt keine Angst vor ihnen zeigte, so dürfen wir davon ausgehen, daß es eigentlich nichts zu fürchten gab. Wir können zunächst die Störung der Versammlung als Faktum akzeptieren. Es besteht aber kein Grund zur Annahme, daß irgend jemand außerhalb des Freundes- und Klientenkreises der zwei Beschuldigten – beide, wie wir gesehen haben, mächtige Mitglieder der Oberschicht – hinter den Unruhen stand. Es wird uns ausdrücklich berichtet, daß alle, die in den Aufruhr verwickelt waren, vor Gericht kamen und (falls schuldig) bestraft wurden, anscheinend mit dem Tod (zumindest nominell): Ihr Besitz wurde entsprechend der Strafe für Kapitalverbrechen konfisziert. Die Vorstellung, daß der gesamte „Stand" der *publicani* so behandelt wurde oder werden mußte, ist jedoch absurd. Staatsaufträge mußten weiterhin erfüllt werden und wurden es auch. Der Aufruhr wie der Betrug stellten eindeutig einen Vorfall von relativ geringer Bedeutung dar, den mit normalen Verfahren zu bewältigen Senat und Volk von Rom sich durchaus in der Lage zeigten. Es ist allein die spätere Wiedergabe, die das beunruhigende Bild von der privaten Macht und Verantwortungslosigkeit eines Standes sowie von staatlichem Wankelmut entstehen ließ.

Die Pachtgeschäfte gingen zwangsläufig weiter. Noch vor dem behandelten Vorfall gibt es eine erste detaillierte Erwähnung einer anderen Art von Pachtauftrag.[24] Im Jahre 214 mußten die

Zensoren, noch unter dem Diktat finanzieller Erschöpfung, die Vergabe von Aufträgen über die Instandhaltung von Sakralbauten, über die Lieferung von Pferden für die Prozessionen und Spiele sowie über, wie es heißt, „ähnliche Dinge" einstellen. (Was das ist, können wir nur vermuten; wahrscheinlich handelt es sich um andere Dienste religiöser Art wie das Füttern der Gänse auf dem Kapitol: Es scheint dieses Element zu sein, warum die beiden Aufträge gemeinsam erwähnt werden.) Nun aber war es im Verlauf eines gefährlichen Krieges erst recht notwendig, daß religiöse Dienste wie diese aufrechterhalten wurden, da sie das Wohlwollen der Götter sicherten. Diejenigen, die bei Ausschreibungen für diese Pachtverträge zu bieten pflegten, machten daher den Vorschlag, das Erforderliche auf Kredit zu tun und keine Bezahlung zu verlangen, bis der Krieg vorbei war. Freilich waren die entsprechenden Geldsummen relativ klein, sonst hätte ein solches Angebot nicht zu einer Zeit gemacht werden können, in der noch kein Ende des Krieges in Sicht war und Kapital knapp gewesen sein muß, da Italien vom Feind verwüstet wurde. Man könnte die Geschichte zwar als etwas fragwürdig betrachten, denn sie steht in einer langen Reihe ähnlicher Berichte über gemeinsinnige Taten aller Stände, wie Livius sie liebt und seine Vorgänger zweifellos ebenso. Aber da die Geschichte nicht als Kontrast zu anderen Ereignissen erzählt wird (römischen Katastrophen oder etwa dem Schiffsbetrug durch die zwei Unternehmer), dürfen wir sie zumindest in Umrissen akzeptieren, denn sie trägt keine Merkmale, die für eine patriotische Erfindung sprechen. Wir können sie als einen weiteren Beweis dafür verwenden, daß Staatsaufträge schon fest etabliert waren und daß es Leute gab, die es sich zur Gewohnheit gemacht hatten, bei Ausschreibungen zu bieten, auch wenn sie sicherlich nicht gänzlich auf solche Aufträge angewiesen waren, um ihren Lebensunterhalt zu bestreiten. Wir können daraus wohl auch schließen, daß das System leidlich gut funktionierte, und zwar unter Bedingungen, die eine fast unerträgliche Belastung mit sich gebracht haben müssen.

Wenn wir nichts mehr über die Pachtgeschäfte hören, können wir den Grund darin sehen, daß sie gut funktionierten und als selbstverständlich galten. Schließlich erfahren wir auch in den Darstellungen der modernen Kriege (die von Gelehrten geschrieben werden, die ein größeres Interesse an Wirtschaftsgeschichte haben als Livius und seine Vorgänger) selbst über große Versorgungsaufträge wenig, solange nichts Außergewöhnliches (wie ein großer Betrug) geschieht. Der Staat mit seinem einfachen Apparat[25] wäre ohne die Vergabe von Aufträgen, wie sie hier untersucht werden, gar nicht in der Lage gewesen, Italien und den größten Teil Siziliens zu erobern, Straßen, Aquädukte und Tempel zu bauen und schließlich die ganzen Geschäfte einer expandierenden Imperialmacht zu erledigen. Staatsaufträge waren also selbstverständlich, und zwangsläufig hatte sich eine Gruppe von Leuten herausgebildet, bei denen davon ausgegangen wurde, daß sie einen Teil ihres Lebensunterhaltes – nicht den ganzen, wie sich im folgenden zeigen wird – durch solche Aufträge verdienten.[26] All dies können wir nur in allgemeiner Weise annehmen – aber mit einer ausreichenden Gewißheit, sowohl was Plausibilität als auch Quellen betrifft.

Erst für das Jahr 209 v.Chr. erhalten wir, in ganz außergewöhnlicher Weise und nur durch einen glücklichen Zufall, zumindest eine grobe Vorstellung von der Größenordnung der Geldsummen, um die es ging. Wie es so häufig der Fall ist, ist unser Text durch und durch problematisch, aber auch dies ist natürlich besser als das völlige Schweigen, mit dem wir sonst konfrontiert sind.

In diesem Jahr 209 beschloß der Senat,[27] für Kriegszwecke eine Summe von 4000 Pfund Gold auszugeben – die Einnahmen aus einer Steuer, die für die Freilassung von Sklaven zu einem Satz von fünf Prozent auf den Wert des Sklaven erhoben wurde und deren Erträge über längere Zeit aufgespart worden waren, um im äußersten Notfall als Rücklage zu dienen. (Wir haben gesehen, wie hoffnungslos die Finanzlage bereits ein paar Jahre früher geworden war.) Von diesem Geld ging ein Teil an die Konsuln, an zwei Prokonsuln und einen Prätor an der Front; der Rest war für Heereslieferungen nach Spanien vorgesehen. Livius' Text und seine Sprache sind schwer zu entschlüsseln, die Höhe des „Restbetrages" kann [nach Franks Kurs] mit unterschiedlichem Ergebnis errechnet werden. Manche kommen auf 1400 Pfund, eine andere Lesart ergibt 1150.[28] In jedem Fall kommt die Größenordnung der betreffenden Unternehmen (im Gegensatz zu den Einzelheiten) deutlich genug zum Vorschein. In Spanien hatte Rom zu dieser Zeit Truppen in der Stärke von drei oder vier Legionen.[29] Livius erwähnt allein den Kauf von Kleidung: Vermutlich konnte man Lebensmittel vor Ort besorgen. Während des Ausnahmezustandes von 215 waren zwei Legionen in Spanien gewesen, und so wird es jetzt möglich, die Kosten der Bekleidung für eine Legion zu kalkulieren (allerdings mit einer ziemlich weit gesteckten Fehlergrenze, denn, wie gesagt, die Unsicherheiten in unserer Überlieferung erlauben keine Sicherheit in unseren Schlußfolgerungen) und eine Vorstellung von der notwendigen Kapitalmenge zu gewinnen. Es ergibt sich unter Berücksichtigung der Textvarianten, daß die Kosten für die Bekleidung einer Legion zwischen 287 1/2 (1150 für vier Legionen) und 467 (1400 für drei) Pfund Gold schwanken, d.h. (in die spätere römische Währung umgerechnet) zwischen 290000 und 470000 Denaren.[30] Damit liegt unser Mittelwert bei 380000 Denaren. Da in einem normalen Jahr vier neue Legionen im Einsatz waren (im 2. Punischen Krieg oft mehr, dazu viele bewaffnet in Bereitschaft), betrug der Gesamtwert der Kleidung normalerweise um die 1 1/2 Millionen Denare oder (in der üblicheren Rechenweise) sechs Millionen Sesterzen (vier auf einen Denar).

Es versteht sich, daß dies nur eine recht grobe Schätzung ist, die eine Spannweite von Zahlen verdeutlichen soll. Auch wenn diese Schätzung aber wegen der Unsicherheit unserer Quellen ziemlich große Abweichungen zuläßt, so ist sie dennoch keineswegs völlig willkürlich: Wir können mit Sicherheit behaupten, daß sie schwerlich etwa doppelt oder halb so hoch wie der wahre Wert ist. Zum Glück erlaubt unsere magere Überlieferung eine unerwartete Gegenkontrolle. Cato Maior rühmte sich,[31] als Offizier und Kommandeur immer den billigsten Proviant und die billigste Bekleidung gekauft zu haben. Der Kontext legt nahe, daß es um die Versorgung des einfachen Soldaten ging. Dabei erwähnt Cato, daß die Kleidungsstücke ihn nie mehr als 100 Denare kosteten. [Das war später, und es hatte eine gewisse Inflation gegeben, deren Ausmaß wir nicht kalkulieren können. Aber für die Zeit, in der Cato Kommandeur war,] können wir in jedem Fall davon ausgehen, daß 100 Denare ein Annäherungswert für die Kosten der Kleidung eines einfachen Soldaten darstellen. Für eine Legion der Standardgröße (4200 Mann)[32] ergibt sich also eine Gesamtsumme von ca. 420000 Denaren – was, angesichts der Unsicherheit der Zeugnisse, dem Mittelwert unserer ersten Kalkulation erstaunlich nahekommt. Auch wenn genaue Zahlen für sich wenig Bedeutung haben, können wir doch volles Vertrauen in die hier festgestellte Größenordnung haben.

Wenn schon die Kosten der Bekleidung für das Heer in normaler Stärke so hoch waren, versteht man allmählich die ganze Tragweite der Aussage von Livius, daß Kriegsgewinne erzielt worden seien, und man begreift das Interesse der römischen Oberschicht an solchen Aufträgen. Es kann nun eine weitere Kostenrechnung versucht werden, die freilich den gleichen Vorbehalten unterliegt. Im Jahre 215 befanden sich zumindest zwei Legionen in Spanien. Der Auftrag für Kleidung allein (wir müssen dabei bedenken, daß auch Lieferaufträge für Proviant sowie Versorgungsgüter für die Flotte vergeben wurden) muß sich auf mindestens 800000 Denare belaufen haben. Für die neunzehn Personen, die sich in ihn teilten, bedeutet dies einen durchschnittlichen Anteil von über 40000 Denaren. Man mag hier zum Vergleich daran denken, daß in der späten Republik – wir wissen nicht genau, seit wann – die Eigentumsvorbedingung, um den Status eines *eques* zu erhalten, 100000 Denare an Kapitalbesitz betrug, während die Vorbedingung für die erste Zensusklasse, die die Hauptmacht in den Zenturiatko-

Pachtzahlung. Römisches Grabrelief aus Neumagen, 2./3. Jh. Trier, Rheinisches Landesmuseum. Photo: AKG Berlin.

Oceanus-Mosaik, Detail Schiffszene, Römerhalle, Bad Kreuznach, Mitte 3. Jh.
Photo: Landesamt für Denkmalpflege, Mainz.

mitien ausübte, sich damals auf bloße 25000 Denare belaufen zu haben scheint.[33] Es ist durchaus wahrscheinlich, daß die außergewöhnlichen Aufträge von 215 für eine einzige Armee (wenn man die Nahrungsmittelversorgung und zudem die Lieferungen für die Flotte berücksichtigt) einen Kapitaleinsatz verlangten, der für jeden der betreffenden Partner dem gesamten Betrag entsprach, der später als Vorbedingung für den Status eines *eques* galt.

Es wäre interessant zu wissen, ob im Normalfall die Aufträge für Heeresgüterlieferungen von den Zensoren vergeben wurden – d.h. mit einer durchschnittlichen Laufzeit von fünf Jahren – oder von den jährlich wechselnden Magistraten. Leider gibt es darüber keine Auskunft. Auf jeden Fall hätten im 2. Punischen Krieg die meisten Aufträge nur jährlich vergeben werden können, da die Anzahl der Legionen und Armeen von einem Jahr auf das nächste nicht leicht vorhersehbar war. Dennoch bedeutete auch eine jährliche Pachtzeit einen Kapitaleinsatz von erheblichem Ausmaß. Freilich ist Gewinn gewissermaßen wichtiger als Umsatz oder eingesetztes Kapital – und für den Gewinn haben wir keine Bewertungsgrundlage. Er muß teilweise von der Wettbewerbssituation abhängig gewesen sein, denn der Staat konnte es sich (vor allem in Krisenzeiten, wenn schnelle Abwicklung wichtig war) nicht leisten, Aufträge zurückzuziehen und sie neu auszuschreiben. Außerdem gab es in der Krise des Jahres 215 offensichtlich keine Konkurrenz. Nichtsdestotrotz besitzen wir wieder die Möglichkeit, eine grobe Überprüfung der Gewinne vorzunehmen. Es hat sich gezeigt, daß der von Cato (für Kleidungsstücke) angegebene Preis überraschend gut mit dem übereinstimmte, was wir unabhängig davon über den Umfang des Lieferungsauftrages für Bekleidung feststellten. Da Catos Preis ein Preis des freien Marktes war, scheint dies anzudeuten, daß die Gewinne aus den Pachtverträgen nicht unangemessen hoch waren. Auch wenn diese grobe Kontrolle wenig beweist, bestätigt sie doch den hier gewonnenen allgemeinen Eindruck, daß das System gut funktionierte.

Auf die Rolle der *publicani* als Steuerpächter sind wir noch nicht eingegangen, obgleich es die Rolle ist, die am besten bekannt ist. In Wirklichkeit müssen sie zwar einen Teil ihrer Gewinne in diesem Tätigkeitsbereich erzielt haben, doch legen die Quellen nahe, daß zu dieser Zeit die Steuern von geringerer Bedeutung als die *ultro tributa* waren. Für die Bürger war die Hauptsteuer das *tributum*, eine kleine Besitzabgabe (in Höhe von $1/10$ Prozent), die der Staat ohne die *publicani* einzog.[34] Alle außerordentlichen Abgaben, die (häufig während eines großen Krieges) zusätzlich eingezogen wurden, versuchte der Staat zurückzuzahlen, sobald Gelder aus anderen Quellen (Tribute, Beute, Entschädigungszahlungen) zur Verfügung standen. Jedenfalls waren die *publicani* nicht damit befaßt. Darüber hinaus gab es die schon erwähnte fünfprozentige Steuer auf Sklavenfreilassungen – eine Steuer, die 4000 Pfund Gold in die Staatskasse gebracht hatte. Wir wissen nicht, wie lange es dauerte, um diese Summe zusammenzubringen. Die Steuer wurde im Jahre 357 eingeführt, und es ist behauptet worden, es habe die gesamte dazwischenliegende Zeit von 150 Jahren gebraucht, um die erwähnte Summe zusammenzubringen.[35] Diese Behauptung ist nachweislich falsch, da bei der Einführung der Steuer (den Quellen zufolge) vorgesehen war, sie für laufende Ausgaben zu verwenden, und wir nicht wissen, wann für diese Steuer der spätere Sonderzweck festgesetzt wurde. Wir wissen auch nicht, ob von dem Sakralschatz vorher Gebrauch gemacht wurde (z.B. während der schweren Notlagen im 1. Punischen Krieg) oder, falls es so war, ob das Geld danach wieder ersetzt wurde. Es lohnt sich kaum, Vermutungen darüber anzustellen. Selbst wenn man annimmt, daß sich der ganze Schatz erst seit Beginn des Krieges (sagen wir in zehn Jahren) angesammelt hatte – was höchst unwahrscheinlich ist –, kommt dennoch der jährlich eingezogene Betrag nur auf 400 Pfund Gold (d.h. [nach Franks Kurs] 400000 Denare). Gewinne, die aus der Einziehung dieser Summe zu erzielen waren, hätten also auch nicht sehr hoch gewesen sein können.

Schließlich gab es ohne Zweifel auch die *portoria*, d.h. Zölle und vor allem Hafengebühren. Diese tauchen in unseren Quellen zum ersten Mal ganz am Anfang der Republik auf, wenn wir erfahren, daß der seit kurzem herrschende Senat die Plebs von Zöllen befreite, um sich ihre Loyalität zu sichern.[36] Diese Geschichte ist wie die meisten Geschichten über die frühe Republik höchstwahrscheinlich eine spätere Erfindung. Es ist kaum vorstellbar, daß dieses Faktum über die dazwischenliegenden Jahrhunderte hinweg getreulich überliefert wurde. Jedenfalls werden solche Abgaben für die folgenden Jahrhunderte nicht erwähnt; falls die Abschaffung der Zölle historisch war, war sie offensichtlich von langer Dauer. Wenn Abgaben dieser Art vor dem Jahr 200 v.Chr. eingezogen wurden, so wissen wir nichts darüber, und sie können auch nicht von Bedeutung gewesen sein.

Verknüpft mit den Steuern waren die Pachten, die für die Nutzung des Staatslandes gezahlt wurden. Sofern es nicht für andere Zwecke (z.B. die Gründung einer Kolonie oder, wie bei Flaminius, die Verteilung einzelner Parzellen an römische Siedler) benötigt wurde, konnte Staatsland in der Regel von Privatpersonen gegen eine Steuerabgabe für verschiedene Zwecke beansprucht werden.[37] Dafür kann aber in der Zeit, die wir behandeln (im 2. Punischen Krieg), nicht viel Staatsland zur Verfügung gestanden haben: C. Flaminius hatte im Jahre 232 v.Chr. das letzte große Stück des bisher noch nicht kolonisierten Landes weggegeben. Pachtgelder aus dieser Quelle können daher nicht sehr viel ausgemacht haben.[38]

Die einzige andere regelmäßige Einnahmequelle der *publicani*, die uns bekannt ist, stellte der Salzverkauf dar, der immer ein Staatsmonopol war. Wir wissen zufällig, daß der Salzpreis während des 2. Punischen Krieges erhöht wurde, aber nur außerhalb der Stadt Rom.[39] Wenn man aber bedenkt, daß der Preis vorher – und in Rom weiterhin – nur ein As (eine Bronzemünze, ein Zehntel Denar bei dessen Einführung) für sechs

Pfund Salz betrug, ist es klar, daß mit dem Salzverkauf kein Vermögen gemacht wurde.

[Als Gewinnquelle für die *publicani* muß man die Pacht von staatlichen Minen, von Fischereien usw. hinzufügen. Wir haben keine Möglichkeit, die Größe dieser Einkommen auch nur annähernd zu bestimmen, aber keines von ihnen kann einen Geldstrom ausgemacht haben, der überhaupt mit dem zu vergleichen wäre, der später für die spanischen Minen bezeugt ist (s. oben) oder für die *ultro tributa*, die wir zu untersuchen in der Lage waren.]

Man kann also mit Recht sagen, daß zu der Zeit, als Rom siegreich aus dem 2. Punischen Krieg hervorging, die Gewinne aus der Steuereinziehung verhältnismäßig gering waren. Die Hauptgewinne des *publicanus* kamen aus den *ultro tributa* (Aufträge für Güter und Dienstleistungen, hauptsächlich Heereslieferungen). Es ist sehr gut möglich, daß in diesem Bereich selbst kleinere Gewinnspannen, wie Livius bemerkt, großen Reichtum verschafften, als die Zahl der Legionen von den üblichen vier auf über zwanzig erhöht wurde, während gleichzeitig die Notlage die Konkurrenz allmählich beseitigte und die Regierung den Unternehmern auslieferte. Wir haben zwar gesehen, daß (wie unter solchen Bedingungen zu erwarten war) einzelne Fälle von Unlauterkeit in gehobenen Kreisen der Gesellschaft vorkamen, was die Sache so beunruhigend machte; wir haben aber auch gesehen, daß die Gewinne im großen und ganzen wahrscheinlich nicht überhöht ausfielen. Sowohl das Wenige an aussagekräftiger Information, das wir besitzen, als auch das sonstige Schweigen unserer Quellen, die sich über den Skandal der zwei betrügerischen Unternehmer doch ausgiebig verbreiten, muß uns Indiz genug sein, daß die Hunderte von Aufträgen, die in dieser ganzen Zeit vergeben wurden, um den Krieg in Gang halten zu können, einigermaßen zufriedenstellend ausgeführt worden sein müssen. Im ganzen gesehen – und zwar in einem beeindruckenden Ganzen – machten die *publicani* in dieser Periode ihre Arbeit gut. Die Unterstützung, die den beiden Übeltätern erwiesen wurde, zeigt angeblich eine Standessolidarität, die als gesellschaftlich gefährlich gedeutet werden könnte. Wir haben aber hier gute Gründe dafür kennengelernt, die Richtigkeit der Einzelheiten dieser ganzen Episode zu bezweifeln, die die späte Republik wohl dramatisiert und in ihrem Sinn interpretiert haben mag. Wer auch immer es wagte, eine Versammlung des Volkes gewaltsam aufzulösen, sein Versuch mißlang. Senat und Volk, die über die Tribunen zusammenarbeiteten, behielten alles fest in der Hand. Der Vorfall löste keine wirkliche Unruhe aus und gab keinen Anlaß, die bisherige Politik zu ändern.

II. Expansion und Konflikt

Unmittelbar auf den 2. Punischen Krieg folgten größere Kriege im östlichen Mittelmeerraum, mit denen Rom innerhalb etwa eines Jahrzehnts Macht und Einfluß ohne Annexion über den gesamten Raum ausdehnte. Im letzten Jahrzehnt des dritten Jahrhunderts hatte Rom noch um sein Überleben gegen einen Feind gekämpft, der sich vor seinen Toren festgesetzt hatte und nur schwer von dort zu vertreiben war. Nur eine Generation später war Roms Vorherrschaft im gesamten Mittelmeerraum unangefochten. Die späten Nachfolger Alexanders des Großen schickten Gesandtschaften nach Rom, um ihr Schicksal an die Unterstützung und Anerkennung des Senats zu binden. In einer Welt, deren Horizonte sich auf einmal ungeheuer erweiterten, expandierte zwangsläufig auch das Geschäft mit staatlichen Aufträgen in entsprechender Weise.

Zwar erreichte die Zahl der Legionen niemals auch nur annähernd den Höchststand, den sie im 2. Punischen Krieg gehabt hatte. Jetzt aber, da ständige Kämpfe in Spanien zu den größeren Kriegen im Osten hinzukamen, lag sie deutlich über dem, was in der Zeit vor jenem üblich gewesen war.[1] Zudem wurde jetzt weit entfernt von Rom gekämpft, so daß die Kosten entsprechend höher gewesen sein müssen. Spätestens um 170 v. Chr. ist auch damit begonnen worden, die Stärke der einzelnen Legionen zu erhöhen. Man hat errechnet, daß die Zahl der Bürger in Waffen zwischen 200 und 157 v. Chr. jedes Jahr durchschnittlich 47000 Mann betrug, zugegebenermaßen eine grobe Schätzung.[2] Es muß betont werden, daß die *publicani*, soweit wir wissen, mit der Truppenverpflegung in allen diesen Kriegen betraut waren und für die Logistik und die Organisation sorgten, die den Legionen ihre Siege erst ermöglichten; genauso, wie sie selbst in den schlimmsten Tagen des Krieges gegen Hannibal die Versorgung der Truppen aufrechterhalten hatten, manchmal – wie schon erwähnt – ohne große Hoffnung auf Bezahlung. Die Verfehlungen der *publicani* sind aktenkundig; man sollte ihnen aber auch eine Reihe von Verdiensten anrechnen, die allzuoft übersehen werden.

Freilich waren die Probleme nicht so kompliziert wie die moderner Armeen. Der große Alexander konnte, soweit es sich beurteilen läßt, sein riesiges Reich mit Hilfe eines außerordentlich simplen Versorgungs- und Kommunikationsapparates erobern, weil er während seiner Feldzüge immer von dem lebte, was er vorfand. Für Legionen galt dies, wie gezeigt, nur bedingt. Selbstverständlich erbeuteten sie Lebensmittel und brauchbare Ausrüstung. Wir haben jedoch gesehen, daß im 2. Punischen Krieg große Staatsaufträge notwendig waren, um die Streitkräfte in Spanien zu versorgen; wir werden bald sehen, daß kurze Zeit darauf das gleiche für die Kriege im Osten zutraf. Selbst in den Tagen des Pompeius mußten die Einheiten in Spanien von Italien aus versorgt werden. Der Grund, weshalb wir darüber so wenig erfahren, ist – wie so oft – einfach: Solange das System reibungslos funktionierte, machte man sich keine Gedanken. Niemand verlor ein Wort darüber, wenn nicht etwas schiefging. Das alltägliche Verfahren von Auftragsvergabe und Lieferung wurde (und wird oft noch heute) von den Herren, die die Geschichte der großen Politik und der Feldzüge schreiben, nicht wahrgenommen.

Auf dieses Versäumnis mußte hingewiesen werden, da die einschlägige englischsprachige Arbeit zu dieser Problematik einen ganz anderen Eindruck vermittelt. Tenney Frank stellt es als Faktum hin,[3] daß als Konsequenz des von *publicani* mitten im 2. Punischen Krieg verübten Versicherungsbetrugs „der Staat anscheinend in den folgenden Kriegen im Osten stets seine Versorgungsgüter durch die Magistrate habe kaufen lassen, die den Transport besorgten". Er gibt uns freilich keinerlei

Erklärung dafür, woher die Magistrate plötzlich die logistischen Kenntnisse und den Apparat hatten, mit deren Hilfe sie die komplizierte Aufgabe bewältigen konnten, Versorgungsgüter zu kaufen und deren Transport zu organisieren. Nahm der Staat das Pachtgeschäft in eigene Hände? Wer, wenn es so war, waren die beteiligten Magistrate? Wie konnten sie diese zusätzlichen Aufgaben neben ihren gewohnten bewältigen? Und warum gab der Staat diese Praxis später wieder auf? Als Beweis führt Frank vier Textstellen bei Livius an.[4] Bei näherer Prüfung handeln alle freilich von derselben Sache: der Erhebung eines zusätzlichen Getreidezehnten *(alterae decumae)* in den Hauptanbaugebieten gegen Bezahlung sowie dem Transport des Getreides dorthin, wo es gebraucht wurde (nach Rom * oder an einen Kriegsschauplatz). Frühere Beispiele, auch aus der Zeit des 2. Punischen Krieges, lassen sich leicht finden.[5] Die Organisation der Getreidelieferungen nach Rom war traditionell Sache der Quästoren. In den betreffenden Provinzen konnte man sich bei der Erhebung des zweiten Zehnts einfach des Apparates bedienen, der (wie in Sizilien zur Zeit des Verres) schon für den Tributzehnt aufgebaut worden war. In allen diesen Fällen gab es ja schon einen solchen Apparat, allerdings jeweils in verschiedenen Formen: Es ist klar, daß derjenige in Italien sich von dem in Sizilien ebenso unterschied wie dieser von dem in den meisten anderen Provinzen; desgleichen, daß der vorhandene Apparat einfach benutzt wurde, weil es ihn gab – und nicht wegen eines möglicherweise neu erwachten Mißtrauens gegenüber den *publicani*. Wenn eine Quelle berichtet, daß ein Prätor für den Transport des Getreides in eine andere Region zu sorgen hatte, kann daraus nicht zwingend gefolgert werden, daß er die Fracht mit den Kriegsschiffen befördern sollte, die unter seiner Befehlsgewalt standen. Vermutlich hätte er in den meisten Fällen nicht einmal genügend Schiffe zur Verfügung gehabt. Was er gemacht hätte, läßt sich unschwer vorstellen: Wie beim Transport von Kleidung, sei es 209 – nur wenige Jahre nach den großen Betrügereien der *publicani* – oder, wie sich im folgenden zeigen wird, in den großen Kriegen im Osten, so pflegte wohl der Prätor auch bei Getreide einen Auftrag über die Verschiffung zu vergeben. Man kann annehmen, daß dort, wo keine Sonderabgabe auferlegt wurde, den Pächtern wie schon im Jahre 215 sogar die gesamte Beschaffung der Lebensmittel überlassen wurde, vom Transport ganz zu schweigen. Auf dem spanischen Kriegsschauplatz fand M. Porcius Cato im Jahre 195 Lebensmittelhändler als gleichsam rechtmäßig etablierte Einrichtung vor.[6] Befremdlich ist es, wenn ein Standardwerk aufgrund einiger weniger Fälle, in denen die Getreideabgaben durch den bestehenden staatlichen Apparat eingezogen wurden, leichtfertig zu dem allgemeinen Schluß kommt, daß die *publicani* auch dort keine Rolle bei der Beschaffung und dem Transport des ganzen Militärnachschubs spielten, wo ein solcher Apparat nicht vorhanden war.[7]

Tenney Frank besaß selbst Kenntnis wesentlicher Zeugnisse, die das Gegenteil belegen. Er räumt ein, daß in, wie er es nennt, "the small contract for horses and military garments in 167" [gemeint ist 169] die *publicani* "may have been employed (Livy, 44, 16) as intermediaries". Livius läßt freilich keinerlei Zweifel: Ein Auftrag über die Lieferung von 6000 Togen, 30000 Tuniken und 200 numidischen Pferden wird (den Transport nach Makedonien eingeschlossen) von einem Prätor in Rom vergeben, während das Getreide den Epiroten vor Ort abgekauft wird. Der Verweis auf den Auftrag ist ganz deutlich. Darüber hinaus wird sogar zur Bedingung gemacht, daß an alle die Orte in Makedonien geliefert werden muß, die der römische Kommandeur festlegt. Es ist schwer zu erkennen, was – außer der Abneigung, Fehler zuzugeben – Tenney Frank dazu führte, sein Zugeständnis in einer so zögerlichen Art und Weise zu formulieren. Und wenn bei einem solch besonderen Anlaß Lieferungsaufträge erteilt wurden, ist zu fragen: Warum nicht sonst? Tenney Frank war sich wohl dessen bewußt. Der einzige Grund, weshalb die ganze Sache überhaupt erwähnt wird, ist, daß sie in einer Hinsicht außergewöhnlich ist: Es handelt sich nicht um die übliche Vergabe von Lieferungsaufträgen, sondern einen

Auftrag in einer Notlage, vergeben auf die dringliche Aufforderung eines römischen Kommandeurs hin, der wahrscheinlich unerwartete Verluste hatte hinnehmen müssen. Hätte es einen staatlichen Apparat gegeben, Nachschub dieser Art zu beschaffen und zu transportieren, wäre er ohne Zweifel sofort in Gang gesetzt worden, um der Notsituation Herr zu werden. Wenn augenscheinlich der Apparat der *publicani* dazu benutzt wurde, muß man notwendig den Schluß ziehen, daß die *publicani* es waren – und nicht staatliche Organe –, die normalerweise den Apparat für solche Aufgaben unterhielten: genau wie sie es damals im Jahr 209 getan hatten, als eine noch außergewöhnlichere Situation noch außergewöhnlichere Maßnahmen von ihnen verlangt hatte.

In seinem Versuch, die Rolle der *publicani* in der damaligen Zeit herunterzuspielen, bezeichnet Tenney Frank beiläufig den Notauftrag als „klein“. Das stimmt natürlich, wenn man ihn mit den regelmäßigen Nachschublieferungen für die (mindestens) acht Legionen vergleicht, die man für diese Zeit als üblich annehmen kann. Dieser Vergleich darf aber nicht zu kategorischen Behauptungen verleiten. Wir müssen den Versuch unternehmen, einige Zahlen zu errechnen, auch wenn sie nur grobe Schätzungen sein können.

Wie oben kalkuliert, mag die Kleidung eines Soldaten 100 Denare gekostet haben.[8] Veranschlagen wir die Hälfte davon für die Toga, ein sorgfältig gearbeitetes Obergewand aus schwerem Stoff. Den Restbetrag müssen wir zwischen Tunika und Schuhen aufteilen; setzen wir dafür wiederum schätzungsweise je die Hälfte an. Diese grobe Aufteilung ergibt 50 Denare pro Toga und 25 pro Tunika. Auch wenn diese Schätzungen sicherlich nicht exakt sind, so liegen sie wohl in der richtigen Größenordnung. Daraus ergibt sich nun, daß 6000 Togen 300000 Denare und 30000 Tuniken 750000 Denare gekostet hätten. (Interessanterweise wurden übrigens für jede Toga fünf Tuniken mitgenommen. Nichts berechtigt uns zu der Annahme, daß dieses Verhältnis ungewöhnlich war.) So beträgt die Gesamtsumme allein für Kleidung über eine Million Denare. Was die Pferde angeht, gibt es keine zuverlässige Information: Wir kennen nur den staatlichen Zuschuß, der im dritten Jahrhundert zum Ankauf eines Kavallerie-Pferdes gezahlt wurde und der 500 Denare in späterer Umrechnung betrug.[9] Freilich müssen die hier genannten seltenen numidischen Pferde erheblich mehr gekostet haben: Sie mußten nämlich wohl aus Numidien selbst importiert werden. Eine Kostenkalkulation von 100000 Denaren (d.h. zum Wert des im dritten Jahrhundert gezahlten Staatszuschusses) ist wahrscheinlich viel zu niedrig. Trotzdem beziffern sich in unserem Überschlag die Gesamtkosten für diesen „kleinen" Notauftrag auf 1150000 Denare. Wenn wir uns vor Augen führen, daß zu der Zeit ein Soldat einen Jahressold von etwa 120 Denaren (Abzüge nicht enthalten) bekam,[10] wird klar, daß der Auftrag etwa dem Jahresverdienst von 10000 Soldaten entsprach. Gemessen wiederum an dem oben erwähnten Klassenzensus entspricht diese Summe dem Besitz (nicht dem Einkommen) von ungefähr einem Dutzend römischer *equites* im ersten Jahrhundert! Erweist man diesem „kleinen" Auftrag die gebührende Aufmerksamkeit, wirft er ein Licht auf die Größenordnung des Verpachtungsgeschäfts in den großen Kriegen des frühen zweiten Jahrhunderts. Leider erfahren wir weder etwas über die Anzahl der mit ihm beschäftigten Menschen oder Unternehmen noch etwas über die Profitrate im Vergleich zum investierten Kapital. Auch in diesem Fall waren die römischen Historiker nicht an Vorgängen interessiert, die für uns von größerem Belang sind als vieles, was sie sonst überliefern. Wir werden aber bald sehen, daß eine große Zahl von Menschen mit den Aufträgen beschäftigt war; und vermutlich summierte sich selbst ein geringer Profit für einige Leute zu einem beträchtlichen Vermögen, wenn die Unternehmungen nur groß genug waren.

Die Beute aus den Kriegen im Osten floß nach Rom zurück. Diese Beute, die schon oft im einzelnen aufgelistet worden ist, addiert sich zu einer erstaunlichen Menge: Für die Zeit bis zum Jahr 167 v.Chr. einschließlich (hier bricht der Text des Livius ab) kommt Frank[11] zu einer begründeten Schätzung von 70 Millionen Denaren allein für den Osten, dazu vielleicht etwa 40 Millionen von anderen Schauplätzen. Die ungeheure Summe von 110 Millionen Denaren[12] erfaßt freilich nur den Anteil an der Beute, der an die Staatskasse überwiesen wurde. Darüber hinaus flossen unvorstellbare Summen an Hunderttausende römischer Bürger: an Soldaten, Offiziere, Kommandeure – mit in dieser Reihenfolge sprunghaft steigendem Anteil. Die römischen Gesetze und Gepflogenheiten räumten den einzelnen Kommandeurs einen großen Ermessensspielraum in der Frage ein, wie mit der Kriegsbeute zu verfahren war,[13] und wir dürfen sicher sein, daß der gesamte Geldzufluß in die römische Wirtschaft zu dieser Zeit um ein Vielfaches die Summe übertraf, die der Staat erhielt. Auf diese aber wollen wir uns hier konzentrieren.

Rom besaß eine lange Tradition, öffentliche Arbeiten im allgemeinen nicht durch Steuergelder zu finanzieren, sondern sich möglichst darauf zu verlassen, sie mit Kriegsbeute zu bezahlen. Deshalb führte der Zufluß von Beute zu einer enormen Zunahme der öffentlichen Bautätigkeit. Die ausgegebenen Summen sind – wie fast immer! – unbekannt. Wir wissen aber – und das ist nicht unwichtig –, daß der Senat nun wenigstens gelegentlich zu diesem Zweck reguläre Zuteilungen aus den Staatseinkünften gewährte – zweifellos weil das meiste Geld nicht mehr vom römischen Steuerzahler stammte. Im Jahr 179 erhielten die Zensoren die Einkünfte eines Jahres für ihre Bauaufträge, im Jahre 169 die eines halben Jahres.[14] Mehr Informationen zu diesem Thema haben wir nicht. Es zeigt sich, daß die verfügbare Summe schwankte. (Wir müssen berücksichtigen, daß im Jahre 169 ein großer Krieg in Makedonien geführt wurde.) Wenn wir aber Livius' notorischen Mangel an Sorgfalt in der Darstellung dieser Dinge berücksichtigen, dürfen wir davon ausgehen, daß zu dieser Zeit – auch wenn das für den Zensus des Jahres 174 nicht erwähnt wird, der in der Tat mit einem großzügigen Bauprogramm einherging[15] – ein großer Teil der öffentlichen Einkünfte regelmäßig der Bautätigkeit gewidmet war. Da sich kein Zeugnis des Livius über die nach 169 durchgeführten Zensus erhalten hat, läßt sich nicht sagen, wie lange dies andauerte. Wie unbefriedigend Livius auch als Historiker sein mag, ein flüchtiger Blick in das Standardwerk ›The Magistrates of the Roman Republic‹ zeigt uns, wie ratlos wir sind, sobald wir ihn als Orientierungshilfe verlieren: Für mehr als eine Generation gibt es nur noch vereinzelte Bruchstücke unterschiedlichster Quellen, deren Aussage niemals über den winzigen Ausschnitt der Ereignisse hinausgeht, den sie gerade behandeln. Zugegeben, später in der Epoche der Gracchen, für die uns wieder mehr Informationen zur Verfügung stehen, werden größere Bauaufträge der Zensoren nicht erwähnt, und sie müssen wohl inzwischen aufgehört haben. Solange sie fortgeführt wurden, verwendete man aber offenbar große Summen für sie.

Es wurde mehr gebaut, als von den Zensoren in Auftrag gegeben worden war. So errichteten die Ädilen im Jahre 196 einige Bauwerke, was auch später verschiedentlich erwähnt wird – wiederum können wir nicht davon ausgehen, daß Livius' Angaben vollständig sind.[16] Die Ädilen verwandten regelmäßig die Einkünfte aus Geldstrafen *(de pecunia multatica)* für solche Zwecke, und obwohl das Geld gewöhnlich gerade für die eine oder andere Statue ausreichte, langte es doch oft zumindest für ein kleineres Bauwerk: vielleicht für einen Altar oder auch eine Portikus.

Frank (gefolgt von Toynbee) schließt wiederum aus dieser Bautätigkeit der Ädilen, daß die *publicani* umgangen wurden, und erwähnt dies als ein Zeichen von (anscheinend immer wieder auftretenden) „Perioden des Mißtrauens" ihnen gegenüber.[17] Er stellt sich nicht die Frage, wie denn die Ädilen ihre Bauten faktisch errichtet haben: schwerlich mit eigener Hand und auch nicht einmal – soweit wir wissen – durch ihre eigenen Sklaven. Die Antwort ist natürlich, daß die Ädilen Bauaufträge vergaben – und die erhaltenen Zeugnisse beziehen sich sogar auf solche Aufträge.[18] In der Tat sind diese Unternehmungen ohne den Einsatz von Pächtern überhaupt nicht vorstellbar.

Es ist sinnlos, alle anderen Arten von Aufträgen aufzuzählen, bei denen wir jetzt die Beteiligung der *publicani* feststellen können: Das Auftragsspektrum ist im wesentlichen das gleiche wie vorher, die Möglichkeiten aber sind größer. Eine neue Kategorie ist erwähnenswert: die staatlichen Minen. Wir wissen nicht, ob vor dem 2. Punischen Krieg die Minen (deren es sicher einige gab) im Besitz des römischen Volkes waren. Während des Krieges wurden wichtige Minen aus karthagischem Besitz in Spanien erobert. Wahrscheinlich hatten die Karthager sie als Staatseigentum ausgebeutet; im allgemeinen gilt nämlich, daß die Römer die Verwaltungsformen von erobertem Territorium und Besitz so übernahmen, wie sie sie vorfanden. Jedenfalls machten die Römer diese Minen zu öffentlichem Eigentum. Es kann kaum einen Zweifel darüber geben, wie die Minen ausgebeutet wurden: Rom verfügte nicht annähernd über so viele staatliche Arbeitskräfte, um hier auf Pächter verzichten zu können.

Die Minen wurden wie das an die *publicani* verpachtete Staatsland zu einer Quelle öffentlicher Einnahmen. Auch dies sollte man als erwiesen ansehen. Aber auch hier stellt Tenney Frank eine ungewöhnliche These auf: daß die Minen nämlich von den Statthaltern bis zum Jahre 179 „direkt ausgebeutet" und erst dann an die *publicani* übergeben wurden – eine sonderbare Behauptung, die von Franks Kollegen Van Nostrand in seiner Untersuchung über Spanien übernommen wird.[19] Er begründet diese Ansicht fast ausschließlich mit den Zahlen, die Livius für das Edelmetall angibt, das verschiedene Kommandeure aus Spanien mitbrachten, und die nach seiner Meinung nach 179 plötzlich zurückgingen. Dem wurde zu Recht kein Glauben geschenkt, obwohl es nie widerlegt wurde.[20] Eine Widerlegung ist aber kaum notwendig: Man fragt sich, woraus diese Theorie ursprünglich entstanden ist. Die Zahlen, so wie sie Van Nostrand darlegt, zeigen zu jeder Zeit seit der ersten Nennung im Jahre 206 v.Chr. nur Erscheinungen, die man als ziemlich zufällige Schwankung bezeichnen kann.[21] Im Jahre 178 endet die fortlaufende Aufzählung – aber nicht in Folge irgendeiner Neuorganisation (keine ist nachgewiesen oder wahrscheinlich): Vielleicht verlor Livius das Interesse daran, vielleicht wechselte er bloß seine Quelle. Wie Livius über Details berichtet, bleibt immer ziemlich willkürlich, und ein 'argumentum e silentio' ist völlig unbrauchbar. Es mag aber auch sein, daß die Kämpfe einfach nachgelassen hatten, und deshalb weniger Beute gemacht wurde. Tatsache ist nämlich, daß Livius für das Jahr 174 erneut Zahlen angibt. Diese passen aber nicht in Franks These und müssen deshalb willkürlich „emendiert“ werden.[22]

Es wäre unklug, für die Genauigkeit irgendeiner bestimmten Zahl einzutreten. Worum es hier aber – jenseits aller phantasiereichen Interpretationen – tatsächlich geht, ist, daß wir bei Livius eine Reihe von Zahlen finden, die die Gold- und Silbermengen anzugeben scheinen, welche in der Zeit von 206 bis 178 v.Chr. von verschiedenen Kommandeuren aus Spanien nach Rom gebracht worden sind. Daß die Gewinne aus dem Betrieb von Minen eingerechnet wurden, wird nicht erwähnt: Die erwähnten Beträge werden offensichtlich von unserer Quelle zumindest großenteils für Kriegsbeute gehalten, denn die scheinbar willkürlichen Schwankungen lassen sich zumindest großenteils zum Ausmaß der berichteten Kämpfe in Beziehung setzen. Für die Zeit nach 178 besitzen wir nur zwei Angaben: eine Zahl für das Jahr 174, die sich in der üblichen Größenordnung bewegt, und eine unbestritten viel kleinere für 168. Da die Einnahmen aus den Minen sowohl groß als auch ziemlich regelmäßig gewesen sein müssen – und vermutlich mit der Erschließung neuer Minen sogar wuchsen –, ist es nicht im entferntesten wahrscheinlich, daß diese Einnahmen zu irgendeinem Zeitpunkt mitgezählt oder daß sie dem Statthalter übergeben und als Teil seiner Siegesbeute betrachtet wurden.

In der Tat wissen wir – wie auch immer die Vorgeschichte

war –, zumindest für einige der spanischen Minen, wann sie einer Neuorganisation zum Nutzen Roms unterzogen wurden, und es ist sogar gut möglich, daß es alle Minen waren, die zu dieser Zeit unter römischer Kontrolle standen. Der ältere Cato – jener gerissene und unerbittliche Geschäftsmann – war in der Tat der erste Römer, der in den spanischen Provinzen einen ordentlichen Verwaltungsapparat aufbaute;[23] und in diesem Rahmen „verschaffte er dem Staat große Einnahmen aus den Eisen- und Silberminen, und infolge der damals getroffenen Einrichtungen wurde die Provinz jeden Tag gewinnbringender". So Livius.[24] Über die ursprüngliche Quelle dieser klaren Aussage brauchen wir auch nicht zu spekulieren. Von Catos eigenem Geschichtswerk (gemeinhin ›Origines‹ genannt) gibt es nur noch kleine Fragmente, zitiert bei anderen Autoren. Eines von ihnen beschreibt, wie es der Zufall will, beinahe lyrisch den Reichtum Spaniens an – Eisen- und Silberminen.[25] In charakteristischer Art und Weise fügt Cato hinzu: „Es gibt einen Berg aus Salz: Je mehr man davon abträgt, desto größer wird er." Nun wissen wir mit ziemlich großer Wahrscheinlichkeit, warum der Berg aus Salz die Aufmerksamkeit des scharfsinnigen Cato fesselte und was er damit wollte: Wie wir gesehen haben, war Salzgewinnung, seit langem Staatsmonopol, den *publicani* zur Pacht gegeben. Angesichts des niedrigen Salzpreises wird es verständlich, warum spätere Historiker – im Gegensatz zu Cato – das Vorkommen von Salz neben dem von Eisen und Silber nicht erwähnten. Jedenfalls dürfen wir in Catos Erwähnung von Salz einen sicheren Hinweis sehen: Die Eisen- und Silberminen wurden wie die Salzgewinnung mit Sicherheit an die römischen *publicani* verpachtet. Was aber hat man vorher mit den Minen gemacht? Wir wissen es einfach nicht – vielleicht gar nichts. Denn die Römer hatten lange gebraucht, bis sie entschieden hatten, was mit den besetzten spanischen *prouinciae* geschehen sollte; und als sie sich schließlich zu einer dauerhaften Besetzung entschlossen, war die unmittelbare Folge ein großer Aufstand, mit dessen Niederwerfung Cato beauftragt wurde. Alles spricht dafür, daß vorher die

Ausbeutung der Minen, wie die Verwaltung der *prouinciae* selbst, zumindest nicht auf Dauer eingerichtet worden war.[26]

Der Bergbau wurde natürlich, wie das unter römischer Herrschaft stehende Territorium selbst, nach und nach erweitert. Neue Minen wurden in Betrieb genommen und die Förderung wahrscheinlich intensiviert. Diodor bietet eine anschauliche Schilderung, wie sich auf dem Höhepunkt dieser Entwicklung Sklaven so schnell wie möglich buchstäblich zu Tode arbeiten mußten, um in möglichst kurzer Zeit ein Maximum an Gewinn zu erwirtschaften.[27] Da es sich um ungelernte Arbeitskräfte handelte, war es wirtschaftlich vorteilhafter, die Sklaven zu ersetzen, als sie auf Dauer zu ernähren und zu kleiden – zumal sie durch ihre Tätigkeit zwangsläufig arbeitsunfähig wurden. Dies stellt in der Tat eines der wenigen bekannten Beispiele der Sklaverei in ihrer denkbaren Extremform dar: ein Trauerspiel von menschlichen Wesen, die als Verbrauchsmaterial angesehen wurden, wie es sogar die landwirtschaftliche Sklaverei in den Agrargebieten Italiens niemals geboten hat. Strabon, der Polybios zitiert,[28] liefert mehr Einzelheiten über die wirtschaftliche (im Gegensatz zur menschlichen) Seite, als wir üblicherweise zur Verfügung haben: Er behauptet, die Gewinne des Unternehmens beziffern zu können. Nach Strabon umfaßten die Silberminen in der Nähe von Neukarthago ein Gebiet mit einem Umfang von fünfzig römischen Meilen (ca. 75 km) – leider keine sehr hilfreiche Feststellung, da wir die Form nicht kennen! Wenn wir aber einen Durchschnittswert für die Oberfläche nehmen, dürfen wir eine Fläche zwischen 225 und 300 km^2 annehmen. Zur Zeit des Polybios brachten diese Silberminen dem römischen Volk Einkünfte in Höhe von 25000 Denaren pro Tag und beschäftigten 40000 Arbeiter. Dies war für antike und sogar für moderne Verhältnisse ein riesiges Unternehmen, und es war nur ein Fördergebiet unter vielen, von denen wir Kenntnis haben, wenn auch zur Zeit des Polybios sicher das eindrucksvollste: Wir müssen daran denken, daß Polybios die Gegend besucht hat.[29]

Versuchen wir noch einmal, soweit das möglich ist, eine Kalkulation anzustellen. Die Summe der Einnahmen – „Ruhetage" gab es offensichtlich nicht – macht ca. 9 Millionen Denare im Jahr aus. Diese Zahl stellt, wie wir jetzt sehen können, nachdem wir mit der Größenordnung der römischen Wirtschaft vertrauter geworden sind, wirklich eine sehr große Summe dar: Wir erinnern uns der (ungefähr) dreieinhalb Millionen pro Jahr, auf die die öffentliche Beute aus einer Reihe von gewinnbringenden Kriegen geschätzt wird, und der Beträge von rund einer Million für verschiedene Aufträge zur Versorgung der Armee. In der Tat ist die Summe so groß, daß man die Zahl (ungeachtet der Ausdrucksweise Strabons: Wir haben ja keinen Originaltext von Polybios) auf den Umsatz beziehen muß, nicht auf den Gewinn. Wenn das zutrifft, ist die Bedeutung des Unternehmens für die römische Wirtschaft viel geringer (aber doch keineswegs unerheblich): Angesichts der riesigen Investitionen und der allgemeinen Unkosten des Geschäfts konnte auch bei niedriger Gewinnspanne der Pachtpreis nur einen Bruchteil dieser Zahl betragen haben.[30] Diodor berichtet, daß die spanischen Minen lange Zeit Fundament der punischen Macht gewesen waren. Wenn er sich (was wahrscheinlich ist) auf die Zeit zwischen dem 1. und dem 2. Punischen Krieg bezieht, könnte es durchaus stimmen, und dies zeigt wieder, daß der Beitrag der Minen zum römischen Finanzwesen alles andere als geringfügig war. Angesichts des Ausmaßes der Macht Roms im 2. Jahrhundert im Vergleich zur Macht Karthagos in der eben genannten Zeit müssen wir uns aber wieder vor Überbewertungen hüten. Außerdem müssen wir die Gewinne, wie hoch auch immer sie waren, gegen die Kosten – materielle wie moralische – der fortlaufenden Kämpfe in Spanien aufrechnen.

Was uns auch hier am meisten interessiert, ist die Frage, wie groß die Gewinne der Pächter waren: Wie streng war die Kontrolle, und wieviel wurde ihnen zugestanden? Wiederum wissen wir es einfach nicht. Alles, was wir sagen können, ist, daß die Handhabung offensichtlich von den jeweiligen Zensoren abhing: Das Element der Unberechenbarkeit machte einen wesentlichen Bestandteil des Verwaltungssystems der Republik aus, und jedermann lernte damit umzugehen. Wir wissen von zwei Fällen größerer Streitigkeiten zwischen Zensoren und *publicani* in der betreffenden Zeit, die zeigen, daß der Anspruch auf Kontrolle erfolgreich durchgesetzt werden konnte – aber auch, daß die Überwachung vielleicht nur ausnahmsweise wirklich scharf war. Die betreffenden Fälle zeigen aber in aller Deutlichkeit, daß die wirtschaftlichen Vorteile, die die *publicani* erzielten, sich, worin auch immer sie bestanden, in dieser Zeit nicht leicht in politische Macht umsetzen ließen. Der Mythos des zwangsläufigen Zusammengehens von wirtschaftlicher Stärke und politischer Macht, der sich in unserer Zeit so oft als falsch erwiesen hat, widerspricht völlig den Realitäten der römischen Gesellschaft. Im folgenden müssen wir die konkreten Fälle untersuchen. Obwohl sie natürlich oft erwähnt worden sind, hat man sie (soweit ich weiß) nicht sehr sorgfältig geprüft Sie könnten uns aber etwas lehren, was über die Einzelheiten der jeweiligen Streitigkeiten hinausgeht.

Wie zu erwarten war, versuchte der große Cato als Zensor (184 v.Chr.) zusammen mit seinem Kollegen und Freund L. Valerius Flaccus gegen die Privatleute schärfer vorzugehen, die Gewinne auf Kosten der Staatskasse machen wollten. Cato behielt das Geld und – um ihm Gerechtigkeit anzutun – das öffentliche Interesse immer im Auge. Die Zensoren verkauften das Einziehen von Staatseinkünften zu einem möglichst hohen Preis und vergaben die Aufträge für Handelsgüter und Dienstleistungen *(ultro tributa)* zu einem möglichst niedrigen.[31] Wir können übrigens mit Sicherheit sagen, daß die spanischen Minen ebenfalls dieser Politik unterlagen: Wie wir gesehen haben, kannte Cato sie so gut wie jeder andere und wußte ihr Einnahmepotential für den Staat zu schätzen. Als nächstes erfahren wir, daß die „Bitten und Tränen“ der betroffenen *publicani* den Senat veranlaßten, die Pachtverträge für ungültig zu erklären (laut Plutarch behauptete man, daß sie keinen Gewinn zuließen), und der Senat beauftragte die Zensoren, neue Aufträge zu vergeben. Mit den Kompetenzen der Zensoren durfte man aber nicht so leichtfertig umgehen: Selbst auf dem Höhepunkt seiner Vormachtstellung konnte der Senat sie nicht als seine Gehilfen behandeln. Außerdem war Cato nicht der Mann, Anweisungen von Leuten entgegenzunehmen, die nicht die Vollmacht besaßen, sie zu geben. Die Zensoren mußten freilich der Hauptforderung nach der Vergabe neuer Aufträge nachkommen, da diese einen wesentlichen Bestandteil des Staatsapparates bildeten. Doch schlossen sie zuerst die Gesellschaften, die die ursprünglichen Aufträge erworben hatten, von der neuen Ausschreibung aus – eine Maßnahme, die durchaus in der Macht des Magistrats stand – und verkauften dann alle Pachtverträge zu leicht verringerten Preisen *(eadem paullum imminutis pretiis)*, so daß sie für den Staat den gleichen Vorteil erreichten. Ein Versuch der Feinde Catos im Senat, ihm – mehr aus persönlichen Gründen denn zur politischen Unterstützung der *publicani* – den Prozeß zu machen, scheiterte.[32]

Der Bericht bei Livius ist zwar vage, liefert aber wertvolle Informationen. Zunächst zeigt er, daß es echten und heftigen Wettbewerb um die Aufträge gegeben haben muß, sonst wären Catos Preise nicht zu erzielen gewesen. (Dabei muß man sich vor Augen halten, daß die Regierung letzten Endes auf die unentbehrlichen Dienste der *publicani* angewiesen war.) Insbesondere scheint es, daß Cato und seine Kollegen, wenngleich der Senat offiziell die erzielten Preise mißbilligt und die Verträge annuliert hatte, keine Schwierigkeiten hatten, ein zweites Mal eine ähnliche Preisbilanz zu erreichen, obwohl die führende Konkurrenz von den Ausschreibungen ausgeschlossen worden war. Es ist vielleicht beruhigend zu wissen, daß die normalen Bedingungen sich stark von dem unterschieden, was wir in der Ausnahmesituation des Krieges gegen Hannibal beobachteten, als der Staat größere Zugeständnisse machen mußte, um die Unternehmer überhaupt zur Annahme der Aufträge bewegen zu können. Der Fall zeigt sehr deutlich, daß kein Ring oder Kartell existierte – und daraus dürfen wir schließen, daß auch unter den Zensoren, die nicht so streng wie Cato waren, die Profite auf einem für den Staat erträglichen Niveau gehalten wurden. Die freie Marktwirtschaft mag zwar kein perfektes Instrumentarium sein, sie bietet aber zweifellos gewisse Sicherungen, vorausgesetzt, daß sie nicht durch Absprachen wirkungslos gemacht wird.

Ferner kann man folgern, daß es bis dahin keine Spezialisierung im Pachtgeschäft gegeben hat: Echter Wettbewerb von der Art, wie wir ihn aus den Quellen herausarbeiten konnten, bedeutet auch zahlreiche erfolglose Bieter. Für sie mußte es selbstverständlich gewesen sein, sich anderem zuzuwenden, falls der erhoffte Auftrag nicht zustande kam.[33] Wir können nicht sagen, ob die Gesellschaften, die sich um Verträge bemühten, zu dieser Zeit dauerhafte Organisationen waren oder sich – wie es offenbar im 2. Punischen Krieg der Fall gewesen ist – 'ad hoc' formierten. Jedenfalls bestätigten sich die Vermutungen, daß es sich um einen ernstlichen Anachronismus handelt, wenn Livius von einer „Klasse" der *publicani* zu dieser Zeit spricht. Zumindest muß das Bild maßlos übertrieben sein. Denn es gab noch keine „hauptberuflichen" Fachleute für öffentliche Aufträge. Es kann auch noch keine weitgehende Spezialisierung innerhalb des Bereichs der öffentlichen Aufträge gegeben haben. Vermutlich haben sich die gleichen Gesellschaften sowohl um Steueraufträge als auch um die *ultro tributa*, bzw. für Teile der beiden, beworben. Es muß berücksichtigt werden, daß, nachdem sämtliche Verträge Catos bereits als nicht gewinnbringend annulliert worden waren, die neuen Aufträge sogar zu niedrigeren Preisen vergeben wurden, und zwar auf beiden Seiten der Bilanz. Die Zensoren machten keine Zugeständnisse (das war von Cato auch nicht zu erwarten), sondern bezahlten bloß weniger für Güter und Dienstleistungen und nahmen entsprechend weniger für das Einziehen von Staatseinkünften. Aber wie konnten durch dieses Manöver Lieferungsaufträge, die ursprünglich „nicht gewinnbringend" waren, für die Gesellschaft, die den Zuschlag erhielt, auf einmal genügend Gewinn abwerfen? Die Antwort ist natürlich, daß sie es nicht konnten. Wir dürfen ziemlich sicher von einer leichten Übertreibung ausgehen, wenn wir von den Tränen der erfolgreichen Bieter lesen, als diese die erste von den Zensoren durchgeführte Auktion zum Gespött machen wollten (*ludificari* ist Livius' Formulierung – vielleicht ursprünglich aber von Cato, der Wörter dieser Art gern benutzte). Trotzdem brachten ihre Verträge bestenfalls nur wenig Gewinn. Reduzierte sich der Preis eines knapp über der Rentabilitätsgrenze liegenden Vertrages für *ultro tributa*, so schrieb der Bieter zwangsläufig rote Zahlen. Unter solchen Umständen wird noch soviel Konkurrenz keinen Bieter hervorbringen. Andererseits wurden beim Preisnachlaß für Aufträge über staatliche Einkünfte die Bedingungen für den Bieter offensichtlich verbessert. Warum tat der umsichtige Zensor diesen Schritt, der *prima facie* den Interessen der Staatskasse widersprach? Die Antwort ist vielleicht schon deutlich genug geworden. Die einzige Art und Weise, Bieter zu den neuen Bedingungen zu bekommen, war, die Aufträge über die Pacht öffentlicher Einkünfte an die Aufträge für *ultro tributa* zu binden (und es war ja das gute Recht der Zensoren, die Bedingungen ihrer Auktion zu modifizieren): Bieter wurden verpflichtet, beide Arten von Aufträgen anzunehmen. Da Cato seine Aufträge tatsächlich vergab, gelang dieser Schritt offenbar. Es zeigt sich aber – soweit es unsere Frage betrifft –, daß es noch keine strenge Spezialisierung im Bereich der *publica* gab. Zweifellos erfordert das Einziehen öffentlicher Einkünfte und die Beschaffung von Versorgungsgütern grundsätzlich verschiedene Arbeitsweisen und verschiedene Organisationsformen. Offensichtlich gab es aber Gesellschaften, die bereit waren, beides zu kombinieren. Catos auffallende Unnachgiebigkeit erweist sich also als aufschlußreich für den Historiker.

Die Funktion der Gesellschaften im allgemeinen wird nun auch verständlicher. Was sie – ob fest konstituiert oder nicht – zur Verfügung stellten, war kein Apparat im Sinne einer qualifizierten Belegschaft: Sie stellten selbst weder Togen oder Tuniken her noch züchteten sie Pferde; sie beschäftigten nicht einmal einen festen Stamm von Fachleuten für die Eintreibung von Steuern oder die Beschaffung von Pferden. Solche großen und hochqualifizierten Belegschaften – und wir haben schon genug vom Pachtgeschäft erfahren, um zu wissen, daß es sowohl vieler als auch, vor allem auf der Leitungsebene, hochqualifizierter Mitarbeiter bedurfte – konnten nicht von einer Gesellschaft getragen werden, der es nicht gelang, Aufträge zu erhalten. Es gibt aber zwingende Indizien für einen echten und sogar heftigen Wettbewerb in dieser Zeit. Was die Gesellschaften zur Verfügung stellen konnten, waren Kapital und Führungskräfte mit breiter Geschäftserfahrung. Bei dem fest angestellten Personal handelte es sich sicherlich um eine kleinere Zahl Mitarbeiter, die in verschiedensten Geschäftsbereichen einsetzbar waren – für Staatseinnahmen oder *ultro tributa*, wie es der jeweilige Auftrag gerade verlangte, oder auch, im Falle einer Angebotsablehnung, für finanzielle oder kaufmännische Tätigkeit im privaten Sektor. Mit anderen Worten: Die Unternehmen können damals nur funktioniert haben, indem sie die bestehende Substruktur übernahmen und ihr Führungspersonal darüber einsetzten. Diese Feststellung darf freilich nur als Grundprinzip verstanden werden. Höchstwahrscheinlich kam es auch vor, daß eine Firma sich beispielsweise auf Privatbauten, die ja damals in großem Umfang errichtet wurden, spezialisierte, Bauaufträge erwerben und ihre ganze Erfahrung und ihre ganzen Ressourcen zum Einsatz bringen konnte. Man darf in der Tat vermuten, daß die in vergleichbaren Geschäftszweigen tätigen Privatbetriebe sich immer unter den Bietern bei der öffentlichen Auftragsvergabe befanden. Dennoch müssen wir aus der Geschichte der Zensur Catos schließen, daß sie nicht die einzigen waren – und im Gesamtbereich wohl auch nicht die wichtigsten.

Wie gewöhnlich verfügen wir nicht über Detailinformationen. Wir müssen davon ausgehen, daß fest angestellte und qualifizierte Mitarbeiter in jedem Zweig der öffentlichen Geschäfte tätig waren – dies gilt selbstverständlich für die Minen, aber ohne Zweifel genauso für das Einziehen der Staatseinkünfte oder für die Organisierung des Einkaufs Tausender von Tuniken bei einer „Industrie“, die schließlich mehr oder weniger von Heimarbeit geprägt war, und für den Transport der Tuniken an irgendeinen entfernt gelegenen Kriegsschauplatz. Wenn wir uns klarmachen, daß die Auftragsvergabe dem Wettbewerb unterlag – und dies ist unstrittig –, wird es uns auch deutlich, daß das Geschäft seine eigenen Spielregeln entwikkelt haben muß. Eine ausscheidende Gesellschaft, die keinen neuen Auftrag gewinnen konnte, mußte sicherlich genauso froh sein, sich ihres spezialisierten Unterbaus zu entledigen, wie eine neu einsteigende Gesellschaft sich freute, ihn zu erwerben. Auch mußten die Marktgesetze zur Herausbildung eines fairen Preises führen – zumindest für das Geschäft im großen und ganzen. Aber dies waren keine Fragen, für die die römischen Historiker irgendein Interesse zeigten, und so müssen wir uns damit zufriedengeben, plausible Schlüsse allgemeiner Art zu ziehen.

Die nächste Erwähnung eines Konfliktes zwischen den Zensoren und den *publicani* bestätigt den hier gewonnenen allgemeinen Eindruck und liefert weitere Informationen. Normalerweise wurden die Zensoren alle fünf Jahre gewählt, und für die Jahre 179 oder 174 gibt es keinen Hinweis auf einen Streit. Das Jahr 179 hat eine besondere Bedeutung. Es markiert den Endpunkt der Laufzeit des zweiten Paketes von Pachtverträgen in der Zensur Catos; und niemand beschwerte sich oder verlangte bessere Vertragsbedingungen. (Ohne Zweifel hätte Cato auf solch ein Ersuchen laut und energisch reagiert.) Wichtig ist auch, daß es im Jahre 179 (wie wir gesehen haben) den ersten überlieferten Anlaß für eine große Zuweisung staatlicher Einkünfte zur Errichtung öffentlicher Bauten gegeben hat: Die Aufträge in diesem Bereich müssen außergewöhnlich hoch gewesen sein. Für das Jahr 174 haben wir keinen Beleg dieser Art. Man kann daraus aber nicht auf den Wegfall einer solchen Zuweisung schließen, auf die wir dann wiederum im Jahr 169 stoßen.[34] Vielleicht waren die Zensoren in diesen Jahren weniger aufmerksam als die im Jahr 184 v.Chr. Diese Annahme ist aber für das Jahr 179 ein wenig unwahrscheinlich, da es sich hier um eine bemerkenswerte Zensur handelte, in der eine große Verwaltungsneuordnung (auch im steuerlichen Bereich) durchgeführt wurde. So ist es unwahrscheinlich, daß M. Aemilius Lepidus kein erfahrenes und wachsames Auge für die umfangreichen öffentlichen Aufträge gehabt haben soll, die er vergab. Das Ausbleiben von Konflikten kann man vielleicht teilweise dem Umstand zuschreiben, daß er und sein Kollege sich diplomatischer verhielten als Cato. Teilweise muß man sicherlich aber auch ganz einfach annehmen, daß die *publicani* – vorerst – klüger geworden waren. Ihrem Vorgehen gegen Cato war der Erfolg versagt geblieben, und es gab, wie wir sahen, keine Beschwerden am Ende jenes Lustrums. Schon diese Tatsache bestätigt, daß Cato gewonnen hatte, und seine unmittelbaren Nachfolger profitierten zweifellos davon. Ob dieser Effekt über das Jahr 174 hinaus anhielt, kann man nicht wissen. Tatsache ist aber, daß diese Zensur, soweit sie die *publicani* betraf, ebenfalls friedlich blieb. Und diesmal haben wir allen Grund, mißtrauisch zu sein.

Im Jahre 169 v.Chr. gab es wiederum Schwierigkeiten.[35] Tiberius Sempronius Gracchus (Vater der Reformtribunen) und C. Claudius Pulcher gingen ihnen nicht aus dem Weg. Als sie damit begannen, die Pachtaufträge zu vergeben, durfte niemand, der einen Auftrag in der Zensur von 174 erworben hatte, bieten oder auch nur in Verbindung mit einer der bietenden Gesellschaften stehen. Was genau mit den vorherigen Aufträgen schiefgelaufen war, erfahren wir nicht. Das Problem muß aber sehr ernst gewesen sein, denn die Zensoren waren bereit, sich äußerst unbeliebt zu machen und vielleicht Schlimmeres in Kauf zu nehmen. Darüber hinaus ist es sehr wahrscheinlich, daß wichtige Personen, die die betreffenden Gesellschaften geleitet hatten, persönlich gerügt und bestraft wurden. Jedenfalls beschwerten sich die von der Versteigerung ausgeschlossenen

Männer beim Senat, der ihnen (diesmal) in keiner Weise entgegenkam, sondern den Zensoren recht gab – ein weiteres Zeichen dafür, daß die Probleme schwerwiegend waren und die Zensoren mit guten Gründen gehandelt hatten. Ein Tribun namens P. Rutilius, der persönlichen Groll gegen die Zensoren hegte, nahm sich jetzt der Sache der Betroffenen an: Er stellte einen Gesetzantrag, den Erlaß der Zensoren aufzuheben. Zwangsläufig entwickelte sich ein ausgewachsener Konflikt mit dem Ergebnis, daß der Tribun die Zensoren des Hochverrats beschuldigte und Claudius gerade noch von den Zenturiatkomitien freigesprochen wurde. Die Einzelheiten interessieren hier nicht. Jedenfalls bedeutet der Freispruch, daß das Volk, wie auch der Senat, schließlich hinter den Zensoren stand und daß deren Erlaß wirksam blieb. (Die Zensoren rächten sich, indem der Tribun hart bestraft wurde, was dann sicherlich ihre unbestrittene Autorität endgültig bestätigte.)[36]

Wir können nicht sagen, worin das schwerwiegende Problem lag, das um die Verträge des Jahres 174 entstanden war. Livius' Schweigen ist quälend. Daß das Problem schwerwiegend war, ist, wie wir sahen, nicht zu bestreiten. Wir können nur auf die gewaltige Ausweitung hinweisen, die das gesamte öffentliche Verpachtungsgeschäft in den zwei vorherigen Zensuren (von 179 und 174) erfahren hatte. Die Zensoren des Jahres 179 hatten das Steuersystem neu gestaltet, worüber noch mehr zu sagen sein wird. Die Zensoren des Jahres 174 hatten nicht nur in Rom eine aktive Baupolitik betrieben, sondern auch erstmals größere Bauaufträge in allen römischen Teilen Italiens erteilt.[37] Wir wissen auch, daß einer der Zensoren des Jahres 174 eine sehr zweifelhafte Persönlichkeit war, nämlich Q. Fulvius Flaccus.[38] Die Neuordnung des Steuersystems und die Einführung einer Zuweisung in Höhe von 20 Prozent der gesamten Staatseinnahmen für öffentliche Bauwerke haben den echten Wettbewerb (zumindest zeitweilig) wohl eingeschränkt und eine Menge Spekulanten im Pachtgeschäft hervorgebracht: eine normale Folge der zu schnellen Expansion eines einzelnen Wirtschaftssektors. Es ist daher kaum verwunderlich, daß die Schwierigkeiten genau in dieser Zeit auftreten mußten. Wichtig ist aber daß, wie wir wissen, die Zensoren des Jahres 169 mit strengen Maßnahmen reagierten und daß sie die Unterstützung des Senats und des Volkes genossen. Und dies, obwohl von einem der Zensoren berichtet wird, er sei persönlich arrogant und unpopulär gewesen, ein Umstand, der den Erfolg der Zensoren beim Volk noch eindrucksvoller und eindeutiger macht. Ohne diese Unbeliebtheit und ohne den Zufall, daß einer der Tribunen seine persönlichen Zwecke verfolgte, hätte es offensichtlich gar keine ernsthafte Kritik an den Zensoren gegeben: Im Gegensatz zu Cato genossen sie die Unterstützung des Senats. Der Eindruck, der sich uns bietet, ist, daß die *publicani* im großen und ganzen noch fest der öffentlichen Kontrolle unterlagen, ungeachtet der riesigen Geldmengen, die durch ihre Hände gingen. Obwohl sie unter günstigen Umständen einen gewissen Druck ausüben konnten, bildeten sie keine etablierte Interessengruppe, die es zu eigener politischer Macht gebracht hatte.

Die beiden Fälle, in denen es zum Konflikt mit den Zensoren kam, zeigen den Grund dafür. In erster Linie müssen wir die grundlegende Tatsache zur Kenntnis nehmen, daß es freie Marktwirtschaft und Wettbewerb gab. Solange dieses Element vorhanden war, mußten die Gewinne niedrig bleiben – vorausgesetzt, die Zensoren waren redlich und kompetent. (Und davon konnte man normalerweise ausgehen.) Catos Erfolg hatte gezeigt, daß im Ernstfall kein Boykott der Pachtauktionen organisiert werden konnte: Die *publicani* waren nicht in der Lage, von der einzig wirksamen Waffe, die sich ihnen anbot, Gebrauch zu machen. Darüber hinaus sehen wir in beiden Fällen – vor allem im zweiten – die Wirkung der solidarischen Haltung des Senats. Im Falle Catos war es zwar einer Clique seiner Intimfeinde (Cato war der Typus Mann, der sich seiner *inimicitiae* rühmte) gelungen, die ersten Verträge ungültig zu machen; aber als die Zensoren beharrlich blieben, und insbesondere, als ihre Autorität durch die Androhung von Strafverfolgung in Frage gestellt wurde, kam ihnen der Senat zu Hilfe. Im zweiten Fall erhielten die Zensoren prompte und einhellige Unterstützung, wobei die *auctoritas* dieser Unterstützung genügte, um das Volk um sie zu scharen.

Dennoch nahm der Senat die Affäre des Jahres 169 sehr ernst: Schließlich war der Sieg in der Volksversammlung knapp geworden. Als der Krieg in Makedonien zu Ende ging, wurde das Land nicht annektiert, obwohl es sich schon herausgestellt hatte, daß es gefährlich war, die königliche Dynastie an der Macht zu lassen. Das Resultat war eine sehr unbefriedigende Regelung: eine Aufteilung des Landes in vier „freie" Staaten, die Rom tributpflichtig und in vielfacher Weise eingeschränkt waren.[39] Eine Konsequenz war, daß die römische Staatskasse auf den Gewinn aus *portoria* (Zollabgaben), die in diesem Land erhoben wurden, verzichtete – und den *publicani* die Möglichkeit genommen wurde, als Einnehmer zu fungieren. Dazu kam aber ein noch bemerkenswerterer Verzicht. Die siegreichen Römer hätten als Nachfolger des Königs die königlichen Ländereien und die Minen (die vorher königliches Eigentum gewesen waren) übernehmen können. Sie wurden aber nicht übernommen, und der Bergbau wurde sogar eingestellt. Gleichermaßen sollten die riesigen Wälder (ebenfalls Königsbesitz) mit ihrem für den Schiffbau bestens geeigneten Nutzholz anscheinend nicht genutzt werden. Daß diese Politik sich gegen die *publicani* richtete, wird in unserer Quelle ausdrücklich festgestellt[40] – und wir haben keine Veranlassung, dies zu bezweifeln.[41]

Man muß sich die ganze Größenordnung der Einnahmen, auf die die Römer dabei verzichtet haben, vor Augen stellen, um die Bedeutung dieser Maßnahmen zu verstehen. Das von L. Paullus in den königlichen Schatzkammern von Makedonien vorgefundene Vermögen betrug nach zuverlässigen Berichten[42] mehr als 6000 Talente (d.h. 36 Millionen Denare beim üblichen Kurs) allein in Form von Münzen und Metall. Wie Livius selbst erklärte,[43] ist es bemerkenswert, daß eine solche Summe innerhalb von dreißig Jahren seit dem Ende eines großen, erfolglosen Krieges gegen die Römer[44] und einem weiteren fünfjährigen Krieg zum Trotz, der zwangsläufig teuer gewesen sein muß, noch zusammenkommen konnte: Livius' Quelle war der Meinung, daß er zweimal soviel gekostet hatte, wie übriggeblieben war (obwohl wir nicht wissen, welche Summe diese Quelle für das angab, was Paullus eigentlich vorfand). Wie Livius nahelegt, erbrachten die königlichen Minen den Hauptteil der Einnahmen, der größte Teil des Restes kam aus den anderen königlichen Besitzungen. Bei einer vorsichtigen Schätzung der Kriegskosten müßten sich mindestens 50 Millionen Denare in diesen dreißig Jahren angehäuft haben, d.h., die Römer haben freiwillig auf Einkünfte verzichtet, die sich auf jährlich ein bis zwei Millionen Denare belaufen haben müssen, abzüglich des Tributs, den sie erhoben. Zwar bleiben zu viele Wissenslücken, um uns eine auch nur annähernd genaue Kalkulation zu ermöglichen, aber es war klar, daß der Verlust erheblich war. Der Tribut, den die Könige erhalten hatten, wurde auf die Hälfte reduziert.

Es ist merkwürdig, den Senat um das Wohlergehen eines besiegten Feindeslandes so besorgt zu finden, daß er bereit war, solche Verluste in Kauf zu nehmen, und es ist in der Tat der einzige Fall dieser Art, dessen ich mich entsinnen kann.[45] Die Erklärung, man habe so gehandelt, um die Zulassung römischer *publicani* zu vermeiden, müssen wir zunächst gelten lassen – und sei es nur aus dem Grund, daß eine glaubwürdigere Erklärung sich nur schwer finden läßt. Doch die rein altruistische Begründung klingt ein bißchen zu gut, um der ganzen Wahrheit zu entsprechen. Im Lichte der vorliegenden Studie versteht man leicht, daß das Vorgehen des Senats im Zusammenhang mit dem Konflikt des Jahres 169 gestanden haben muß. Natürlich erkannte der Senat die politische Gefahr, die auch nach seinem endgültigen Sieg in jenem Kampf noch bestand. Nicht nur hatten die *publicani* in der vorhergehenden Fünfjahresperiode ein grobes Fehlverhalten gezeigt – Cato hatte ja bewiesen, wie man damit umgehen konnte.

Schlimmer noch, um ein Haar wäre es ihnen sogar gelungen, einen amtierenden Zensor verurteilen zu lassen. Tatsächlich war kein anderer Zensor in der römischen Geschichte einer Verurteilung jemals so nahe. Lediglich acht Zenturien hatten C. Claudius gerettet. Am allerschlimmsten aber war, daß aus den achtzehn privilegierten Zenturien der *equites* – der Offiziersklasse, die die Senatoren und ihre Verwandten sowie normalerweise den zuverlässigsten Teil der Versammlung umfaßte – zweifellos acht gegen ihn gestimmt hatten. (Man weiß nicht, wie die restlichen stimmten.) Viele Zenturien der ersten Klasse gaben ihre Stimme ebenfalls gegen ihn ab. Wir haben bereits den Umstand festgestellt, daß schon im 2. Punischen Krieg die führenden *publicani* zur Klasse der *equites* gehörten, wenngleich es nicht den geringsten Hinweis gibt, daß sie diese Klasse dominierten. In seinem Bericht über die Ereignisse von 169 betont Livius ausdrücklich diesen Zusammenhang und behauptet, daß die gegen den Stand der *equites* als Gesamtheit gerichtete Aktion der Zensoren in Zusammenhang mit ihrer Aktion gegen die *publicani* stand und bei denselben Leuten Ärgernis erregte.[46] Man könnte durchaus entgegnen, daß dies eine Neudeutung aus der Sicht der späten Republik sein könnte. Wir befinden uns hier jedoch bereits in einer gut dokumentierten Epoche der Geschichte, wo Männer wie Cato die Ereignisse ihrer eigenen Zeit aufzeichneten. Darüber hinaus bleibt die Aktion des Senats in Makedonien noch erklärungsbedürftig: Worin bestand die Gefahr, die der Senat in den *publicani* erkannte und die zu bannen er einen solch hohen Preis zahlte?[47] Die naheliegende Antwort ist, daß der Senat nach und nach die Unterstützung des Fundaments seines eigenen Standes verlor, da die *publicani* einen gefährlichen Grad an Einfluß innerhalb des *ordo equester* gewannen. Schon die Art der Klage und der Versammlung, die der Tribun P. Rutilius gewählt hatte, ist aufschlußreich und bestätigt Livius' Darstellung in den erwähnten Punkten. Er verzichtete darauf, vor der Versammlung, die er hätte leiten können und die – nach römischem Maßstab – viel demokratischer war, Anklage zu erheben, sondern zog es vor, den Prozeß vor den Zenturiatkomitien zu führen, in denen er keine besonderen Privilegien genoß und in denen die Stimmverteilung stark zugunsten der wohlhabendsten Klasse ausfiel. Die Einzelheiten, die Livius uns über die Abstimmung gibt, erklären und rechtfertigen die Wahl. Sie zeigen auch, wie ernst der Schlag gegen das Ansehen des Senats war und damit gegen das, worauf seine Macht beruhte.

Unbotmäßigkeit von seiten einzelner Mitglieder des Senatorenstandes war ein bekanntes Phänomen in der römischen Politik: Die Oligarchie als Ganzes war stark genug, um damit zu leben – genau wie eine moderne westliche Gesellschaft im großen und ganzen mit einem hohen Maß lärmender Opposition und Gehorsamsverweigerung leben kann. Eine Unterhöhlung der Loyalität der Oberschicht in großem Maßstab aber hatte es bisher nie gegeben. Nichts weniger als die Sorge um das Fundament seiner Herrschaft – Herrschaft durch Respekt und Zustimmung, basierend vor allem auf der Unterstützung der nicht politisch tätigen Mitglieder des eigenen Standes – erfüllte den Senat mit Angst und (das können wir jetzt hinzufügen) veranlaßte seine Aktion in Makedonien im Jahre 167, als die Ereignisse der Zensur von 169 noch frisch in Erinnerung waren. Man würde heute gern wissen, wie dies sich auf die nachfolgende Zensur im Jahre 164 ausgewirkt hat. Leider ist uns Livius' Text über diesen Zeitraum verlorengegangen und es fehlen uns alle politischen Einzelheiten. Allerdings wird, eigenartig genug in Anbetracht des Fehlens unserer Hauptquelle und des allgemeinen Mangels an Informationen zur römischen Politik in dieser Zeit, eine besonders milde Behandlung der *equites* bekundet.[48] Das mag wohl nicht nur auf die persönliche Einstellung der einzelnen Zensoren zurückzuführen sein (wobei es gut belegt ist, daß Persönlichkeitsunterschiede viel ausmachen konnten). Es stand auch mit dem wohlbekannten römischen Prinzip des *parcere subiectis* in Übereinstimmung: Widerstand zu brechen und dann die Besiegten mild zu behandeln wurde schon seit Generationen als Maxime der Politik verkündet.

Wir sollten an dieser Stelle kurz zu einer etwas früheren Zeit zurückkehren. Vielleicht können wir eine Bestätigung für die Verbesserung der politischen Position der *publicani* finden. Die Einkünfte aus dem Staatsland gehörten, wie bereits erwähnt, zu denen, die in jeder Zensur an die *publicani* verpachtet wurden. Vor dem 2. Punischen Krieg war dies für sie kein sehr wichtiger Rechnungsposten gewesen. Nach dem Sieg änderte sich dies plötzlich. Riesige Landstriche, die aufrührerischen Verbündeten gehörten (vor allem im Süden Italiens), wurden beschlagnahmt, wodurch der *ager publicus* plötzlich zu einer (zumindest potentiell) lukrativen Quelle von Staatseinnahmen wurde. Das Land wurde aber nicht in dieser Weise genutzt. Im Jahre 196 und wiederum im Jahre 193 verurteilten außergewöhnlich diensteifrige Ädile viele Menschen, die sich wegen unerlaubten Weidens strafbar gemacht hatten.[49] Die Strafen waren hart. Wir können aber annehmen, daß solcher Eifer die Ausnahme bildete, denn Livius findet die Angelegenheit erwähnenswert. Der Grund dafür war wohl nicht, daß das Vergehen an sich ungewöhnlich gewesen wäre. Im Jahre 173 wurde ein Konsul mit der sonderbaren Aufgabe betraut, dem wertvollsten Teil des Staatslandes – dem Land von Capua, das als Strafe für die Auflehnung der Stadt gänzlich enteignet, von dem aber nur ein kleiner Teil verkauft worden war[50] – einen Besuch abzustatten und dort eine ordnungsgemäße Abgrenzung des Eigentums des römischen Volkes vorzunehmen, da Privatleute einen erheblichen Teil widerrechtlich in Besitz genommen hatten. Es bedurfte eines Konsuls, um diese Sache in Angriff zu nehmen, so wichtig und so schwierig war diese Aufgabe. Aufgrund der Untersuchungen durch den Konsul brachte ein Tribun im folgenden Jahr ein Gesetz ein, das künftige Zensoren verpflichtete, die Einkünfte aus diesem höchst gewinnversprechenden Territorium zu verpachten.[51] Livius selbst kommt zu dem naheliegenden Schluß, daß dies in all den Jahren (fast 40) seit der Beschlagnahme nicht getan worden war, zum großen Vorteil prominenter Persönlichkeiten. Dieses Versäumnis des Staates, daß nämlich das Staatseigentum nicht abgegrenzt und die Pacht nicht eingezogen wurde, hatte zu einer Situation geführt, in der es (nach der Mission des Konsuls zu urteilen) zu extensiven Übergriffen und zur Herausbildung mächtiger Privatinteressen gekommen sein muß. Ein weiterer Hinweis auf die politische Ohnmacht der *publicani* ist nun aber die Tatsache, daß sie – in all diesen Jahren – nicht in der Lage gewesen waren, die Pachtaufträge für die Nutzung dieses Landes zu sichern, wozu sie gesetzlich berechtigt waren.[52]

Die Tatsache, daß kurz nach der Zensur im Jahre 174 dieser längst fällige Schritt schließlich getan wurde, bedeutet vielleicht nicht mehr, als daß der Senat entschieden hatte, daß auf diese Einnahmen nicht länger verzichtet werden konnte.[53] Wenn man aber den Schritt mit all dem, was wir sonst wissen, in Zusammenhang bringt, kann man ihn – zumindest teilweise – mit hoher Wahrscheinlichkeit als Hinweis dafür deuten, daß die *publicani* einen wachsenden Druck ausübten, und zwar vier Jahre vor ihrem großen Konflikt mit den Zensoren und dem Senat.

Ungefähr um diese Zeit – mit ziemlicher Sicherheit zwischen 172 und 167 – wurde ein Gesetz verabschiedet, das die Okkupation von Staatsland auf 500 *iugera* (ca. 75 ha) pro Einzelperson begrenzte. Diese Regelung erregte, wie wir zufällig wissen, das Mißfallen vieler Senatoren, die zweifellos große Flächen solchen Landes okkupierten.[54] Wenn man weiter bedenkt, daß es für diese Zeit keinen Beleg dafür gibt, daß man sich um das Wohlergehen der Bauern kümmerte oder ihre Zahl vergrößern wollte, kommt man zu der sehr plausiblen Schlußfolgerung, der eigentliche Zweck dieses Gesetzes habe darin gelegen, zu verhindern, daß sich große Flächen von Staatsland in den Händen von Personen ansammelten, die so mächtig waren, daß man sie nicht zwingen konnte, den Pachtzins zu zahlen: Der Steuereinnehmer hat es stets lieber mit dem kleinen Mann zu tun.

Insgesamt können wir von guten Hinweisen dafür sprechen, daß der Einfluß der *publicani* um 170 v.Chr. zunahm – sicherlich zum Teil infolge der enorm ausgeweiteten wirtschaftlichen

Möglichkeiten, die die großen Kriege eröffnet hatten, und der neuen Verwendungszwecke, die sich für Staatsgelder fanden; zum Teil aber auch, wie wir ergänzen müssen, weil ein großer Krieg – der Krieg gegen Perseus – zu dieser Zeit im Gange war, ein Krieg, der sogar schon 173 vorausgesehen worden war. Wie bereits bemerkt, hat der durch einen Krieg hervorgerufene Ausnahmezustand regelmäßig die Verhandlungsposition der Unternehmer gestärkt, da der Staat stärker auf ihre Dienstleistungen angewiesen war und der Konkurrenzkampf bei den Versteigerungen abnahm, wenn der Gesamtumfang der Aufträge zunahm.

Eine ernste Lage, die sich 169 zeigte (und hier müssen wir einen Verdacht aussprechen, der sich leider auf kein Beweismaterial stützen kann, sondern nur auf die Ereignisse des 2. Punischen Kriegs, nämlich daß es 'inter alia' einen großen Skandal im Zusammenhang mit der Militärversorgung gegeben hatte), führte dazu, daß die Zensoren mit der vollen Unterstützung des Senats eine harte Aktion gegen die *publicani* durchführten. Obwohl die sich daraus ergebende Machtprobe mit einer Niederlage für die *publicani* endete, hatten sie den Senat soweit verunsichert, daß er sich gezwungen fühlte, auf einen Großteil der Einnahmen aus Makedonien zu verzichten. Es überrascht nicht, daß diese Situation nicht lange Bestand hatte. Die Zensoren des Jahres 164 trugen dazu bei, eine Versöhnung zu erreichen: Die königlichen Minen – und wahrscheinlich auch die anderen königlichen Liegenschaften; unsere Quellen machen keine expliziten Aussagen dazu[55] – wurden im Jahre 158 wieder geöffnet und ordnungsgemäß an die *publicani* verpachtet. Das Datum deutet wohl – wenn auch hier wegen des Verlustes der entsprechenden Bücher von Livius keine gesicherten Kenntnisse vorliegen – darauf hin, daß es die Zensoren vom Jahre 159/8 waren, die sich zu diesem Schritt entschlossen. Die Schwierigkeiten zwischen dem Senat und den Pächtern wurden nach und nach beseitigt – freilich teilweise dadurch, daß der Senat sich wieder (wie früher im Fall von Cato) seiner Macht versicherte, aber natürlich auch dadurch, daß es langfristig auf jeden Fall für beide Seiten viel vorteilhafter war, friedlich miteinander zu arbeiten, als durch Konflikte Verluste an Einnahmen und Verschlechterungen in den Dienstleistungen hinnehmen zu müssen. Spätestens bis Mitte des Jahrhunderts scheint sich das System entsprechend reguliert zu haben und funktionierte dann wieder in einem neuen und viel größeren Maßstab zur allgemeinen Zufriedenheit.

Gerade für diese Zeit[56] besitzen wir aber wertvolle Belege sowohl für die Bedeutung der wirtschaftlichen Tätigkeiten der Unternehmer als auch für die Grenzen ihrer Macht. Sie stammen aus der bekannten Stelle bei Polybios,[57] in der er das Funktionieren der römischen Mischverfassung darlegt und zeigt, wie jedes Element des Staates und der Gesellschaft von allen anderen abhängt. Es lohnt sich, die Stelle, die uns interessiert, zu zitieren: „Das Volk ist vom Senat abhängig und muß sich um dessen Wohlwollen bemühen ...; zahlreiche staatliche Aufträge – zu zahlreich, um sie aufzuzählen – werden nämlich von den Zensoren für die Neuerrichtung und die Wiederherstellung öffentlicher Bauten in ganz Italien vergeben; und außerdem gibt es Flüsse, Häfen, Gärten, Bergwerke, Ländereien – kurz, alles, was im Besitz des römischen Staates ist, zu pachten. Und alle diese Dinge betreffen das Volk. Man wird schwerlich jemand finden, der nicht entweder an der Versteigerung dieser öffentlichen Aufträge oder an irgendeiner Art von Geschäften beteiligt ist, die die Aufträge nach sich ziehen. Die einen erstehen die öffentlichen Aufträge selbst von den Zensoren; die anderen werden Teilhaber der Käufer; wieder andere leisten Bürgschaften oder geben ihr Vermögen als Pfand zu deren Gunsten. Und über alle diese Dinge entscheidet der Senat." Nachdem er erwähnt, daß der Senat das Recht hatte, Befreiung aus den Aufträgen zu gewähren und die aus diesen Aufträgen entstehenden Gerichtsverfahren zu führen, zieht Polybios das Fazit: „So stehen alle im Treueverhältnis *(fides)* zum Senat."

Es ist allgemein anerkannt,[58] daß Polybios hier eigentlich einen Sachverhalt erörtert, den er selbst gekannt hat, und zwar um 150 v.Chr. – anachronistisch insofern, daß er behauptet, die Situation zu beschreiben, wie sie sich am Anfang des 2. Punischen Krieges darstellte. Es ist ebenfalls ganz klar, und man hat oft darauf hingewiesen,[59] daß Polybios' Augenmerk sich hauptsächlich auf die *publicani* richtet, wenn er vom Volk spricht. In der Tat hat sich ein bekannter moderner Historiker eloquent-sarkastisch darüber ausgelassen: Indem er die Äußerung des Polybios auf den Kleinbauern anwendet, der vom Verlust seines Hofes bedroht war, schreibt Toynbee: „Die Vorstellung, daß er über überschüssiges Geld verfügte, das er in öffentliche Aufträge investieren konnte, hätte er nur als Witz aufgefaßt, und zwar als schlechten Witz, gemacht auf seine Kosten."[60]

Es ist leicht, das Urteil des kompetenten und gewissenhaften zeitgenössischen Beobachters aus der Sicht einer Zeit umzustoßen, der fast alle einschlägigen Belege fehlen. Natürlich kann Polybios – wie wir alle – irren. Man muß aber erst beweisen, daß er sich irrt, bevor man eine solche Feststellung trifft und ihn lächerlich zu machen versucht. Zugegeben, das Interesse des Polybios lag hauptsächlich bei den Männern, die reich genug waren, in die Gesellschaften der Staatspächter zu investieren. Wir können sicherlich davon ausgehen, daß der Besitz von Anteilen in diesen Gesellschaften in der Tat breit gestreut war – breiter, als eine vorgefaßte Meinung heute glauben will –, auch wenn es sein mag, daß der Bauer, der vom Verlust seines Hofes bedroht war, nicht über Aktien verfügte. (Aber selbst dies wissen wir nicht.) Allerdings versteht sich Polybios als politischer Historiker. Insofern ist er sicherlich berechtigt, seine Aufmerksamkeit denjenigen zu widmen, die reich genug und – wie sie zeitweise zeigten – entschlossen genug waren, um zu versuchen, die Macht des Senats herauszufordern. Unser „Zeitalter des einfachen Mannes" hat ein lobenswertes Interesse für die unterdrückten Massen entwickelt, und wir tun gut daran – soweit es unsere Quellen erlauben –, ihnen unsere Aufmerksamkeit zu widmen. Tatsache bleibt aber, daß sie in jener Zeit keine wesentliche Rolle in der römischen Politik spielten.

Es geht Polybios zu Recht um die politisch aktiven Elemente, denn er schreibt ja über das politische Kräfteverhältnis. Hätte er ein Jahrhundert später geschrieben, wären viele seiner Ausführungen anders ausgefallen, vielleicht auch in diesem Punkt. Seine Kritiker täten gut daran, von ihm zu lernen.

Polybios schrieb politische Geschichte, und er schrieb unter dem Eindruck der Konflikte der 60er Jahre des zweiten Jahrhunderts, die er zum größten Teil selbst beobachten konnte, während wir nur auf der Grundlage verstreuter und mangelhafter Quellen Mutmaßungen über sie anstellen können. Darüber hinaus aber war Polybios gegenüber den nicht-politischen Massen auch nicht völlig blind. Er unterscheidet nämlich zwischen dem eigentlichen Verkauf von Aufträgen und „den daraus entstehenden Geschäften".[61] Das letztere ist sicherlich ein wichtiger Aspekt, den moderne Autoren, die behaupten, Interesse für wirtschaftliche Entwicklungen zu haben, zur Kenntnis nehmen sollten. Nicht überraschend hat ein moderner Wissenschaftler, der sich nicht mit Polybios oder den *publicani* beschäftigte, sondern mit den wirtschaftlichen Entwicklungen, die zu der Krise führten, für die die Gracchen eine Lösung suchten, überzeugend dargelegt, daß die riesige Zunahme der Bautätigkeit und anderer öffentlicher Arbeiten – nicht nur in Rom, sondern in einem gewissen Grad auch in den Städten überall in Italien – einen Konjunkturaufschwung mit sich brachte, bei dem Toynbees armer Bauer, der sein Land verlor, rasch wieder Arbeit fand. Vielleicht zog er es sogar vor, seinen Kleinbetrieb aufzugeben und in die Stadt zu ziehen, um von den neuen Chancen zu profitieren [und gleichzeitig wahrscheinlich auch der Wehrpflicht zu entgehen, die damals fast nur für Grundbesitzer galt].[62] Der Freigelassene, der als Steuereinnehmer oder in einer Kleider-„Fabrik" oder im Baugewerbe arbeitete, der Kleinunternehmer, für den ein paar Sklaven Tücher webten, der Gastwirt oder der Produzent von Töpferwaren – sie alle waren ganz existentiell auf die „Geschäfte" angewiesen, die aus den Staatsaufträgen „entstanden". Während bekanntlich in Italien eine langsame Agrarrevolution vor sich ging, in deren Verlauf der Getreideanbau zur Selbstversorgung und in kleinem Maßstab durch verkaufsorientierten Anbau und größere Höfe ersetzt wurde – obwohl vielleicht nicht in dem Ausmaß, wie es manchmal behauptet wird –, waren es weitgehend die Geschäfte, die aus den öffentlichen Aufträgen entstanden und zunehmend das Wirtschaftsleben Roms und des römischen Italien prägten, die den Opfern der landwirtschaftlichen Umwälzungen halfen und sie sogar ermutigten, sich auf die neuen Verhältnisse umzustellen und ihr Auskommen in den Städten zu finden. Es war wiederum das Nachlassen eines Teils der staatlichen Aktivitäten nach der Mitte des Jahrhunderts, das die Krise, der sich Rom im Jahre 133 v. Chr. gegenübersah, verschärfte, zuspitzte und bedrohlich machte – obgleich es diese Krise natürlich nicht allein hervorgerufen hat. All dies macht einen wichtigen Teil der Geschichte der *publicani* aus, und Polybios wußte das.[63]

III. Der Aufstieg zur Macht

Wir haben gesehen, wie groß die Geldsummen waren, die in der ersten Hälfte des 2. Jahrhunderts v. Chr. durch die Hände der Pachtgesellschaften flossen, und wir haben Anzeichen für das Anwachsen ihrer Macht bemerkt, nachdem sie über eine Generation lang tätig waren. Zeitweise konnten die Pachtgesellschaften Verbündete im Senat finden, indem sie die dortigen persönlichen Rivalitäten und Fraktionsstreitigkeiten zu ihrem Vorteil nutzten. Sie hatten es trotz der einmütigen Mißbilligung durch den Senat sogar geschafft, einen Tribunen als Fürsprecher für sich zu gewinnen. Wir erinnern uns andererseits aber, wie auf dem Höhepunkt des 2. Punischen Krieges ein Tribun, der sogar mit einem der angegriffenen *publicani* verwandt war, es nicht wagte, diesem Hilfe zu leisten. Wir haben auch die eindeutigen Grenzen gesehen, die der Macht der *publicani* gesetzt waren. In ihren Konflikten mit den Zensoren und dem Senat mußten sie letztlich immer scheitern. So hat der Tribun, der sich im Jahre 169 ihrer Sache annahm, seine eigene Karriere ruiniert. Diese ganze Affäre sowie die darauf folgende Aktion des Senats in Makedonien hatten gezeigt, wer Herr im Staat war. Schon in der Mitte des Jahrhunderts hatte man dies erkannt: Polybios, der ein scharfer Beobachter der zeitgenössischen Politik war und der den Umfang der wirtschaftlichen Aktivität und Bedeutung der *publicani* nicht unterschätzte, hatte keine Zweifel daran, daß die *publicani* im Treueverhältnis zum Senat standen.

Darüber hinaus scheinen sie persönlich ganz frei von politischen Ambitionen gewesen zu sein. Man könnte hinzufügen, möglicherweise notgedrungen. Es dürfte für einen führenden *publicanus*, damals wie auch in späterer Zeit, nicht schwierig gewesen sein, die unteren Ränge des Senats zu erreichen: So ist vielleicht ihr Befürworter P. Rutilius aus ihren Reihen aufgestiegen (wenn dies auch niemand behauptet). Um aber einen wahrhaft hohen Rang zu erreichen, bedurfte es jedoch zumindest der Herkunft aus einer soliden Familie von Grundbesitzern. M. Cato hatte dank seiner derartigen Herkunft und der Unterstützung des Patriziers L. Valerius Flaccus keine großen Probleme, an die Spitze zu gelangen. Der erste nachgewiesene Konsul aus den Reihen der *publicani* ist P. Rupilius, dessen Erfolg der persönlichen Freundschaft und der Unterstützung des P. Scipio Aemilianus zu danken war. Man hat seine Herkunft nicht vergessen und sie gegen ihn angeführt,[1] obgleich er Konsul wurde und seine Tocher mit einem Fabius Maximus aus patrizischer Familie verheiratete. Seinem Bruder gelang es nicht, das Konsulat zu erreichen, obwohl ihn Scipio und Publius selbst unterstützten – was Publius das Herz gebrochen haben soll, so daß er aus Gram darüber starb.[2]

Frank vermutet,[3] daß es die Auswirkungen der Proskriptionen von L. Sulla waren, welche die *publicani* trotz ihrer enormen Wirtschaftsmacht am Aufstieg zu den höchsten Positionen im Staat hinderten. Das ist ein seltsames Argument, selbst für jemanden, der die wirtschaftliche Bedeutung der *publicani* in der ersten Hälfte des 2. Jahrhunderts unterschätzt. Denn bis zu den Tagen Sullas hätten sie reichlich Zeit gehabt, um in die höchsten Positionen aufzusteigen. Toynbee, der zu Recht Franks Vermutung ablehnt, sagt, daß das Hindernis „politischer Natur“ war,[4] und in einem gewissen Sinn des Wortes ist das durchaus wahr – sogar eine Binsenwahrheit. Toynbee scheint es freilich mißzuverstehen. Er übersieht, daß schon seit den Tagen des 2. Punischen Krieges, für die wir zum ersten Mal konkrete Hinweise auf die *publicani* erhalten (und deshalb auch sehr wahrscheinlich auf ihre Existenz lange vor dieser Zeit schließen können), die führenden und wichtigsten Mitglieder der *publicani* aus der regierenden Klasse selbst gekommen waren. Sie waren *equites*, Mitglieder des Standes, den man als den Offiziersstand bezeichnen kann, verwandt (in den uns bekannten Fällen) mit

Senatoren und Magistraten. Wenn sie von den höchsten Ämtern ausgeschlossen waren, lag es nicht daran, daß man die Basis der regierenden Klasse nicht erweitern wollte.

Sicherlich gab es gesellschaftliche Vorurteile, und das ist hier bedeutsamer. Rom war keine bloße Plutokratie. Reichtum genügte nicht, obgleich er erforderlich war. Toynbee kommt auf eine Auffassung zurück, von der man hoffte, daß sie in wissenschaftlichen Kreisen längst überwunden wäre: die Ansicht von der Existenz einer „Mittelklasse" von Geschäftsleuten,[5] die gebieterisch an die Pforten der Macht klopften und die von einer landbesitzenden Aristokratie ferngehalten wurden, die engstirnig ihre politischen Privilegien verteidigte. Ein solches Bild mag für das Europa des 18. Jahrhunderts zutreffen, dessen Geist diesem großen Gelehrten vertrauter ist als der der römischen Republik. In Rom gab es in der Zeit, von der die Rede ist, keinen erfolglosen Versuch seitens einer geschäftetreibenden Klasse, politische Macht zu erlangen – um es kurz zu fassen, es gab überhaupt keinen Versuch dieser Art, und vielleicht gab es überhaupt keine solche Klasse. Der Geschäftsmann kennt seinen Platz in der gesellschaftlichen Ordnung, mag er nun *publicanus* sein oder ein privater *negotiator*. Er hat kein Interesse, an der Leitung des Staates teilzunehmen. Und die regierende Aristokratie war zwar nicht gewillt, zu viele ihrer eigenen Mitglieder in den Kreis der Nobilität aufzunehmen – in diesem Fall heißt das, zum Konsulat zu befördern –, doch war sie stets bereit und manchmal sogar eifrig darauf bedacht, ausgewählte Mitglieder des *ordo equester* zu niedrigeren Ämtern zuzulassen. Denn sie waren aus demselben Stand (die Mitglieder des Senats waren nämlich selbst *equites*) – dem Offiziersstand, wie wir ihn genannt haben, der sich von den Mannschaften durch das Staatspferd unterschied, das die Zensoren vergaben.[6] Diese Klasse stellte traditionell neue Mitglieder für den Senat, deren Förderung Patrone aus dessen Reihen übernommen hatten.[7] So kamen Cato und Marius – um nur die bedeutendsten zu erwähnen – an die Macht, und es gab viele wie sie in den unteren Rängen des Senats. Rom war keineswegs eine Kastengesellschaft, aber es war eine aristokratische und stark ständisch gegliederte Gesellschaft, in der sozialer Aufstieg nur langsam erfolgen konnte und Landeigentum eine gesellschaftliche Voraussetzung für die Mitgliedschaft in der regierenden Klasse war. Innerhalb dieser regierenden Klasse aber hatten die, die – von unten gesehen – schon als hochgestellt erschienen, größtenteils noch einen sehr langen Weg vor sich, bevor sie wirkliche Macht und politische Bedeutung erlangten.

Landeigentum war die Voraussetzung für die Zugehörigkeit zur Oberschicht – aufs Ganze gesehen war es die Grundlage für den Reichtum der *equites* wie auch der Senatoren.[8] Auch unterhalb der illustren Ränge des Offiziersstandes insgesamt bildete er die Grundlage für den Reichtum des Munizipaladels. Durch Gesetz und Tradition war es den Senatoren schon lange verboten, sich im Handel zu betätigen oder sich am Kauf von Staatsaufträgen zu beteiligen. Sie bildeten den politischen Teil der Oberschicht. Denjenigen Mitgliedern des Offiziersstandes, die keinerlei politische Ambitionen hegten, stand es frei, an solchen Aktivitäten teilzunehmen. Das Ergebnis war, daß sie gerade wegen des hohen Ansehens ihrer sozialen Stellung die wichtigsten Teilnehmer am Handel und an Staatsaufträgen wurden. Aber diejenigen, deren Reichtum größtenteils auf dieser Art von Tätigkeit beruhte, sah man, selbst wenn ihre Herkunft aus Grundbesitzerfamilien außer Frage stand, als ungeeignet für politische Ämter, geschweige denn für eine politische Karriere an. Großkaufleute – von den *publicani* nicht zu reden – hatten die Möglichkeit, wie Cicero später sagen konnte,[9] sich von ihrem Geschäft zurückzuziehen und ihr Geld in anständigen Besitz italienischen Landes zu investieren. So konnten sie gesellschaftliche Akzeptanz erlangen. Trotzdem betrachtete man sie wohl noch nicht als völlig geeignet, Senatoren, geschweige denn Konsuln zu werden, wenngleich ihre Söhne es wahrscheinlich leichter hatten, voll akzeptiert zu werden. Die Familien der niedrigeren (nicht aus dem *ordo equester* kommenden) *publicani* müssen wie die der Kaufleute oft auf

Oceanus-Mosaik, Detail Hafenszene, Römerhalle, Bad Kreuznach, Mitte 3. Jh.
Photo: Landesamt für Denkmalpflege, Mainz.

Sogenanntes „Torlonia-Relief"; 1863 in Ostia gefunden. Linke Szene: Römisches Frachtschiff bei der Einfahrt in den Hafen von Ostia, rechte Szene: Entladen eines Frachtschiffes am Kai. Photo: DAI Rom.

diese Weise den Zutritt zur Oberschicht erreicht haben, auch wenn der Weg lang und mühsam war. Man muß sich vergegenwärtigen, daß es zu dieser Zeit anscheinend noch keine Spezialisierung auf die *publica* im Gegensatz zu anderen Formen geschäftlicher Aktivitäten gegeben hat.

Um aber zum Ausgangspunkt zurückzukommen: Die Höhergestellten unter den *publicani* waren schon *equites* und hatten schon die erforderliche Herkunft. Doch verloren sie dadurch, daß sie Geschäfte dieser Art aufnahmen, ihre Qualifikation für Regierungsämter. P. Rupilius war Mitglied einer angesehenen Familie in der wichtigen Latinerstadt Praeneste – mit solider finanzieller Ausstattung, sollte man denken. Trotzdem bekam er als *publicanus* Verachtung zu spüren. Die bloße Tatsache, daß solche Männer großen Reichtum durch Mittel gewannen, die Gleichrangigen nicht zugänglich waren, verstärkte wohl sicherlich die Mißgunst. Als Kompensation schrieb man sich gesellschaftliche Überlegenheit zu. C. Marius, so hören wir,[10] wurde von seinem adligen Kommandeur Q. Metellus beleidigt, weil „man glaubte, er sei ein *publicanus* gewesen". Marius' Referenzen als Mitglied des Offiziersstandes waren untadelig: Seine Familie gehörte der Munizipalaristokratie von Arpinum an (obwohl wir nicht genau sagen können, wie lange sie schon dazugehörte) und er hatte seine militärische Ausbildung unter P. Scipio Aemilianus mit großer Auszeichnung absolviert, und zwar im persönlichen Gefolge des Kommandeurs.[11] Der Vorwurf muß nicht einmal berechtigt gewesen sein. Sicher ist, daß Cicero, der – Redner bei vielen öffentlichen Anlässen – es nicht als Schande betrachtet haben würde, keinen Hinweis auf eine solche Aktivität des Marius gibt. Davon abgesehen, ob er zutrifft oder nicht, der Vorwurf ist anscheinend gemacht worden, und schon das ist von Interesse. Das Vorurteil, das die *publicani* von der Regierung fernhielt, obwohl die Angeseheneren unter ihnen durch Geburt und Rang dafür voll qualifiziert schienen, war grundsätzlich gesellschaftlicher Natur. Aber es gibt keinen Grund zu glauben, daß die *publicani* dies durchweg übelnahmen. Nichts in unseren Quellen gibt uns irgendeinen Anlaß, die Klasse der *publicani* oder der Geschäftsleute insgesamt, wie Toynbee es tut, so darzustellen, als brenne sie darauf, in hohe Ämter zugelassen zu werden und grolle, wenn man ihr dies verweigere. Es gab ehrgeizige Männer wie Marius und die Rupilii. Sie waren, wie wir schon gesehen haben, Männer, die nicht so sehr den Aufstieg anstrebten, als nicht zugeben wollten, daß sie gesellschaftlich abgestiegen waren. Aber die eigentlichen Auseinandersetzungen zwischen den *publicani* und dem Senat kreisten, wie wir gesehen haben und noch sehen werden, nicht um den Zugang zu Ämtern, sie gingen ausschließlich um die Bedingungen der Pachtverträge. Die Geschäftsleute wollten nur ihre Geschäfte weiterführen, und zwar unter dem Schutz der Regierung.

Die Vorurteile, die die herrschende Aristokratie dem durch Geschäfte erworbenen Reichtum entgegenbrachte – auch wenn es sich um Mitglieder der eigenen Klasse handelte –, sind offenkundig und dürfen nicht geleugnet werden. Menschliche Beweggründe sind aber nie ganz einfach. Uns sollte klar sein, daß es durchaus einen guten Grund gab – im Sinn sowohl der Billigkeit als auch der politischen Theorie –, die *publicani* von der politischen Macht auszuschließen. Polybios deutet dies in der Tat an, und nichts berechtigt, daran zu zweifeln, daß spätestens zu seiner Zeit bedeutende Römer sich dessen bewußt waren. Die Aufgabe der Regierung war das Regieren im strengen Sinne des Wortes – und nicht das Geschäftemachen. Vor allem öffentliche Geschäfte mußten unter der Aufsicht des Senats und der Magistrate erfolgen. Daher war es notwendig, Regierung und Geschäfte streng zu trennen: Die Geschäftetreibenden durften so wenig selbst an der Aufsicht teilnehmen wie es den Senatoren erlaubt war, sich an den Geschäften zu beteiligen. Es hat viele Staaten gegeben, die von einer Kaufmannsaristokratie geführt wurden, aber Rom zählt nicht dazu. Dort existierten nicht einmal solche Umgehungsmöglichkeiten, wie wir sie heute zulassen. Die heutige Konvention, die es [in den

V.St.] einem führenden Geschäftsmann erlaubt, eine Regierungsstelle anzutreten, vorausgesetzt, daß er sich an das Ritual hält, seinen Vorstandsposten zwar abzutreten, seine Aktien aber treuhänderisch verwalten zu lassen, hätten die meisten Römer des 2. Jahrhunderts als heuchlerisch verworfen – falls sie überhaupt auf diese Idee gekommen wären. Vom *publicanus* mit seinen Sonderinteressen konnte man nicht erwarten, daß er unparteiisch regierte. Teilweise war dies gewiß eine Rationalisierung des Vorurteils, wie wir schon eingeräumt haben, gleichwohl muß man aber einsehen, daß es auch einen handfesteren Grund für diese Regelung gab – eine Ansicht über die Aufgaben einer Regierung, die (besonders im Rahmen der Antike) nun wirklich nicht ungerechtfertigt war. Jedes Zeitalter hat seine eigenen Konventionen moralischer und sozialer Art, die oft in Vorurteilen wurzeln und die aus der Sicht späterer Jahrhunderte leicht als unehrenhaft erscheinen. Man kann nichtsdestoweniger aufrichtig an sie glauben, und sie bergen auch ein Vernunftselement in sich.

Tatsächlich konnte das Eigentum an Grund und Boden als etwas gelten, das in einer Weise oberhalb des politischen Geschäftes angesiedelt war, die dem Handel (von den Pachtaufträgen ganz zu schweigen) verwehrt war. Da es nirgendwo innerhalb der Oberschicht in Frage gestellt wurde, stand es außerhalb einer kritischen Beurteilung. Genauso war es möglich, daß die Gründerväter der amerikanischen Republik, wenn sie von gleichen Rechten und der Freiheit von Tyrannei sprachen, völlig selbstverständlich und ohne jede Debatte nicht nur von einem bestimmten sozialen Stand, sondern auch von einer bestimmten Hautfarbe ausgingen, weil beides ihnen und ihrem Kreis gemeinsam war und deshalb nicht ins Bewußtsein drang. Dies bedeutet nicht, daß man den Mißbrauch von Grundeigentum nicht als unehrenhaft ansah. Der Fall eines Zensors, der einen Damm in einer Gegend bauen ließ, in der er große Ländereien besaß, erregte Aufsehen.[12] Er führte aber nicht dazu, daß man das in Frage stellte, was wir als die politische Neutralität des Grundeigentums an sich bezeichnen könnten – die allgemein anerkannte Tatsache, daß es außerhalb der politischen Debatte stand, weil es ja (in Form einer Institution) allen gemeinsam war, die an dieser Diskussion beteiligt waren. Aufgabe des Historikers ist es nicht, diese Ansicht zu verteidigen: Wir sehen nur allzu deutlich, wie das Interesse an Grund und Boden in der Oberschicht dazu beitrug, die notwendigen Reformen zu verhindern und die Republik in die Krise der Gracchenzeit zu stürzen. Der Historiker muß aber versuchen, die Voraussetzungen und Vorurteile der Zeit, mit der er sich beschäftigt, nicht weniger als die seiner eigenen Zeit zu verstehen, bevor er ein Urteil wagt. Wenn er dies nicht tun will, fällt er auf die Ebene derjenigen zurück, die keine Beurteilungskriterien haben außer ihren eigenen – individuellen oder kollektiven – Vorurteilen.

Dies war keine belanglose Abschweifung. Sie hat uns nämlich zum Grundproblem geführt, aus dem die politische Krise Roms sich entwickelte und das die *publicani* zu der relativ kurz bemessenen Periode ihrer politischen Bedeutung brachte, zum Interesse an Landeigentum, das grundlegend für die herrschende Klasse Roms war. Wir müssen nun untersuchen, wie es dazu kam, daß man ihr Monopol zu bestreiten begann.

Wir sind schon kurz auf die landwirtschaftlichen Entwicklungen in Italien im 2. Jahrhundert eingegangen, auch auf den Zustrom der Bauern in die Städte und besonders nach Rom, Bauern, die enteignet waren oder auch nur versuchten, ihr Los zu verbessern. Dabei spielten, wie wir gesehen haben, die *publicani* und die staatlichen Pachtverträge eine große Rolle. Auch Polybios zeigt, daß die Menschen sich dessen zumindest vage bewußt waren.[13] Wir können nicht sicher sein, wieviel an Bautätigkeit und anderen wirtschaftlichen Aktivitäten des Staates es nach 167 gab, da uns seitdem Livius als Orientierung fehlt. Es läßt sich aber zeigen, daß sie zumindest zeitweise noch in beträchtlichem Ausmaß vorhanden waren. Im Jahre 146 wurden sowohl Karthago wie auch Korinth zerstört. Die Beute, die Rom machte, läßt sich nicht beziffern,[14] sicherlich gab es aber einen weiteren kräftigen Impuls für die römische Wirtschaft, und die Wirkungen scheinen sehr ähnlich denen früherer Jahre in diesem Jahrhundert gewesen zu sein. Kurz danach wurde der Aquädukt Aqua Marcia mit einem Kostenaufwand von 45 Millionen Denaren gebaut,[15] ein Zeichen dafür, wie viele Menschen nach Rom gekommen waren und wieviel Geld vorhanden war, um den Zustrom zu bewältigen. Die Zensur von 142 war besonders verschwenderisch. Unter ihr wurden u.a. die Kassettendecke des Kapitolinischen Tempels vergoldet und die Brücke des Aemilius gebaut. Das erstere übernahm der Eroberer von Korinth und das letztere der Eroberer Karthagos.[16]

Ein paar Jahre danach hört die ganze Betriebsamkeit auf.[17] Die Beute war verbraucht, und es blieb nur ein unpopulärer Guerillakrieg in Spanien, dem sich bald ein gefährlicher Sklavenkrieg in Sizilien anschloß. Interessant ist, daß wir nirgendwo von irgendeiner politischen Rolle hören, die die *publicani* bei all diesem gespielt hätten. Sie organisierten weiterhin das, was gebraucht wurde, aber es gibt keinen Hinweis darauf, daß sie anfangs die Wirtschaftstätigkeit gefördert oder später gegen deren Einstellung protestiert hätten. Dies zeigt, daß sie immer noch nicht daran dachten, politischen Einfluß als solchen auszuüben, d.h. Einfluß auf politische Entscheidungen allgemein, im Unterschied zu den speziell die Aufträge betreffenden Einzelentscheidungen. Und wenn es während dieser Zeit zu irgendwelchen Streitigkeiten über die Entscheidungen des zweiten Typs kam, sind sie nicht bezeugt.

Vor diesem Hintergrund von wirtschaftlicher Rezession und schwieriger, allgemein unbeliebter Kriege in Spanien und Sizilien – der letztere entwickelte sich besonders bedrohlich, da er die Gefahr von Sklavenunruhen mit sich brachte und Rom durch die gedrosselten Getreideeinfuhren unmittelbar traf – brachte

Tiberius Gracchus im Jahre 133 sein Gesetz ein, nun den Höchstgrenzen für den Besitz *(possessio)* an Staatsland Geltung zu verschaffen und den daraus entstehenden Überschuß an Land an arme römische Bürger zu verteilen. Die Idee stammte nicht von ihm allein: Er besaß die Unterstützung einiger führender Senatoren seiner Zeit. Sowohl seine Motive wie die seiner Förderer hat man unzählige Male erörtert, und obwohl diese Episode – von einem historiographischen nicht weniger als von einem im engeren Sinn historischen Standpunkt aus – dauerhafte Bedeutung besitzt, ist es nicht meine Aufgabe, sie hier nachzuerzählen. Uns interessiert in diesem Zusammenhang, daß die ungewollte Wirkung dieses Gesetzes darin bestand, das gesamte Staatsverständnis der römischen Aristokratie in Frage zu stellen. Dieses beruhte nämlich auf der Voraussetzung, daß das Grundeigentum eine herrschende Klasse besonders zum Regieren befähige und unvoreingenommen in der Behandlung von öffentlichen Fragen mache.

Zunächst vereitelte das persönliche Interesse an Staatsland, das der gesamten Oberschicht – Senatoren und *equites* – gemeinsam war, Tiberius' Reform, trieb ihn als Preis für sein Bestreben, sie durchzusetzen, in die offenkundige Illegalität und schließlich in den Tod.[18] Nichts davon war, wie Toynbee es interpretiert, das Ergebnis des Anspruchs einer Klasse von Geschäftsleuten auf Zugang zu den Machtpositionen und zur exekutiven Amtsgewalt. Es ist in der Tat schwer zu verstehen, wie ein so realitätsfernes Bild jemals in einem wissenschaftlichen Werk gezeichnet werden konnte.

Mit seinen Verheißungen und seinem Scheitern hatte Tiberius Gracchus die Fundamente des Staatswesens erschüttert und damit die Interessengegensätze, die bisher latent und harmlos waren, an den Tag gebracht und zugespitzt. Auf lange Sicht hatte er sie zum Politikum gemacht und – wie Gaius Gracchus später sagen sollte – die verschiedenen Seiten gegeneinander bewaffnet; damit aber auch gegen die Republik, die wie jede geregelte Gesellschaftsordnung davon abhing, daß gegensätzliche Interessen sich einem Ganzen unterordnen, das grundsätzlich das Interesse der herrschenden politischen Klasse ist. Die vorherrschende Meinung des Altertums – in der neueren Forschung wieder von R.E. Smith vertreten[19] – war die, daß gerade die Gracchen für die Zerstörung der *concordia*, auf der die klassische Republik beruhte, verantwortlich waren. Sosehr diese Ansicht, wie man schon oft gezeigt hat, die Sache in vielen Aspekten zu stark vereinfacht, sie hat einen wahren Kern. Es lohnt, sie hier wieder darzulegen – sofern sie nicht übertrieben wird, indem man die Gracchen moralisch für den Fall der Republik verantwortlich macht. Diese Interpretation ist keineswegs dadurch widerlegt, daß man, wie einige von Smiths Kritikern es versuchten, das frühere Vorhandensein von Problemen, Spannungen und Interessengruppen untersucht und betont – natürlich sind beide Ansätze gleichermaßen berechtigt und wichtig. Das Schicksal des Tiberius Gracchus machte offenkundig, daß die Grundprämisse für die politische Ordnung der Republik nicht zutraf.

Die Interessengruppen, die sich nunmehr herausbilden und gelegentlich oder sogar dauerhaft Zusammenhalt und Militanz erlangen, sind viel zu komplex, um unter einem einfachen Begriff wie „Klassenkampf" subsumiert zu werden, wie es Toynbee und einige marxistische Gelehrte vorschlagen. Die Armen in der Stadt und die Armen auf dem Land; Sklaven, Freigelassene und Freigeborene; römische Bürger, Latiner und Italiker; Oberschicht und Unterschicht; Senatoren und *equites*; Großgrundbesitzer und Geldadel; *nobiles* und einfache Senatoren; und natürlich, wie immer, der „Generationskonflikt", den unsere Generation nicht erfunden hat, der aber in jeder Krise die ungeduldige und ehrgeizige Jugend – erfüllt von einer Begeisterung, die die anstehenden Probleme verkennen läßt – zu radikalen Lösungen treibt. Kein Historiker, nicht einmal Mommsen (dessen Sicht, sehr ähnlich der Toynbees, die Dinge besonders stark vereinfachte), konnte bis heute der Komplexität des Themas gerecht werden. Die Geschichte des Untergangs und des Falls der römischen Republik muß immer noch geschrieben werden, und zwar von einem Historiker mit Gespür und fundierten Kenntnissen, der sich das zum einzigen Ziel gemacht hat. Die meisten von uns können nur einem oder zwei Fäden des Gewebes nachgehen. Auch dies ist vernünftig und nützlich, sofern wir nicht am Ende behaupten wollen, die Antwort gefunden zu haben.

Leider sind unsere Zeugnisse – sogar was größere Entwicklungen angeht – oft ganz unzulänglich. Bevor Ciceros Werke zu Fragen seiner Zeit verfügbar werden, tendieren unsere Quellen dazu, sich auf das ins Auge Fallende und das Dramatische zu konzentrieren – auf Aufstand, Gewalt und Tod. Daneben kann spätere Umdeutung zu propagandistischen Zwecken sogar das wenige, das wir haben, verdunkeln und verfälschen und den modernen Historiker dort irreführen, wo sie seinen eigenen Vorurteilen nahekommt.

Dieses Problem der propagandistischen Verfälschung stellt sich gleich am Anfang in der Tradition über die Gesetze, die Tiberius Gracchus Plutarch[20] zufolge geplant haben soll, als er glaubte, er benötige ein zweites Tribunat. Plinius und Dio[21] deuten dasselbe an: Der letztere geht so weit, explizit zu behaupten, daß Tiberius die Gerichte vom Senat an die *equites* habe übertragen wollen. Die am besten informierten Quellen – Appian und Cicero – beziehen sich an keiner Stelle darauf. In jedem Fall muß man Behauptungen über nie durchgeführte Pläne mit Argwohn aufnehmen, in diesem Fall um so mehr, als eine Vielzahl der von Plutarch über Tiberius gesammelten Informationen wahrscheinlich aus einem politischen Pamphlet stammt, das Tiberius' Bruder Gaius einige Jahre später schrieb.[22] Mit dem Anspruch, das Werk seines Bruders fortzuführen, gestaltete Gaius ihn nach seinem eigenen Bild und Gleichnis.[23] Man kann es aber als sicher betrachten, daß die Vorstellung, „Dolche auf das Forum zu werfen", in den Kreisen der Gracchen geboren wurde und schon lange geboren war, bevor sie im Programm von Gaius zur Reife gelangte.

In Ciceros Dialog ›Über den Staat‹[24] finden wir den berühmten Hinweis auf ein Gesetz über die „Rückgabe der

Pferde“ (d.h. der Staatspferde), von dem behauptet wird, daß man damals darüber diskutierte, und das P. Scipio Aemilianus, der hauptsächlich das Wort führt, als eine „neue Art von Bestechung“ *(noua largitio)* scharf verurteilt. Seit Niebuhr hat man dies immer mit Recht als Hinweis auf ein Gesetz verstanden, das anderswo nicht bezeugt ist, aber sicherlich in der späten Republik in Kraft war. Ihm zufolge mußte derjenige, der einen Sitz im Senat (oder vielleicht eine bedeutendere Magistratur) erlangte, sein Staatspferd beim nächsten Zensus zurückgeben und damit den *ordo equester* verlassen, dem Senatoren früher auch weiterhin angehörten. Das Datum, auf das Cicero seinen Dialog hin konzipiert, steht außer Frage. Er legt ihn in die Zeit des Latinerfestes des Jahres 129 v. Chr., einige Tage vor dem Tod Scipios, wie uns Cicero an einer anderen Stelle mitteilt.[25] Wir wissen, wie sorgfältig Cicero den historischen Hintergrund seiner Dialoge recherchierte, jeden Anachronismus vermied und die Hilfsquellen (und das Wissen) seines Freundes Atticus als gelehrten Beistand in Anspruch nahm.[26] Daher können wir es als sicher betrachten, daß das betreffende Gesetz Anfang des Jahres 129 noch nicht verabschiedet war: Scipios Kritik wäre viel heftiger ausgefallen, wäre sie nicht gegen einen Gesetzesentwurf, sondern gegen ein gültiges Gesetz gerichtet gewesen, und Cicero muß gewußt haben, daß er es nicht so schreiben konnte. Wann aber wurde das Gesetz verabschiedet? Man nimmt gewöhnlich an, daß dies kurz nach Scipios Tod geschah – fast sicher im Jahre 129, da in diesem Jahr noch Zeit genug dazu war. Trotz neuerlich geäußerter Zweifel[27] scheint es immer noch das einzig mögliche Datum zu sein. Römische Gesetze blieben im allgemeinen kein Gegenstand der Diskussion auf Jahre hinaus, was sowohl Cicero als auch seinen Lesern bewußt war. Ein Gesetzesentwurf dieser Art wurde gewöhnlich von einem Tribunen vorgebracht und mußte daher im selben Jahr entweder angenommen oder abgelehnt werden. Das Wesen der Annuität machte dies zwingend. Es läßt sich nicht wirklich in Frage stellen, daß Cicero einen Beleg (wahrscheinlich aus dem Gesetz selbst, das man prüfen konnte und das das genaue Datum in seiner Praescriptio trug) für den genauen Tag (geschweige denn das Jahr) hatte, an dem dieses Gesetz verabschiedet wurde. Weil es ein Gesetz war, das zu seiner Zeit immer noch in Kraft war, hätte Cicero nicht viel Mühe aufwenden müssen – weit weniger, als von seinen anderen Forschungen bezeugt ist –, um auf diese Information zu stoßen. Wäre dieses Gesetz beispielsweise im Jahre 122 verabschiedet worden, sieben Jahre nach Scipios Tod, wäre es unvorstellbar, daß Cicero ohne irgendeine Rechtfertigung zu geben, vorgespiegelt hätte, das Gesetz habe schon zu einem so frühen Zeitpunkt zur Debatte gestanden. Denn Scipio wußte, soweit wir es beurteilen können, nichts über den Plan, dem Senat die Kontrolle der Gerichte zu entziehen, oder den anderen, den Bundesgenossen das Wahlrecht zu verleihen. Der letztere zumindest hätte sich in hohem Maß in einigen seiner Ausführungen niedergeschlagen, und ein entsprechender Vorschlag kam in der Tat schon im Jahre 126 zur Sprache. Es ist natürlich theoretisch möglich, daß der Gesetzesantrag über die Rückgabe der Staatspferde im Jahre 129 eingebracht, abgelehnt und später erfolgreich wiederaufgenommen wurde. Das macht für unsere jetzige Überlegung nicht viel aus. Aber diese komplizierte Hypothese bedarf positiver Bekräftigung, wenn sie der einfacheren Alternative vorgezogen werden soll. Vor allem müßte erklärt werden, was Ciceros Beleg dafür war, daß der Antrag zur damaligen Zeit gestellt und zurückgewiesen wurde. Zumindest war dieses Ereignis offenbar nicht so wohlbekannt wie die Auseinandersetzungen um die Gracchengesetze, denn es ist kein Hinweis darauf erhalten geblieben. Wir müssen, meine ich, mit dem zufrieden sein, was auf der Hand liegt, und davon ausgehen, daß das Gesetz – trotz einiger Opposition von seiten bedeutenderer Senatoren – im Jahre 129 sowohl beantragt als auch angenommen wurde. Seine Verabschiedung fällt in den späteren Teil desselben Jahres, also in die Zeit nach Scipios Tod.

An anderer Stelle in den Überresten desselben Dialogs erwähnt Cicero die politische Krise in Rom; sie ist tatsächlich der

Hauptgrund für ihn, gerade dieses Datum für die Inszenierung des Dialogs zu wählen.[28] Wir wissen auch, daß sich der Senat über die Art und Weise entzweit hatte, in der man Tiberius getötet hatte (selbst wenn die Opposition sich später, wie üblich, mit den Tätern zusammenfand und die Tat verteidigte).[29] Auch die Agrarkommission, die Tiberius gebildet und mit seinen Gefolgsleuten besetzt hatte, bestand nach seinem Tod fort und blieb ein Herd von Unzufriedenheit und Groll.[30] Die Ereignisse von 133 hatten klar gemacht, daß trotz mancher Sympathie von seiten angesehener Senatoren der Senat als Ganzes nicht zur Unterstützung von Reformen zu bewegen war. Wenn es um deren Fortführung im Sinne des Tiberius gehen sollte, und genau dies suchte die Kommission nun sicherzustellen, mußte man neue Verbündete finden. Diese Erkenntnis wurde untermauert durch die Ereignisse von 129. Es war in diesem Jahr, daß P. Scipio Aemilianus die Kommission dadurch lahmlegte, daß er ihr alle oder doch die meisten ihrer gerichtlichen Vollmachten nahm[31]. Es kommt nicht überraschend, daß innerhalb kurzer Zeit nach diesem Rückschlag das neue Gesetz (das Scipio so stark mißbilligte) eingebracht wurde. Scipios Vorgehen selbst hatte die Lektion von 133 bekräftigt, und man war jetzt gezwungen, sie zu lernen.

Der Plan, den später C. Gracchus weiterentwickelte, war anscheinend der, einen bleibenden Keil in die herrschende Klasse zu treiben und sie entlang der einzig erkennbaren Bruchlinie zu spalten. Was sich im Jahre 169 ereignet hatte – nach unseren Erkenntnissen einmalig –, als viele Wähler der Offiziersklasse sich gegen die *auctoritas* des Senats gewendet hatten, sollte gefördert und institutionalisiert werden. Man wollte eine neue Klasse schaffen.

Wie schon erwähnt, hatte die Offiziersklasse (die *equites*) grundsätzlich eine homogene Herkunft. Als Tiberius ihren Landbesitz in Frage gestellt hatte, hatte sie sich geschlossen gegen ihn gestellt. Es gab dennoch einen latenten Gegensatz innerhalb dieser Klasse, den man ausnutzen konnte: Die Konflikte über die Staatsaufträge zeigten den Weg. Dies setzte aber voraus, daß dem nicht-politischen Element eine Identität als eigener Stand, abgesondert von den herrschenden Kreisen, verschafft werden konnte. Das war offensichtlich die Absicht jener „Bestechung“ – dem Gesetz, das die Senatoren von einer neuen Offiziersklasse ausschloß.

Es gibt noch eine Maßnahme, über deren Beschluß wir nicht informiert sind: die Verleihung des Privilegs, vierzehn Sitzreihen (getrennt von den Senatoren) bei den Spielen für eben diese *equites* reserviert zu halten.[32] Man ist gelegentlich der Meinung gewesen, daß dieses Gesetz Teil der Gesetzgebung des C. Gracchus gewesen sein muß, und tatsächlich paßt es in diesen Zusammenhang. Diese Gesetzgebung ist aber gut dokumentiert mit besonderer Betonung der Maßnahmen, die Oberklasse zu spalten. Es wäre schwer verständlich, wenn unsere ganze Überlieferung eine der wichtigsten dieser Maßnahmen – wichtig dadurch, daß sie innerhalb dieser Klasse einen deutlich sichtbaren Unterschied schuf – übersehen hätte. Da andererseits das Gesetz mit Sicherheit irgendwann im 2. Jahrhundert verabschiedet worden sein muß, liegt es nahe, es mit dem Gesetz über die Rückgabe der Staatspferde in Verbindung zu bringen. Beide Maßnahmen zielten darauf ab, eine neue Klasse der *equites* zu etablieren und sie von der Klasse der Senatoren zu unterscheiden. Sie gehören offensichtlich zusammen, und, obgleich man nicht ganz sicher sein kann, ist die Behauptung nicht allzu gewagt, daß sie im selben Jahr 129 verabschiedet wurden, in beiden Fällen (da wir nichts über ihre Verabschiedung hören) ohne wirksamen Widerstand.[33]

Wie auch immer es sich mit den unerfüllten Absichten des Tiberius Gracchus verhält, vor allem mit seinem Ziel, dem Senat das Monopol in den Geschworenengerichten zu nehmen, sicher ist, daß die Idee, den *equites* als Gegengewicht zum Senat eine ins Auge fallende Standesidentität zu verleihen, in der Krise von 133 aufkam und nach Scipios Intervention gegen die Kommission im Jahre 129 ausgereift war. Die Kommission brauchte noch einige Zeit, um sich mit der Frage der Ungerechtigkeit zu beschäftigen, die Scipio aufgegriffen hatte, um seine

Maßnahmen durchzusetzen: die Beschwerden der Italiker – denn es gibt keine verläßlichen Hinweise dafür, daß Tiberius die Italiker ernsthaft berücksichtigt hatte – über ihre Hilflosigkeit gegenüber der Kommission, aber auch darüber, daß sie den Preis für die Lösung der Probleme Roms zahlen mußten.[34] Die *largitio* in ihrem Fall – nämlich, daß ihnen die römische Staatsbürgerschaft verliehen werden sollte, wenn sie das wünschten – wurde erst im Jahre 126 vorgeschlagen. Sicherlich mußte die Sache zunächst erst mit ihren Führern diskutiert werden, bevor man in Rom Maßnahmen ergriff. Die Gesetze über die *equites* waren wohl seit 133 geplant und konnten schon 129 verabschiedet werden. Beide Pläne waren aber eine direkte Konsequenz des Widerstandes gegen Tiberius Gracchus. Interessant ist, daß die zwei Pläne auch darin Parallelen aufweisen, daß sie Bedürfnisse weckten, die man vorher gar nicht so sehr empfunden hatte. Im Falle der Italiker wird dies daraus deutlich, daß für die, die kein römisches Bürgerrecht wünschten, als Alternative das Recht angeboten wurde, gegen Handlungen der römischen Magistrate an das römische Volk zu appellieren. (Dreißig Jahre später finden wir nichts Derartiges.) Im Fall der *equites* besitzen wir, wie schon erwähnt, keinen Hinweis auf eine frühere Forderung nach einem politischen Status.

In beiden Fällen muß es freilich Personen gegeben haben, die solche Wünsche äußerten: Auf diese Weise begegneten die Vorstellungen zum ersten Mal jenen Politikern, die sie auf eine Formel brachten. Auch waren die fraglichen Interessengruppen sicher schon vorhanden und mußten nicht erst ins Leben gerufen werden. Als politische Themen aber entstanden sowohl die Frage des *ordo equester* als auch das Problem der Staatsbürgerschaft für die Bundesgenossen direkt aus der Erfahrung der Gracchenzeit. Denn es waren die Maßnahmen gracchisch gesinnter Politiker, die diesen beiden Gruppen politisches Bewußtsein und politische Ziele gaben.[35]

Die, wie wir sahen, Tiberius Gracchus zugeschriebene Idee, die neue Klasse der *equites* mit einer öffentlichen Funktion in Prozessen gegen Senatoren auszustatten, stammt aus den gleichen politischen Kreisen. Dennoch legt die Tatsache, daß sie erst von C. Gracchus in seinem Tribunat vorgebracht wurde, nahe, daß es sich um eine etwas spätere Entwicklung handelt. Sie rührt vielleicht aus dem Freispruch für M' Aquillius, den Eroberer von Asia, her; auf jeden Fall erhielt sie dadurch Impulse.[36] Nachdem aber die neue Klasse geschaffen war, bot es sich wie von selbst an, sie mit einer wichtigen Aufgabe zu betrauen. Diese konnte aber unter den Bedingungen Roms nicht in der eigentlichen Staatsführung liegen. Denn als *nobilis* des 2. Jahrhunderts konnte sich C. Gracchus keinen Staat vorstellen, den eine andere Instanz als der Senat regierte.[37]

Der Mythos, daß C. Gracchus eine größere Anzahl von *equites* in den Rang von Senatoren erheben wollte, wird von Zeit zu Zeit wiederbelebt.[38] Er beruht auf einem Mißverständnis in unserer wertlosesten Quelle und widerspricht unserem gesamten sonstigen Wissen. Es müßte klar sein, daß dies politisch unsinnig gewesen wäre. Als dieser Plan später wirklich Konturen annahm, entstand er aus einem ganz anderen Beweggrund und einem anderen Ansatz. Er stammte von M. Livius Drusus und L. Sulla, die sich dadurch eine Kastrierung der damals schon politisch bewußten Klasse der *equites* erhofften, daß sie ihre ehrgeizigsten Mitglieder in harmlose Hinterbänkler im Senat verwandelten.[39] Die Ziele des C. Gracchus und seines Kreises waren geradezu entgegengesetzt.

Das Jahr 129 ist – nicht allein wegen Scipios Tod – ein Schlüsseljahr. Es lohnt sich für uns, es aus dem Dunkel hervorzuholen, in das unsere Quellenlage es stellt, und ihm die Bedeutung wiederzugeben, die Cicero ihm beimaß. Zufällig zeigt ein Dokument aus demselben Jahr, wie der Senat noch als aufsichtsführende Körperschaft über die *publicani* auftritt und gegebenenfalls die Provinzialen gegen diese in Schutz nimmt. In einem Beschluß, von dem sich zwei Fragmente gefunden haben und über den oft diskutiert worden ist,[40] findet man beide Konsuln vom Jahre 129 mit einem großen Beirat, wenn nicht ausschließlich von Senatoren, so doch zumindest von Männern aus senatorischen Familien. Sie hören einen

Streit an, der zwischen den *publicani* und der Stadt Pergamon über Grenzfragen entflammt war. (Einzelheiten sind aus dem Erhaltenen nicht leicht herauszulesen.)

König Attalos von Pergamon hatte im Jahre 133 sein Königreich dem römischen Volk vermacht. Tiberius Gracchus hatte dafür gesorgt, daß Rom das Erbe annahm, und geplant, einen Teil der königlichen Finanzmittel für seine Agrarprogramme zu verwenden. Danach gab es einige Jahre lang Krieg in der Provinz Asia. Der Konsul M' Aquillius muß gerade dabei gewesen sein, in den Krieg aufzubrechen.[41] Es ist interessant zu sehen, wie die *publicani* fest in der Ausübung ihres Gewerbes etabliert sind, und zwar unzweifelhaft auf dem Land des Königs, das nunmehr Staatsland des römischen Volkes war.[42] Der Fall war von großer Bedeutung, wie sich aus der Größe des Beirats und dem Ansehen seiner Mitglieder sowie aus dem Vorsitz der beiden Konsuln ergibt. In der Tat ist das Dokument unter den überlieferten Zeugnissen über derartige Rechtsverfahren einzigartig. Die Entscheidung richtete sich gegen die *publicani*, wie sich aus dem Umstand ergibt, daß die Stadt den Sitzungsbericht für teures Geld in Stein aufzeichnen ließ. Wir müssen annehmen, daß die Einnahmen aus dem neuen Staatsland von den Zensoren im Jahre 131 verpachtet worden waren und der Streit sich entzündet hatte, als die *publicani* das erste Mal Steuern zu erheben versuchten. Obgleich Geld des römischen Staates nicht unmittelbar betroffen war,[43] muß es in diesem Fall um eine so erkleckliche Geldsumme gegangen sein, daß er eine Anhörung dieser Art erforderte.

Vierzig Jahre früher, im Jahre 169, konnte zum ersten Mal der Einfluß der *publicani* auf die politischen Aktionen der noch ungeteilten Offiziersklasse beobachtet werden. [Wenn diese negative Entscheidung wirklich aus dem Jahr 129 stammt,] dann muß sie in einem Fall von (soweit wir wissen) einzigartigem Ausmaß die *publicani* um so bereitwilliger gemacht haben, sich gegen Ende desselben Jahres durch die Einrichtung einer getrennten Klasse der *equites* „bestechen“ zu lassen. Sie konnten nämlich hoffen, diese wesentlich leichter unter ihren Einfluß zu bringen als die ungeteilte Offiziersklasse, in der die Senatoren durch ihr Ansehen dominierten. Darüber hinaus war es für die Agrarkommission notwendig, den *publicani* ein „Bestechungsangebot“ zu machen, um auf ihre Unterstützung zu rechnen, da die Agrarprogramme der Gracchen ihren Interessen zuwiderliefen. Der Grund dafür lag nicht nur darin, daß einige *publicani* (und vor allem die wichtigsten) als Landinhaber höchstwahrscheinlich von der Besitzgrenze betroffen waren, sondern auch darin, daß die gestattete *possessio* von 125 Hektar, vielleicht zuzüglich weiteren Landes für die Kinder,[44] jetzt anscheinend pachtfrei sein würde. Diesen Verlust darf man nicht zu hoch einschätzen: Wie wir gesehen haben, hatte es sich als schwierig erwiesen, die Pacht von den mächtigen Besitzern *(possessores)* großer Ländereien einzuziehen. Wenn man aber den persönlichen Verlust an Land berücksichtig, den viele von ihnen vielleicht erlitten, war dieser Aspekt des Gracchischen Gesetzes dazu geeignet, die *publicani* gegen das Gesetz einzunehmen und nicht dafür. So war die „Bestechung“ eine politische Notwendigkeit, genau wie es bald die „Bestechung“ der Italiker werden sollte. Das Problem des Prozesses über das Land in der Provinz Asia machte die „Bestechung“ um so wirksamer und auch akzeptabler.

Es wäre also nicht allein der Zufall der Überlieferung daran schuld, daß wir gerade zu dieser Zeit von dem ersten (und gleich auch wichtigsten) Streit über Steuereinnahmen aus der Provinz hören, in dem eine Senatskommission entscheiden mußte.[45] Die Bedeutung dieser *uectigalia* war wahrscheinlich Ergebnis einer neueren Entwicklung. Es hatte immer Steuern irgendeiner Art gegeben, in Rom genauso, wie es sie überall gibt. Aber die Hauptsteuer war die kleine Eigentumsabgabe, das sogenannte *tributum*, gewesen, auf direktem Weg erhoben, wie es scheint (obwohl wir nicht sicher wissen, durch wen).[46] Steuern auf Staatsland und ebenso auch Maut und Zölle *(portoria)* waren in Ausmaß und Bedeutung begrenzt. Der *publicanus* als Zollbeamter erscheint in den Stücken des Plautus früh im 2. Jahrhundert als stereotype Witzfigur. Er erbricht Siegel und schnüffelt in den Briefen von Reisenden aus dem Ausland.[47] Obwohl das Vorbild ohne Zweifel athenischer Herkunft war, muß die Figur in Rom richtig verstanden worden sein und das Publikum unterhalten haben. Eine Ehefrau, die von ihrem Mann alles wissen will, bringt ihn zu dem Zornesausbruch, er sei anscheinend mit einer Zollbeamtin verheiratet![48] Unsere Quellen erwähnen aber erst für das Jahr 199 zum ersten Mal, daß die Zensoren Aufträge für die Erhebung von *portoria* in Capua und Puteoli vergeben,[49] alten Städten, die nunmehr unter Roms Herrschaft standen. Capua war schon lange ein Handelszentrum gewesen, während Puteoli sich gerade zum Haupthafen für Rom entwickelte. Ein paar Jahre später richtete man dort eine Kolonie ein.[50]

Im Jahre 179, so Livius, hatten zwei sehr aktive Zensoren (die viel Geld für Staatsbauten ausgaben und sich dafür, wie wir sahen, die Staatseinnahmen eines Jahres vom Senat zuweisen ließen) viele neue *portoria* und andere Einnahmequellen eingeführt.[51] Danach haben wir keine konkreten Zeugnisse für neue Steuern bis zur Gesetzgebung des C. Gracchus, der besonderes Interesse an Staatseinnahmen hatte.[52] Teilweise ist dies auf den Verlust der Bücher des Livius nach 167 zurückzuführen, dessen verheerende Auswirkung für die Geschichtsschreibung wir schon oft gesehen haben. Teilweise erklärt es sich wohl aber einfach aus der Tatsache, daß man während dieser Jahre keine neuen Einnahmequellen erschloß und nur die ausbaute, die man schon eingeführt hatte. Für die Zeit der ausgehenden Republik[53] wissen wir, daß Zollstationen Abgaben für die Gesellschaften der *publicani* in vielen (wahrscheinlich in allen) größeren Städten Italiens und der Provinzen, vor allem aber in den großen Seehafenstädten, einzogen.

Im wesentlichen müssen all diese Entwicklungen im 2. Jahrhundert stattgefunden haben, angefangen mit der Einrichtung von Zollstationen in Capua und Puteoli im Jahre 199 und fortgesetzt in großem Umfang (vielleicht im Rahmen eines schon flächendeckenden Plans für das ganze römische Italien) durch die Zensoren des Jahres 179, deren Aktivitäten Livius betont. Von Sizilien, der ältesten Provinz, erfahren wir aus den Verrinen, daß man *portoria* (zumindest am Anfang) für jede Stadt oder für Gruppen kleiner Städte getrennt verpachtete. Im Falle der viel später annektierten reichen Ostprovinzen wurden die *portoria* nachweislich für die gesamte Provinz zusammen verpachtet. Man hat vermutet,[54] dies markiere die Entwicklung von einzelnen *portoria* zur Verordnung von *portoria* für eine ganze Provinz (wohl gleich bei der Annektierung), die als Gesamtpaket verpachtet werden. Wahrscheinlicher ist aber, daß das Gesetz Hierons (so angepaßt, daß es zum einheitlichen Recht für das römische Sizilien werden konnte) hier, wie im Fall der Hauptsteuer, das sizilische System geschaffen und erhalten hat – nur wurde die Einziehung im Laufe der Zeit an die *publicani* Roms übertragen und in Rom verpachtet, ohne daß man dabei die steuerlichen Grundsätze änderte.[55] Auf jeden Fall waren bis zur Mitte des 2. Jahrhunderts nur Sizilien, Sardinien und die beiden Spanien Provinzen. Gewinnträchtig können *portoria* nur in Sizilien gewesen sein, auf welchem Weg auch immer man sie erhob. Polybios liefert uns den Beweis. In seiner Darstellung des Geschäfts mit der Staatspacht[56] stellt er Bauaufträge für Italien („zu zahlreich, um sie alle aufzuzählen") mit Abstand an die Spitze der Liste, gefolgt von verschiedenen anderen Staatseinnahmen. Daraus folgt, daß die *ultro tributa* der profitabelste Teil des Geschäftes blieben. Man muß aber bedenken, daß sie Arbeit verschafften und allgemeinen Wohlstand erzeugten, wie Polybios auch anmerkt, und das mag auch der Grund gewesen sein, warum er sie so hoch schätzt.

Die interessanteste Tatsache, die sich hier vermerken läßt, ist die Umgestaltung des römischen Steuerwesens und Staatseinnahmensystems im Laufe des 2. Jahrhunderts. So bald wie möglich nach dem 2. Punischen Krieg wurde die Mehreinnahme aus dem erhöhten Satz des *tributum*, den man während des Krieges hatte festlegen müssen, aus der Beute zurückbezahlt. Im Jahre 167, nach dem Triumph des L. Aemilius Paullus, wurde das *tributum* dann abgeschafft. Man behauptet oft, daß die römischen Bürger keine Steuern mehr bezahlten und von den Einnahmen des Imperiums lebten. Wir haben gesehen, daß dies jeglicher Wahrheit entbehrt. Man behielt die Steuer auf die Freilassung von Sklaven bei und erweiterte allmählich die *portoria*. Wir dürfen von einem Übergang aus einer gemischten Form direkter und indirekter Besteuerung (mit deutlichem Schwerpunkt auf der direkten) zu einem System gänzlich indirekter Besteuerung sprechen. Dies bedeutete auch einen Wechsel von einem System, das größtenteils auf die direkte Steuererhebung durch den Staat angewiesen war, zu einem, das allein auf den *publicani* ruhte. Es ist nicht schwer, sich die Gründe dafür vorzustellen. Vor allem sind direkte Steuern immer sichtbarer und dadurch ärgerlicher. Es ist aber gut möglich, wie wir hinzufügen können, daß die Staatskasse schlicht zu dem Schluß kam, daß die indirekte Besteuerung, seitdem sie ausgedehnt worden war (besonders seit der Reform von 179), die wesentlich effektivere Form der Steuererhebung darstellte.[57] Das läßt sich aufgrund der Reformen des C. Gracchus vermuten, die uns bald beschäftigen werden. Wieviel Steuern römische Bürger nun zahlten, verglichen mit dem, was sie an *tributum* gezahlt hatten, wissen wir einfach nicht. Es mag sein (ohne daß man es als sicher ansehen kann), daß die großen und steigenden Einnahmen aus Übersee die römischen Bürger von einigen Bürden befreiten. Es mag aber auch sein, daß die entsprechend angewachsenen Verpflichtungen einen Großteil der gesteigerten Einnahmen verschlangen.

Als das Land des Königs Attalos im Jahre 133 römisch wurde, entsandte man die *publicani* – zweifellos spätestens nach dem nächsten Zensus (131/30) –, um die Abgaben einzuziehen. Die Provinz Asia wurde allerdings erst im Jahre 126 nach einem langen Krieg eingerichtet und die Neuordnung erst 125 oder 124 ratifiziert. Wir besitzen keine direkte Nachricht über die Prinzipien der Organisation.[58] C. Gracchus veränderte sie aber schon sehr kurze Zeit später (123 oder 122). Er tat den revolutionären Schritt, die wichtigste Steuer der gesamten Provinz Asia (den Zehnten der Agrarproduktion) von den römischen *publicani* einziehen zu lassen, die bisher nur kleinere Steuern in der Provinz erhoben hatten. Damit mußten die Aufträge für die reichste Provinz im Besitz Roms mit einer Laufzeit von fünf Jahren von den Zensoren versteigert werden.[59]

Die Summe war ungeheuer groß – ohne jeglichen Präzedenzfall. Natürlich waren die *publicani*, wie wir gesehen haben, dafür gerüstet, da ihre Organisation über die vorherigen Generationen hin eine riesige Ausdehnung erfahren hatte. Bauaufträge von (nach unserer Kenntnis) bis zu 45 Millionen Denaren hatte man erst vor kurzem ausgeführt, und das Ausmaß der Steuererhebung war seit einem halben Jahrhundert ständig gewachsen. Die Größenordnung der Beträge, die bei der Ausbeutung der spanischen Minen durch die Hände der *publicani* gingen, haben wir schon gesehen. Die Quellen zeigen aber deutlich, daß die Gewinne aus Asia als fester Posten überwältigend waren. Zur Zeit Ciceros, vor den Eroberungen des Pompeius, sollen (nach Aussage des Pompeius selbst, der aber vielleicht ein Interesse daran hatte, die Zahlen herunterzuspielen) die regelmäßigen Staatseinnahmen 50 Millionen Denare betragen haben. Zu dieser Zeit betonte Cicero, daß die Provinz Asia einen Großteil dieser Summe beitrug.

Sechzig Jahre früher, als die Zahl der Provinzen nur halb so groß und das System der *portoria* noch nicht so weit entwickelt war, muß die relative Bedeutung der Provinz Asia noch viel größer gewesen sein.[60] Auch wenn wir die Zahlen nicht abschätzen können, muß die Wirkung gewaltig gewesen sein, als – wahrscheinlich im Jahre 123 – die Gelder zum ersten Mal Rom erreichten. Daß C. Gracchus sich sehr um Staatseinkünfte kümmerte, wissen wir aus seinen eigenen Worten. Ich habe an anderer Stelle[61] zu erklären versucht, wie er das Prinzip durchsetzte, daß die Provinzen des römischen Volkes zum Wohl des römischen Volkes ausgebeutet werden sollten. Senatorische Magistrate hatten sich als nicht vertrauenswürdig erwiesen. Mehrere von ihnen – zuletzt Aquillius, der die Provinz Asia organisiert hatte – nahmen ihre Ehrenplätze im Senat ein, obwohl die Meinung weit verbreitet war, daß sie in großem Stil Gelder veruntreut hatten. C. Gracchus stellte sicher, daß man diese neue Provinz, eine wahre Goldgrube, nicht in erster Linie dazu benutzte, die Taschen ihrer Verwalter und deren Untergebener zu füllen, deren Korruption er in seinen Reden angriff.[62] Die Lösung lag auf der Hand: die Steuererhebung an die erwiesenermaßen bewährten *publicani* zu übertragen.

Was die von den römischen Bürgern bezahlten Steuern betrifft, so haben wir gesehen, daß die Staatskasse schon länger entschieden hatte, den gleichen Kurs zu verfolgen. Natürlich konnte ein Kritiker entgegenhalten, daß die *publicani* ebenso wenig vertrauenswürdig sein könnten. Die Antwort darauf lag aber ebenfalls auf der Hand: Es war Aufgabe des Senats, sie zu kontrollieren, und er hatte sich als durchaus geeignet dafür erwiesen. C. Gracchus, der ja ein führender römischer *nobilis* war, brachte den Staat nur in das Gleichgewicht, das er immer hätte haben sollen. Denn die Aufgabe des Senates und der Magistrate war das Regieren, während der eigentliche Bereich der *publicani* es war, die finanziellen Geschäfte des Staates zu betreiben. Das mußte einen gesunden Zustand schaffen, der letztlich dem römischen Volk und den Provinzbewohnern selbst zugute kam.[63]

Das war aber nicht das einzige Problem, an dem der Staat krankte, wie das Schicksal des Tiberius Gracchus gezeigt hatte. Der Senat war übermächtig geworden und hatte sich unfähig gezeigt, mit dieser Macht weise umzugehen. Zuviel Macht hatte ihn als Regierungsinstanz korrumpiert, und Männer wie Gaius' Bruder hatten dafür bezahlt.[64] Spätestens im Jahr 129, wie die oben erwähnten Zeugnisse zeigen, hatte man über dieses Problem nachgedacht und Lösungen vorbereitet. Die Oberschicht war gespalten worden, so daß die *equites* als Gegengewicht gegen die Macht des Senats fungieren konnten. Wenn es Aufgabe der Senatoren als normaler Bestandteil ihrer Regierungsverantwortung war, die Geschäfte der *publicani* zu kontrollieren, dann sollte es die der neuen *equites* sein, sicherzustellen, daß Solidarität unter Senatoren nicht länger zu Freisprüchen für senatorische Übeltäter führte. Daher die Einführung einer Gerichtsinstanz für Fälle von Erpressung in den Provinzen, und zwar eines zwischen Senat und *equites* aufgeteilten Gerichts, welches das seit 149 v. Chr. existierende senatorische Gericht ersetzte. Gaius behauptete nun anscheinend, daß diese Gerichtsreform die Idee seines Bruders Tiberius gewesen sei, und es scheint, daß Gaius in seinem ersten Gesetzentwurf diese Reform beantragte. Später ging er weiter. Sein Gesetz schloß in der endgültigen Fassung die Senatoren und ihre nächsten Verwandten ganz von dem Gericht aus.[65]

Das Gesetz, das diese Reform bewirkte, ist unglücklicherweise in sehr schlechtem Zustand erhalten.[66] Die positiven Zulassungsbestimmungen zum Richteramt werden zweimal erwähnt, aber der Zufall hat uns beider Passagen beraubt. Alles, was wir wissen, ist, daß Magistrate, Ex-Magistrate, Senatoren und ihre nächsten Verwandten (d.h. in etwa die senatorische Klasse insgesamt) ausgeschlossen waren. Die Diskussion darüber, ob die neuen Richter durch den Besitz des Staatspferdes ausgewiesen wurden oder durch ein Vermögenskriterium (Eigentum im Wert von 100000 Denaren), das die wirtschaftliche Voraussetzung für die Zugehörigkeit zum *ordo equester* bildete, dauert an. Die neuere Forschung gibt der Bestimmung durch zensorische Eintragung in die Liste der *equites* den Vorzug.[67] Eine sichere Antwort ist nicht möglich. Ich halte es für wahrscheinlicher, daß man die weiter gefaßte Kategorie vorziehen muß. Eine wohlbekannte Textstelle bei Plinius[68] sowie die spätere Geschichte scheinen diese Deutung zu verlangen. Meiner Meinung nach ist C. Gracchus zu der Einsicht gekommen, daß die Offiziersklasse, die vom Senat abgesondert worden war, in sich keinen ausreichenden Interessenunterschied zu diesem besaß, d.h. kein genügend breites Fundament, um darauf das Gerüst einer neuen Verfassung des Kräftegleichgewichts zu errichten. Schließlich kam er also dazu, das Kriterium des Staatspferdes zu ignorieren, seine Richter durch das rein finanzielle Kriterium zu bestimmen und damit eine neue Klasse im Staat zu schaffen: die Klasse der Richter, wie Plinius sie nennt. Es war die folgerichtige Fortsetzung dessen, was im Jahre 129 begonnen hatte. Die *equites* waren von der alten Offiziersklasse abgespalten und vom Senat getrennt worden. Nunmehr sollten sie in enge Beziehung zu Männern gleichen Vermögens gebracht werden, die außerhalb ihrer Klasse standen und weniger persönliche Verbindungen zu den senatorischen Familien unterhielten. Für Ciceros Zeit finden wir tatsächlich, daß der Begriff '*eques*' in freiem Gebrauch auf alle angewendet wird, die die finanziellen Kriterien erfüllen. Plinius sagt uns, daß es sich um eine langsame Entwicklung handelte, die von dem Gesetz der Gracchen ausging, und wir haben keinen Grund, ihm nicht zu glauben.[69] Die gemeinsame Tätigkeit in den Gerichten führte schließlich dazu, daß eine erweiterte Klasse der *equites* entstand, weiter entfernt vom Senat als früher, und daß der Unterschied innerhalb dieser Klasse zwischen denjenigen, deren Vermögen respektabel war, und denjenigen, deren Vermögen es nicht war, fast aufgehoben wurde.[70]

Gaius soll nach Cicero die Äußerung gemacht haben, er habe Dolche auf das Forum geworfen[71]: zweifellos eine rhetorische Übertreibung, falls sie authentisch ist. In gemäßigterem, aber doch noch mißbilligendem Ton verurteilt ihn der Historiker Varro, „da er den Staat zweiköpfig gemacht" und so den Weg zum Bürgerkrieg geebnet habe.[72] Das mag ein angemessener Kommentar aus späterer Sicht sein. Die Zwänge der Politik hatten Gaius sicher weiter geführt, als er es ursprünglich beabsichtigt hatte. Denn er war schließlich ein römischer *nobilis*, und wir haben gesehen, daß er – obgleich er in seinen Methoden ein *popularis* und aufrichtig an der Wohlfahrt des einfachen Bürgers interessiert war – sich keine andere Art der republikanischen Regierung vorstellen konnte als die des Senats. Aber nachdem sich dieses Gremium als so reaktionär und korrupt erwiesen hatte, mußte ihm ein Gegengewicht Einhalt gebieten, das C. Gracchus und seine Gefährten (wahrscheinlich war M. Fulvius Flaccus in dieser Sache einer der führenden

Männer) in der Schaffung eines getrennten *ordo equester* mit eigenem Klassenbewußtsein fanden. Vielleicht verwirklichte man diese Maßnahme in einer günstigen Situation, als der Senat in gewissenhafter Ausübung seiner Regierungsfunktion sich die *publicani* gerade durch eine gegen sie gerichtete Entscheidung entfremdet hatte. Fortan konnten die *publicani* hoffen, diese geschwächte Klasse zu dominieren. Schließlich aber ist C. Gracchus meiner Meinung nach noch weiter gegangen. Er hat das unbestrittene Dogma von der ethischen Überlegenheit des Besitzes an Grund und Boden in Frage gestellt und einen Prozeß ausgelöst, in dessen Verlauf der neue *ordo equester* sich dadurch erweiterte, daß er sich mit Männern gleichen Vermögens verband, Männern, die (im großen und ganzen) aber vielleicht nicht von der Ehrbarkeit der Land- und Gutsbesitzer waren, die den *eques* alter Ordnung nicht hinter dem Senator zurückstehen ließ. Es war diese größere Klasse von *iudices*, die nun über Senatoren zu Gericht saß und sich so an der Macht beteiligte, wenngleich nicht an der Regierung.

IV. Die Pachtgesellschaften

Mit der Gesetzgebung des C. Gracchus sind wir nun bis zum Auftritt der *publicani* auf der Bühne der großen römischen Politik gekommen. Von jetzt an besteht die Gefahr, daß der Versuch, ihre Geschichte zu verfolgen, zu einer Geschichte der späten römischen Republik ausufert. Dies gilt es auch auf das Risiko hin zu vermeiden, daß viel des allgemeinen historischen Hintergrunds als bekannt vorausgesetzt werden muß. Die nunmehr wesentlich ergiebigeren Quellen und der Umstand, daß die *publicani* zu keiner Zeit weit vom Zentrum des Geschehens entfernt waren, haben zur Folge, daß wir nicht länger gezwungen (oder imstande) sind, die gesamte erhaltene Überlieferung darzulegen und zu erörtern. Wir können auswählen und uns auf das konzentrieren, was (wie ich hoffe) wichtig und charakteristisch ist. Aber bevor wir damit fortfahren, die allgemeine Geschichte der *publicani* zu verfolgen, wird es sinnvoll sein, innezuhalten und zu überlegen, wie die großen Gesellschaften, die nunmehr den Hauptgegenstand unserer Untersuchung bilden, tatsächlich funktionierten. Glücklicherweise haben wir nun genügend Zeugnisse, um ein lebendiges Bild zu zeichnen, obgleich viele Details unvermeidlich fehlen, besonders da, wo es sich um alltägliche Vorgänge handelt. Dennoch, wie konnten die Römer ohne Ausbildung von Führungspersonal und ohne Schulen für Betriebswirtschaft Gesellschaften organisieren, die Aufträge von einer Größenordnung zu erledigen vermochten, die die meisten privaten Vermögen in den Schatten stellte? Große Zahlen, sei es aus der Antike oder der Moderne, sagen gewöhnlich wenig aus, aber vergegenwärtigen wir uns, daß ein Bauauftrag von 45 Millionen Denaren[1] 450mal größer war als der Mindestbesitz für die Zulassung zum *ordo equester*. M. Crassus, der (vielleicht zu Unrecht) als der reichste Mann in Rom im

Zeitalter Caesars und Ciceros galt, besaß ein Vermögen, das ziemlich genau auf 8000 Talente,[2] d.h. 48 Millionen Denare, geschätzt wurde. Der Auftrag für die Aqua Marcia, die noch aus der Mitte des 2. Jahrhunderts stammt, belief sich ungefähr auf denselben Wert wie das gesamte Vermögen des Mannes, der ein Jahrhundert später beanspruchte, Roms führender Millionär zu sein.

Es wird oft behauptet, daß der Grund, warum man lieber Zusammenschlüsse bildete, statt Einzelangebote einzureichen, auf die steigenden Geldmengen zurückzuführen ist, die aufzubringen Einzelpersonen außerstande waren.[3] Tatsächlich aber war diese Sitte offensichtlich schon althergebracht, und der Staat förderte sie. Lange bevor es erforderlich wurde, mit Aufträgen der späteren finanziellen Größenordnung fertigzuwerden, war sie fest etabliert. Soweit wir die Spuren einzelner *publicani* – der drei Gesellschaften in der Notsituation des 2. Punischen Krieges[4] – zurückverfolgen können, finden wir sie bereits in Zusammenschlüssen tätig. Die durchschnittliche Beteiligung des einzelnen lag zu diesem Zeitpunkt, wie wir sahen, in einer Bandbreite von 40000 bis 100000 Denaren – eine für die damaligen Verhältnisse recht große Summe, klein aber im Vergleich mit den Zahlen, die wir seitdem kennen. Dennoch könnte man behaupten, daß die Zusammenschlüsse durchaus berechtigt waren. Unser bestes Beispiel dafür, daß man sie ungeachtet der Größenordnung des Betrags praktizierte, ist das einzige, das wir von einer eigentlichen Vertragsvereinbarung aus der Zeit der Republik besitzen: zufällig nicht aus Rom, sondern aus einer römischen Kolonie, wo man – davon können wir ausgehen – römisches Recht und römischen Brauch streng befolgte.

Im Jahre 105 v. Chr. vergab der Stadtrat von Puteoli einen Auftrag für den Bau einer Mauer an der Stirnseite des Tempels des Serapis.[5] Die einzelnen Vorgaben sind sorgfältig aufgeführt, die Gesamtsumme belief sich auf 1500 Sesterzen (375 Denare).[6] Diesen kleinen Vertrag unterzeichneten nicht weniger als fünf Unternehmer. Ihr Hauptunterzeichner ist der Bieter, der (als *praes*) Sicherheiten in der erwähnten Höhe leistet. Wir wissen, daß der in der Inschrift nicht erwähnte lateinische Fachausdruck für ihn *manceps* lautete.[7] Ein solcher Mann mußte normalerweise mit einem Grundstück als Sicherheit für die Erfüllung des Vertrages gegenüber der Staatskasse haften.[8] Der Status der anderen vier wird nicht definiert. Wenn wir aber von dem aus urteilen, was wir von den römischen Gesellschaften kennen, so waren sie wahrscheinlich die *socii* – die Teilhaber, die die Gesellschaft bildeten. Wie schon erwähnt, wird hier nicht bezeugt, daß sie Grundbesitz als Bürgschaft stellen, obwohl es möglich ist, daß sich eine gleich hohe Summe oder auch ein Viertel der Gesamtsumme für jeden von ihnen als Bürgschaft von selbst verstand. Es ist aber durchaus denkbar, daß sie keinerlei Verpflichtungen an die Stadtkasse hatten, die nur ihre Namen eintragen mußte. In diesem Fall ist der *manceps* der einzige Vertragspartner, dessen Eigentum (in der verbürgten Höhe) im Falle der Nichterfüllung des Vertrages eingezogen wird.

Bei größeren Geschäften war mehr als ein *praes* erforderlich: Offensichtlich brauchte ein Auftrag in Millionenhöhe mehr Sicherheit, als ein einzelner leisten konnte oder wollte. Man hat einer Textstelle bei Polybios, in der er die Aufträge erörtert, entnommen, daß Nebenbürgen nötig waren.[9] Wir werden aber aus dem kleinen Vertrag von Puteoli ersehen, daß – ungeachtet der genauen Aufgaben der aufgeführten Männer – ein Zusammenschluß irgendeiner Art auch für Kleinaufträge selbstverständlich war. Der offenkundige Grund dafür – wenn wir dies auch nicht belegen können – ist, daß die gleiche Gesellschaft gewöhnlich Gebote für viele Aufträge einreichte, einige große und einige kleine, und die gleichen Leute (nicht immer in Verbindung miteinander) sich noch an weiteren beteiligten. Deshalb war es von Vorteil (auch dort, wo es nicht direkt notwendig war), die Risiken zu streuen,[10] in bezug sowohl auf *praedia* als auch auf das Kapital. Die *praedes* müssen zweifellos *socii* gewesen sein, aber wenn das Gesetz von Puteoli wörtlich zu nehmen ist, mußten nicht alle *socii praedes* sein. Man konnte sich anscheinend als Mitinvestor und Mitglied des Zusammenschlusses eintragen lassen, ohne dabei mit dem eigenen Vermögen zu haften.

Jedenfalls mußten die *socii* eingetragen werden und konstituierten die Gesellschaft. Sie stellten das Hauptkapital, wenngleich wir keine Details über die Anteilsverhältnisse und die gesetzlich vorgeschriebenen Minima besitzen. Normalerweise kennt das römische Gesetz nicht die Vorstellung von einem Zusammenschluß einzelner zur juristischen Person *(corpus)*. Dieser Status konnte aber im Einzelfall verliehen werden, und offensichtlich wurde er zumindest einigen Gesellschaften römischer *publicani* verliehen, so daß diese als Gesellschaften ähnlich wie jede moderne Gesellschaft Eigentum besitzen und Geschäfte abwickeln konnten.[11] Für die großen Unternehmen, die schon für das 2. Jahrhundert bekannt sind – mit z.B. 40000 Arbeitern, die in einem einzelnen Bergbaugebiet in Spanien einen Ertrag in Höhe von 9 Millionen Denaren erarbeiteten[12] –, war dies sowohl vom Standpunkt des Staates wie dem der Unternehmer aus unbedingt erforderlich. Wie gesehen, gibt es gute Gründe anzunehmen, daß diese Unternehmen nicht jeweils von einer einzelnen vertragschließenden Firma aufgebaut, sondern üblicherweise übernommen wurden, wenn eine neue Firma den entsprechenden Auftrag bekam. Wir erfahren aus unseren Quellen nicht, ob (und wie) man in der Republik diesen Rechtsstatus einer juristischen Person an die Gesellschaften erteilte. Wir haben aber gesehen, daß er beinahe zwingend vorauszusetzen ist, und glücklicherweise findet sich bei Tacitus der Beleg. In einer Textstelle, die einigen Kommentatoren Schwierigkeiten bereitet hat, erklärt er uns, daß in der Zeit der Republik diese Gesellschaften von Konsuln und Volkstribunen gegründet wurden.[13] Daher ist es wahrscheinlich, daß man zumindest den großen Gesellschaften (Tacitus sagt „*plerasque*“, was wohl impliziert, daß nicht alle Gesellschaften dieses Recht hatten) nach Abschluß eines Vertrages bestimmte Privilegien (u.a. das, was letztlich das juristische *corpus* ausmacht) durch ein spezielles Gesetz erteilte. Leider wissen wir nicht, wie weit dies ging. Zum Beispiel ist unklar, ob mit dem Tod eines *manceps* die Gesellschaft juristisch zu existieren aufhörte.[14] Dies würde bei großen Gesellschaften, die langjährige Steuerpachten für ganze Provinzen besaßen, zu unermeßlichen Schwierigkeiten geführt haben, und man sollte erwarten, daß es aus der Sicht des Staates auch zur Absicht einer solchen Genehmigung gehörte, die kontinuierliche Arbeit einer Gesellschaft für die Dauer des Vertrages zu sichern. Aber unsere Quellen können diese und andere juristische Rätsel nicht zuverlässig lösen.

Außer den *socii* erwähnt Livius einmal eine andere Kategorie von Mitgliedern, die *adfines*.[15] In den Auseinandersetzungen des Jahres 169 werden sie zusammen mit den *socii* von den neuen zensorischen Aufträgen ausgeschlossen. Wir haben keinerlei Kenntnis, wer sie sind. Falls es damals Nebenbürgen gab[16] und sie von geringerem Status als die voll haftenden *socii* waren, dann könnte sich dieses Wort auf sie beziehen. Aber wie wir gesehen haben, gibt es keinen Grund anzunehmen, daß auch nur alle *socii* notwendigerweise mit ihrem Eigentum haften mußten. Auf der anderen Seite sind die *adfines* keine bloßen anonymen Teilhaber (wie wir sie später antreffen). Es ist klar, daß sie wie die *socii* im Register der Zensoren standen und daß sie (zumindest in der Theorie) eine gewisse Verantwortung für das Betreiben der Gesellschaft besaßen. Sonst kann es keinen Grund gegeben haben, sie auszuschließen, nachdem es zum Eklat gekommen war. Wie so oft lautet die Antwort wahrscheinlich, daß unsere literarischen Quellen solche Begriffe nicht in ihrer exakten technischen Bedeutung verwenden. Cicero erwähnt z.B. die *adfines* nirgends, und es mag gut sein, daß sie nur eine (weniger privilegierte) Kategorie der *socii* waren – ein Begriff, der sich bei Cicero auf alle Mitglieder erstreckt.

Der Vertrag wurde zwischen dem *manceps* und dem verantwortlichen Magistrat abgeschlossen (für die üblichen Verträge normalerweise ein Zensor – aber wie wir gesehen haben, konnte es auch ein Prätor oder [folgerichtig] ein Konsul gewesen sein). Es war Sache des Magistrats, die Bedingungen *(lex)* des Vertrages festzuschreiben – selbstverständlich, bevor die Gebote gemacht wurden. Wie wir gesehen haben, hatte er – wie es bei römischen Magistraten normalerweise der Fall ist – einen sehr großen Spielraum bei deren Formulierung: Bedingungen für die Zulassung zur oder den Ausschluß von der Versteigerung konnten nach Gutdünken aufgestellt werden. Der Vertrag nahm aber, wie es wiederum in Rom Brauch war, für einen bestimmten Zweck (die *lex censoria*) allmählich „gewohnheitsmäßige" Form an, d.h., man reichte ihn auf die gleiche Weise von einem Magistrat zum anderen weiter, versehen mit gelegentlichen Zusätzen, die durch Erfahrung (oder vielleicht besondere Umstände) notwendig wurden. Dies ging so weit, daß man bestimmte neue Klauseln in den Standardverträgen mit dem Namen der Zensoren bezeichnete, die sie eingeführt hatten.[17]

Bestimmte Grundzüge scheinen für alle *leges* üblich gewesen zu sein. Der Puteoli-Vertrag vermittelt uns wahrscheinlich eine gute Vorstellung einiger von ihnen. Es gab einen *dies operis* (Erfüllungsdatum) und einen *dies pecuniae* (Fälligkeitsdatum) in allen Verträgen über Güterlieferungen und Dienstleistungen. Auch existierte eine Klausel, welche die *probatio* vorsah, die offizielle Inspektion und die Abnahme der Arbeit durch den Magistrat, der den Auftrag vergeben hatte, durch seinen Nachfolger oder durch ein eigens berufenes Komitee.[18] In Puteoli – wiederum können wir sicher sein, daß die Vorgehensweise der Praxis in Rom entsprach – zahlte man die Hälfte der Summe, wenn die *praedia* ordnungsgemäß als Sicherheit übertragen waren, die andere Hälfte nach Abschluß und Inspektion. Wir wissen aus Verres' Vorgehensweise (wenn wir das Element persönlicher Schikanen ausklammern), daß die Inspektion ein Vorgang war, den der Pächter sehr ernst zu nehmen hatte. Er scheint – offenbar ohne Einspruchsrecht – völlig dem Gutdünken des inspizierenden Magistrats ausgeliefert gewesen zu sein.[19] Es wäre noch interessanter, wenn wir ein ähnliches Zeugnis für einen Vertrag über Steuereinnahmen besäßen. Dem ist aber nicht so. Wir wissen nicht, wieweit sich die Verträge entsprachen. Es ist wahrscheinlich – angesichts der römischen Neigung, einmal gegebenen Beispielen zu folgen –, daß dies im großen und ganzen der Fall war, zumindest insofern, als der Pächter eine große Summe im voraus zahlen mußte und den Rest entweder in Raten oder am Ende des *lustrum*. Dies würde den besonders großen Umfang der *societates* erklären helfen, welche die Steuerabgaben der Provinzen ersteigerten.

Wir wissen auch, daß der Standardvertrag – zumindest für den Einzug von Steuern, doch wohl auch für *ultro tributa*, wofür es sicherlich gute Gründe gab – eine Klausel enthielt, die für den Pächter im Falle von Kriegseinwirkung Schadensersatz vorsah.[20] Ob dies auch im Falle von Naturkatastrophen galt, erfahren wir aus keiner der erhaltenen Quellen. Im Grunde genommen ist es eher unwahrscheinlich, daß wir, wenn dem so war, nichts davon erfahren haben sollten. Wir müssen auch berücksichtigen, daß eine Versicherung für Lieferungen auf dem Seeweg als besonderes Zugeständnis im 2. Punischen Krieg zusätzlich eingeräumt wurde – und daß das Resultat nicht geeignet war, eine Fortsetzung zu empfehlen.[21] In jedem Fall minderte jedoch eine Versicherung gegen Kriegseinwirkungen das Risiko beträchtlich. Die Regierung in Rom erkannte offenbar, daß sie die Verantwortung für das Schaffen sicherer Bedingungen in dem unter ihrer Kontrolle stehenden Bereich trug. (Naturkatastrophen konnte der Staat natürlich nicht verhindern, und jede staatliche Maßnahme, die Betroffenen zu entlasten, geschah *ex gratia*, und man hört in der Republik selten davon.)

Auf keinen Fall dürfen wir denken, daß die *publicani*, wie ihre modernen Kritiker oft nahelegen[22], nur Geld scheffelten. Ein größerer Krieg, wie Cicero in seiner Rede für das Gesetz des Manilius klarstellt, vernichtete weit mehr an Werten, als die bloße Rückerstattung des Pachtpreises deckte. Wir haben gesehen, daß enorme Kapitalinvestitionen nötig waren. Dazu mußten unter den Bedingungen der Antike Naturkatastrophen (falls der Staat keine Haftung übernahm – und wie schon erwähnt, gibt es kein Anzeichen, daß dem so war) ein erhebliches Risiko dargestellt haben. Die Klagen der *publicani* darf man freilich nicht überbewerten, so zum Beispiel, wenn Cicero Groll gegen einen persönlichen Feind schüren will, der als Statthalter die *publicani* am kurzen Zügel hielt. Wir werden sehen, daß er den berühmten Antrag auf Pachtnachlaß – den der *publicani* von Asia im Jahre 61 – als eine reine Unverschämtheit betrachtete. Allerdings haben wir zumindest in einem Fall sogar den Namen eines jungen Freundes von Cicero, M. Terentius Varro Gibba, der als *publicanus* Geld verlor und eine Zeitlang als Anwalt praktizieren mußte, um seine Verluste wieder wettzumachen und eine Ämterlaufbahn einschlagen zu können.[23] Darüber hinaus hatten die Bürgerkriege am Ende der Republik natürlich für viele *publicani* ganz verheerende Folgen.[24]

Wie wir gesehen haben, konstituierten die *socii* (was auch immer unter den *adfines* zu verstehen ist) die Pachtgesellschaft. Briefe ihrer Vertreter in den Provinzen wurden an die *socii* adressiert, und Cicero erwähnt häufig diese Korrespondenz. Die *socii* der großen Gesellschaften trafen sich von Zeit zu Zeit aus formalen Gründen, ähnlich wie moderne Aktionäre und (wie es scheint) mit genauso wenig Mitbestimmungsrecht. Wir finden die ganze Schar der *socii* vollzählig versammelt, um den Statthalter C. Verres bei seiner Rückkehr zu ehren, wie es bei solchen Anlässen Sitte war.[25] Sie werden dann entlassen, während andere eine wichtige Entscheidung in ihrem Namen fällen. Das alles kommt dem heutigen Leser sehr bekannt vor. Die Exekutivgewalt lag in den Händen der als *magistri* bezeichneten Funktionäre. Vermutlich kann einer von ihnen der *manceps* gewesen sein, aber wir wissen nichts Genaues. Die Zahl der *magistri* variierte sicherlich entsprechend der Größe der Gesellschaft und der Komplexität ihrer Geschäftstätigkeit.

In dem einzigen Fall, in dem Cicero nähere Einzelheiten liefert

– eine relativ kleine Gesellschaft, die in Sizilien tätig war –, besteht das Direktorium aus drei Männern von offenbar unterschiedlicher *auctoritas*: P. Vettius Chilo, ein vornehmer *eques Romanus*, scheint die eigentliche Verantwortung zu haben. Die beiden anderen (P. Servilius und C. Antistius) sind *scribae*[26]: normalerweise Männer von gewöhnlicher Herkunft, obgleich die Vergünstigungen des Amtes es ihnen ziemlich oft (so scheint es) ermöglichten, sogar bis zum Status von *equites* aufzusteigen.[27] Es ist amüsant, den Unterschied in den Lobesbezeichnungen festzustellen, die für diese drei Männer verwendet werden. P. Vettius Chilo, ein römischer *eques*, der mit mindestens einem Senator (Verres' eigenem *quaestor*) verwandt ist, ist *honestissimus atque ornatissimus* (das letztere ein Attribut, das Mitgliedern der Oberklasse vorbehalten ist). Die zwei *scribae* sind *primi homines atque honestissimi*. Jedenfalls sind diese Männer für den offiziellen Schriftverkehr der Gesellschaft zuständig, aber Vettius ist der einzige, der Briefe tatsächlich verfaßt. Diese Direktoren, zumindest aber einige von ihnen, scheinen jährlich gewechselt zu haben. Als nämlich Cicero wissen wollte, an wen er sich wegen der Unterlagen über die Zeit von Verres' Statthalterschaft in Sizilien (73–71 v. Chr.) wenden müsse, fand er heraus, wer die *magistri* waren, die für die Akten der Gesellschaft während dieser Zeit verantwortlich zeichneten. Er entdeckte, daß der im ihn interessierenden Jahr für die Unterlagen verantwortliche *magister* ein gewisser L. Vibius, ebenfalls ein römischer *eques*, gewesen war.[28] Im Jahr des Prozesses (70) wurde dieser Posten von einem L. Tullius eingenommen (ungeachtet seines Namens ein Freund von Verres und offenbar nicht von Cicero), in dessen Haus Cicero auch nach Dokumenten suchte.[29] Dies verweist eindeutig auf eine jährliche Wahl zumindest dieses Postens und zeigt weiterhin, daß es eine gewisse Spezialisierung unter den *magistri* gab. Interessanterweise erhalten wir nebenbei auch Aufschluß darüber,[30] daß der für die Unterlagen verantwortliche *magister*, wenn er die Akte seinem Nachfolger übergab, gewöhnlich Abschriften aller Dokumente für sich anfertigte – zweifelsohne häufig sehr zu seinem eigenen Vorteil. Nirgends erfahren wir, wie die *magistri* gewählt wurden. Es mag sich, wenigstens im Prinzip, um eine einfache Abstimmung unter den *socii* gehandelt haben. In der Praxis gab es sicherlich, ähnlich wie in den modernen Kapitalgesellschaften, eine Oligarchie.

Damit kommen wir zu einer mysteriösen Gruppe von Personen, die nur ein einziges Mal in der Literatur erwähnt wird,[31] den *decumani*. Als Verres von Sizilien zurückkehrte, versammelten sich, wie schon erwähnt, die *socii* der betreffenden Gesellschaft in einer Generalversammlung, um ihm zeremoniell ihren Dank abzustatten. Danach jedoch waren ernste Angelegenheiten zu besprechen: Die Beziehungen zwischen Verres und der Gesellschaft waren ursprünglich sehr schlecht gewesen, da er am Anfang versucht hatte, die *publicani* beim Ausfuhrzoll zu betrügen. Erst nach einer entschiedenen Reaktion von seiten der *magistri* besann er sich offenbar eines Besseren und überließ ihnen als Ausgleich einen Anteil an seinen (unrechtmäßigen) Gewinnen. Das ist der Grund, warum die Pachtgesellschaft schließlich offiziell mit seiner Amtsführung zufrieden war. Sie hatte weniger verloren als gewonnen. Es blieben jedoch belastende (und unter diesen Umständen peinliche) Briefe in den Akten zurück, die in der Zeit der ersten Dissonanzen geschrieben worden waren. Nach Verres' Rückkehr befaßte man sich auf sein energisches Drängen hin damit. Als die *socii* ihn ordnungsgemäß willkommengeheißen hatten, wurden sie entlassen und ein (nicht mit Namen genannter) Freund von Verres, der gerade zufällig *magister* war, berief eine Versammlung der *decumani* ein, die beschloß, daß die belastenden Briefe vernichtet werden sollten, um nicht als mögliche Beweise gegen Verres verwendet werden zu können. (Es waren Kopien dieser Briefe, die Cicero, wie wir sahen, im Privathaus eines Ex-*magister* ausfindig machen wollte.) Also, wer sind nun diese *decumani*?

Das Wort kann einfach „Zehntpächter" bedeuten. Aber das ist hier nicht sein Inhalt, da die betreffende Gesellschaft nicht mit Zehntpacht befaßt war. Darüber hinaus waren die *decu-*

mani (im Sinne der Zehntpacht) in Sizilien eher bescheidene Leute.[32] Diese Männer waren jedoch einflußreich. Sie fassen im geheimen eine höchst zweifelhafte Entscheidung, und zwar in Abwesenheit einer Mehrheit der *socii* – aber offenbar wird der Beschluß von der Pachtgesellschaft ausgeführt.[33] Carcopino hat vor längerer Zeit die Vermutung geäußert, daß die *decumani* das maßgebliche Gremium der Gesellschaft waren. Später hat dann eine Inschrift bestätigt, daß *'decumanus'* als Terminus technicus für „Leiter einer Abteilung" *(decuria)* einer Organisation verwendet wurde.[34] Nicolet hat daraus geschlossen, daß die betreffende Pachtgesellschaft (und wahrscheinlich auch andere) in solche *decuriae* eingeteilt waren, an deren Spitze jeweils ein bedeutender Mann stand. Diese *decuriae* konnten dann ohne Zweifel als Stimmkreise bei der Wahl der *magistri* funktionieren, um die Wahl der richtigen Männer zu gewährleisten. Die Erklärung ist einleuchtend und könnte durchaus korrekt sein. Dennoch sollte man eine Alternative in Erwägung ziehen. Ciceros Hinweise auf die betreffenden Männer sind vielleicht übertrieben, unangebracht (selbst wenn wir sein Anliegen in diesem Fall berücksichtigen) für das Führungsgremium einer (wie wir noch sehen werden) eigentlich eher kleinen Pachtgesellschaft. Nicht nur sind sie alle römische *equites*, wie aus der betreffenden Stelle deutlich wird. Cicero geht sogar soweit, sie „die Führer und gleichsam die Senatoren der *publicani*" (interessant, daß er nicht „einer Pachtgesellschaft" sagt) zu nennen. Auch sind einige von ihnen, die als Zeugen vor Gericht stehen und bereit sind auszusagen, „Führer des *ordo equester*" und „hochangesehene und wohlhabende Männer".[35]

Waren diese Männer, wie Ciceros Sprachgebrauch *prima facie* vermuten läßt, das bestimmende Gremium für den ganzen *ordo* der *publicani*? Ein solches Gremium ist nicht bezeugt, auch wenn das Wort *'ordo'* häufig für die *publicani* verwendet wird. *'Ordo'* sollte aber auch eine Art von Organisation bezeichnen – wie es immer der Fall ist, wenn es um sachlichen und fachtechnischen Gebrauch geht. War der ganze *ordo* vielleicht in *decuriae* eingeteilt?[36] Solch ein Gremium muß als politische Interessengruppe fungiert haben, was die *publicani* nach unserer Erkenntnis in der späten Republik ja tatsächlich waren.[37] Wir werden sehen, daß zur Zeit Ciceros (wenn auch kurze Zeit nach den Verrinen) die Verbindungen zwischen allen Gesellschaften besonders eng waren, so daß sie praktisch ein Kartell bildeten. Die Organisation, die hier zum Vorschein kommt, existierte wahrscheinlich, zumindest in irgendeiner Form, schon seit einigen Jahren. Was tatsächlich bei dieser Gelegenheit passiert sein könnte, kann man als den erfolgreichen Versuch des *magister* deuten, sich die Unterstützung des ganzen *ordo* für eine Aktion von sehr zweifelhafter Rechtmäßigkeit zu sichern. Man hätte freilich – obwohl Cicero aus persönlichen Gründen es nicht hochspielen wollte – viel über diese Aktion sagen können, bei der Akten der Pachtgesellschaft vernichtet wurden, die möglicherweise von öffentlichem Interesse waren. Die Geschäftsbücher *(tabulae)* der Pachtgesellschaft waren öffentliche Dokumente. Gerichtliche Verfügungen konnten den Zugang zu ihnen wie auch zu den Unterlagen der Gesellschaft erzwingen.[38] Die *tabulae* waren aber so sorgfältig durch das Gesetz geschützt, daß selbst eine gerichtliche Verfügung ihre Beschlagnahme und Überbringung nach Rom nicht erzwingen konnte. Alles, was Cicero tun konnte, war, notariell beglaubigte Kopien erstellen zu lassen.[39] Unter diesen Umständen kann man darüber spekulieren, was ein feindseliger Ankläger aus der Tatsache gemacht hätte, daß Briefe, die wichtiges Licht auf jene *tabulae* warfen, heimlich vernichtet worden waren. Daher bedurfte es vielleicht einer höheren Instanz als einer Entscheidung der *magistri* (die sicher normalerweise in der Behandlung solcher Angelegenheiten entscheidungsberechtigt waren): ein vorsichtiger Versuch, schon im voraus die Unterstützung des *ordo* als Ganzem zu sichern, der jeden Ankläger von der Weiterverfolgung dieser Sache abschrecken mußte. Darin waren sie jedenfalls erfolgreich.[40]

In den Provinzen waren die *socii* (d.h. die Pachtgesellschaft) durch Angestellte mit der Bezeichnung *pro magistro* vertreten.[41] Wie viele es von ihnen in jeder Provinz gab und inwieweit sie auf eigene Verantwortung handeln konnten, wissen wir nicht. Dies schwankte entsprechend den jeweiligen Umständen wahrscheinlich stark: je nach der Größe und Art der Provinz und der Pachtgesellschaft selbst. Ungeachtet ihres offiziellen Titels wurden diese Leute nicht von den *socii* in Rom gewählt, sondern waren bezahlte Angestellte der Pachtgesellschaft und werden als solche wahrscheinlich von den Direktoren eingestellt. Der auf sie angewandte Ausdruck *('operas dare')*[42] deutet im Weltbild der römischen Aristokratie auf einen eher niedrigen gesellschaftlichen Status. Dies war – aus römischer Perspektive gesehen – anfangs zweifellos der Fall, wie mächtig auch immer die betreffenden Personen denen erschienen sein mochten, deren Gelder sie einzogen. Der *pro magistro* war damit beauftragt, sowohl die Geschäftsbücher zu führen als auch die Steuern selbst einzuziehen. Aus den Verrinen ersehen wir aber, daß man von ihm erwartete, offizielle Berichte an die *magistri* in Rom zu schicken und sie insbesondere über alle Probleme zu informieren, die er nicht selbst lösen konnte – so etwa über den Versuch eines Statthalters, mit der ganzen Macht und *auctoritas* seines Amtes die Zahlung von Steuern zu umgehen. Ebenfalls mußte der *pro magistro* über seine Beziehungen zum Statthalter insgesamt Bericht erstatten. Es ist klar, daß es der günstige Bescheid ihres *pro magistro* war, der schließlich die Entscheidung der Pachtgesellschaft herbeiführte, Verres ihren offiziellen Dank auszudrücken. Wir kennen nur sehr wenige dieser Leute namentlich und können wenig über ihre gesellschaftliche Stellung sagen, ausgenommen wiederum, daß diese, entsprechend den jeweiligen Geschäftsaktivitäten, wohl höchst unterschiedlich war.

In Sizilien hatte zu der Zeit, als Verres Statthalter war, dieselbe Pachtgesellschaft sowohl die Pacht der Weidegebühren *(scriptura)* als auch das *portorium* (zumindest für Syrakus) erworben.[43] Ihre sizilischen Beauftragten waren zwei Männer mit ziemlich unbekannten Namen, L. Canuleius und L. Carpinatius, ersterer mit dem *portorium* befaßt, letzterer mit der *scriptura*.[44] Carpinatius entpuppte sich als einer von Verres' wichtigsten Mittätern und -gewinnlern, teilweise auch zum Vorteil seiner Pachtgesellschaft. Als Cicero diesen Mann zum ersten Mal erwähnt, bezeichnet er ihn als „*quidam L. Carpinatius*". Die Wahl des Pronomens ist entscheidend und sozial herabwürdigend: Das war kein Mann, den römische Senatoren kennen mußten.[45] So konnte man nicht von bedeutenden Männern sprechen, selbst wenn sie Freunde von Verres waren.

Wir können uns zum Vergleich den einzigen anderen mit Gewißheit bekannten *pro magistro*, P. Terentius Hispo, vor Augen führen. Dieser Mann, ein Freund Ciceros, wird dem Statthalter von Bithynia des Jahres 51 wärmstens empfohlen, nachdem * Cicero selbst (wie er gesteht) vergebens versucht hat, sich für ihn in der Stadt Ephesos zu verwenden.[46] Hispo war zu dieser Zeit mit der *scriptura* von Bithynia betraut: ein merkwürdiger Sachverhalt, der uns noch beschäftigen wird. Später, im Jahre 47, hatte Hispo offensichtlich dieses Amt niedergelegt, aber er lebte noch in der Provinz Asia. Damals traf er die Quinti Cicerones, Ciceros Bruder und Neffen, und informierte Cicero von ihrer unerwarteten Feindseligkeit ihm, Cicero, gegenüber. Angeblich tat Hispo, wenn auch erfolglos, sein Bestes, einen Meinungswechsel herbeizuführen.[47] Cicero beschreibt ihn an dieser Stelle als den Mann, „der *pro magistro* in der Provinz Asia für *scriptura* und *portoria* war". Diese beiden wichtigen Pachten – wie es scheint, für die ganze Provinz Asia – waren somit in den Händen ein und derselben Gesellschaft. (Erinnert sei daran, daß schon 30 Jahre früher die Weidesteuer und zumindest eine – wahrscheinlich aber sechs – der Zollstellen in Sizilien von derselben Gesellschaft gepachtet waren.) Da wir uns noch im selben Quinquennium befinden, scheint daraus zu folgen, daß die *scriptura* für Bithynia wie für die Provinz Asia, ebenso wie die Zollrechte für Asia, sich zur selben Zeit in den Händen derselben Pachtgesellschaft befunden hatten und alles zusammen unter der Leitung von Hispo stand. (Man erinnere sich seiner Geschäfte mit Ephesos im Jahre 51.) Unter diesen Umständen können wir mit ziemlicher Sicherheit die Zollrechte für Bithynia noch hinzurechnen – von Cicero im Jahre 51 nicht erwähnt, einfach weil die unmittelbare Empfehlung keinen Grund dazu gab.

Hispo war ohne Zweifel für Zehntausende von Angestellten verantwortlich, bei einem riesigen Feld von Aufgaben. So überrascht es nicht, daß die Bürger aus einer der Städte eine Statue zu Ehren seiner Ehefrau errichteten, die die Tochter eines Q. Sulpicius war, also aus einer angesehenen Familie kam und höchstwahrscheinlich mit einem Konsul verwandt war.[48] Dieser bedeutende Mann hat wenig zu tun mit „einem gewissen Carpinatius" in Sizilien, obwohl er sich (der Berufsbezeichnung nach) in der gleichen Position befand.[49]

Spätestens zur Zeit Ciceros führten die Pachtgesellschaften, ganz abgesehen von der Hauptaufgabe der Staatspachten (vor allem der Steuer), wichtige Dienstleistungen für den Staat durch. So betrieben sie den einzigen gutfunktionierenden Postdienst (der Staat besaß überhaupt keinen), und wir sehen ihre Kuriere *(tabellarii)* ganz regelmäßig Briefe von den Statthaltern und an sie befördern.[50] Ebenso konnten sie als Bankiers für den Staat auftreten: Auch hier hatte der Staat nichts dergleichen. Da die Römer keine Geldscheine besaßen, war ein System von Bankwechseln die einzige Möglichkeit, die Jahr für Jahr erforderlichen, schwierigen und riskanten Transfers von größeren Barsummen in Edelmetall in jede und aus jeder Provinz zu vermeiden. Aber die betreffenden Geldsummen waren, gemessen am Standard der privaten Geschäfte, so groß, daß kein privater *negotiator* mit ihnen hätte umgehen können. Dazu waren es natürlich die *publicani*, die das von ihnen eingezogene Bargeld tatsächlich in den Händen hielten. So erhielt der Senat die Möglichkeit, Wechsel auf das Provinzkontor einer Pachtgesellschaft auszustellen, wenn er einen Betrag für Lieferungen an einen Statthalter überwies. (Dies nannte man *ornare prouinciam.*) Die betreffende Gesellschaft behielt dann die Gelder, die sie eingezogen hatte, bis der Statthalter den bewilligten Betrag abholte. Wir haben keine Zeugnisse für eine solche Praxis vor der Zeit Sullas, man kann aber davon ausgehen, daß sie sich organisch aus dem System des C. Gracchus entwickelte, das die *publicani* den Löwenanteil der römischen Steuereinnahmen abwickeln ließ. Jedenfalls erhielt Verres schon in den siebziger Jahren eine Zuweisung für den Ankauf von Weizen in Gestalt eines Wechsels auf das örtliche Kontor der Gesellschaft, über die wir schon näher gesprochen haben: die Gesellschaft, die die Weidepacht und einige Zollrechte in Sizilien besaß und – obwohl im Vergleich zu den Unternehmen in der Provinz Asia klein – die größte in Sizilien tätige Pachtgesellschaft gewesen sein muß.[51] Die auf diese Weise zugewiesenen Gelder sollten freilich nicht auf einen Schlag abgehoben werden, und die Gesellschaft war gesetzlich verpflichtet, dem Staat für die Zeit Zinsen zu zahlen, die das Geld in ihrer Obhut war. Es scheint aber, daß der Senat manchmal (oder im Regelfall?) aus Gefälligkeit der Gesellschaft erlaubte, die Zinsen zu behalten – ein Betrag, den man durchaus mit Recht als Bankgebühr für die erbrachte wichtige Dienstleistung ansehen kann.[52] Verres fand freilich einen für ihn viel gewinnbringenderen Weg. Er hob das ganze Geld sofort ab und investierte es bei der Gesellschaft selbst zu einem Zinssatz von 24 Prozent auf seinen eigenen Namen – worauf der leitende *magister* der Gesellschaft wütend wurde und Verres zu zwingen drohte, die Zinsen bei seiner Ankunft in Rom an die Gesellschaft zurückzuzahlen, es sei denn, er könnte beweisen, daß er sie schon an den Staat überwiesen hatte (was er nicht beabsichtigte).[53]

In ähnlicher Weise konnte der ausscheidende Statthalter einen möglichen Überschuß, den er am Ende seiner Amtszeit hatte, bei den örtlichen *publicani* deponieren und dafür Quittung und Sicherheit erhalten. (Dies scheint aber ein ziemlich seltenes Ereignis gewesen zu sein, da Stab und Gefolge des Statthalters erwarteten, daß die Gewinne unter ihnen verteilt wurden.)[54] Der ehrliche Cicero deponierte auf diese Weise

Römische Kontorszene. Endymionsarkophag. Rom, Thermenmuseum. Photo: DAI Rom

Römische Kontorszene. Relief. Rom, Museo Chiaramonti. Photo: DAI Rom.

eine Million Sesterzen,[55] nachdem er einen völlig legalen Eigengewinn von 2200000 für sich abgezogen hatte.[56] Wahrscheinlich waren nicht alle *societates* dazu in der Lage, die großen Summen zu handhaben, um die es besonders bei der Zuweisung für eine Provinz ging. Viel hing wohl davon ab, ob die Provinz im ganzen lukrativ war oder ob sie von der Staatskasse subventioniert werden mußte. Wenn das letztere der Fall war, gab es offenbar nicht genug Geld in der Provinz für die Versorgungszuweisung an den Statthalter. In jedem Fall können wir registrieren, daß L. Piso, Caesars Schwiegervater, der ebenso eifrig war wie Verres, wenn es darum ging, aus den ihm zugewiesenen staatlichen Mitteln Profit zu schlagen, einen anderen Plan verfolgte: Er hob seine gesamte Zuweisung im Jahre 58 in Rom ab und investierte sie dann von dort aus auf seinen eigenen Namen.[57] Es muß jedoch hinzugefügt werden, daß er mit den *publicani* auf schlechtem Fuß stand.

Man muß sich immer vor Augen halten, daß die Größe und Gewinnträchtigkeit der Pachtgesellschaften enorme Unterschiede aufwiesen. Der Abstand zwischen P. Terentius Hispo und L. Carpinatius gleicht dem zwischen einem führenden Großunternehmen und einer mittelständischen Firma (letztere immer noch respektabel für ihre Zeit). Wir erfahren überhaupt nichts über (beispielsweise) die Gesellschaften, die die *portoria* in Sardinien oder die *scriptura* in Macedonia gepachtet hatten. Die detaillierten Zeugnisse, die wir haben, stammen hauptsächlich aus den Verrinen, fast alle anderen beziehen sich auf die lukrativen Provinzen im Osten. Dadurch ist unser Bild zwangsläufig etwas verzerrt – als ob wir versuchen würden, das Funktionieren der modernen westlichen Wirtschaft ausschließlich aus Informationen über einige der großen internationalen Konzerne zu rekonstruieren. Wir haben aber auch gesehen, daß die *publicani* ihr Vermögen verlieren konnten. Das wird nur diejenigen überraschen, die nicht alle Rahmenbedingungen im Auge behalten. Die kleineren *uectigalia* der früheren Provinzen, d.h. der im Vergleich zum Osten weniger gewinnbringenden, waren in den Händen der *publicani*, und wir haben gesehen, daß die betreffenden Summen erheblich waren, auch wenn sie sich gegenüber dem fünfjährigen Zehnt der Provinz Asia klein ausnehmen. Aber diese Investitionen waren sicherlich in hohem Maße spekulativ. Ohne Statistiken über Handel und Produktion und angesichts der bezeugten großen Preisschwankungen konnte niemand Gewißheit darüber haben, wieviel Salz verkauft werden würde und was die Zollrechte einer Provinz über die Dauer der nächsten fünf Jahre wert sein würden. Über einige Dinge wie z.B. Pachtpreise mußte freilich Buch geführt werden. Es gab aber zwangsläufig große Schwankungen und manche Enttäuschung. Die Hauptsteuer (der Erntezehnt) einer östlichen Provinz war zufriedenstellender: Schon die Könige, die Vorgänger der Römer, hatten sehr genau Buch geführt, und man stimmte im allgemeinen überein, daß diese Steuer trotz des Risikos von Naturkatastrophen und Kriegen die lukrativste sowohl für Rom als auch für die Steuereinnehmer war. In den älteren Provinzen wurde aber diese Hauptsteuer, soweit wir wissen, niemals von den römischen *publicani* eingezogen. Lange Zeit wird Asia die einzige Provinz gewesen sein, in der die *publicani* dies taten: Es gibt keine weiteren Provinzen, von denen wir dies mit Gewißheit sagen können, bis Bithynien im Jahre 74 an das römische Volk fiel, dann von L. Lucullus erobert und von Pompeius als Provinz eingerichtet wurde.

Die Steuereinnehmer nahmen natürlich soviel, wie sie ungestraft konnten. Spätestens seit der Zeit der Verrinen waren Zuschläge, die über die gesetzliche Höchstgrenze hinausgingen, allmählich üblich geworden, und selbst ehrbare Statthalter duldeten gewöhnlich solche Erpressungen. Einer der interessantesten Aspekte in den Verrinen ist in der Tat das Verzeichnis dessen, was nach Ciceros Zugeständnis in der Provinzverwaltung inzwischen als normal und akzeptabel galt. Dies wirft ein Licht auf die Senatoren und ihr Gefolge, braucht uns aber hier nicht weiter zu interessieren. Unser Hauptaugenmerk muß den *publicani* gelten. Grundsätzlich wurde die *decuma* als ein Zehntel der Ernte festgesetzt. Nicht nur in Sizilien konnte wohl kein Landbesitzer durch Gesetz gezwungen werden, mehr Abgaben zu leisten. Man könnte also meinen, daß es ihm gleichgültig war, ob eine Pachtgesellschaft für ihren Auftrag zuviel gezahlt hatte oder nicht.[58] Nach dem Gesetz mußte ein Steuereinnehmer, wenn er seiner Meinung nach nicht den korrekten Betrag erhielt, die Sache vor das Gericht des Statthalters bringen und seine Forderung dessen Entscheidung überlassen.[59] Trotzdem sehen wir, daß Verres diese Sitte in Sizilien aufhebt, wo sie (nach der *lex Hieronica*) fester verwurzelt schien als anderswo. Obwohl es sehr wahrscheinlich ist, daß Verres' Nachfolger L. Metellus in dieser wie auch anderer Hinsicht zu den alten Regelungen zurückkehrte,[60] wird hier deutlich, daß auch die elementarsten Grundsätze von Schutz und Recht für den Provinzialen von der Laune (aber auch der Redlichkeit) des Statthalters abhingen. Es würde uns zu weit führen, dies in allen Einzelheiten zu verfolgen. Es wird aber nicht oft genug erkannt, wie unsystematisch die ganze Provinzverwaltung in der Republik war und wie stark sie wirklich vom Charakter und den Absichten eines einzelnen abhing. Man neigt dazu, sie unter dem Aspekt des Systems zu sehen, wie es sich langsam in der Kaiserzeit entwickelte. Der Statthalter war der Mann, der letztlich über die *pactiones* entschied, also über die Abkommen, die die Schlüsselrolle im ganzen Ablauf des Steuereinzugs spielten. In Sizilien wurde die *pactio* zwischen dem *publicanus* und dem einzelnen Bauern geschlossen, im Osten zwischen jenem und der Stadt, die anschließend die vereinbarte Summe mit ihren eigenen (grundsätzlich ähnlichen) Methoden einziehen ließ. Die *pactio* setzte die Summe fest, die beide Seiten als fällig anerkannten. Mit dem Abschluß dieser Vereinbarung blieben nur noch Einzelheiten (der Vollzug der Bezahlung, die Qualität des Getreides und ähnliches) zu entscheiden. Es war die *pactio*, die dem Statthalter die Hauptmöglichkeit zur Bereicherung gab, wenn er skrupellos war, und die seine Hauptsorge darstellte, wenn er redlich war. Nichts bereitete Cicero, der begierig darauf war, sich in Cilicia ein makelloses Ansehen zu erwerben, ohne die *publicani* vor den Kopf zu stoßen, mehr Freude als die Nachricht, daß die *pactiones* für sein Amtsjahr schon vor seiner Ankunft abgeschlossen worden waren.[61] Dies schrieb er bei seiner Ankunft in Ephesos. Eine Erfahrung, die er allerdings hier nicht erwähnt, sagte ihm sicherlich, wie glücklich er sich schätzen konnte: Als er, wie schon gesagt, versuchte, bei den Ephesern (die nicht zu seiner Provinz gehörten, ihm aber einen fürstlichen Empfang bereitet hatten, als ob er ihr eigener Statthalter wäre[62]) zugunsten seines Freundes P. Terentius Hispo zu intervenieren, um sie zu überreden, ihm (Cicero) zuliebe einer *pactio* über Weidesteuer zuzustimmen, hatte er keinerlei Erfolg.[63] Der Statthalter verfügte natürlich über stärkere Mittel zur Überzeugung, wie Cicero in Empfehlungsschreiben für seine Freunde ein- oder zweimal höflich betont.[64] Verres machte es in Sizilien ganz deutlich, welche Mischung aus Gewalt und pseudorechtlicher Schikane ihm zu Gebote stand, wenn er sie brauchte. Wie schon erwähnt, ließ er willkürlich und im Widerspruch zu allem, was bisher üblich war, zu, daß der Steuereinnehmer Abgaben nach seinem Ermessen erhob und dadurch den Bauern zwang, sein Recht vor seinem, Verres', Gericht einzuklagen – mit so geringer Hoffnung auf Erfolg, daß während seiner Amtszeit kein einziger Prozeß angestrengt wurde.[65] Mit seinen Methoden ermöglichte es Verres, daß seine Günstlinge unter den Steuereinnehmern (die den Gewinn mit ihm teilten) *pactiones* zustande brachten, die, wie Cicero mit einem langen und herzzerreißenden Katalog genauer Einzelheiten belegt, für die Betroffenen ruinös waren.

In seinem Brief an seinen Bruder Quintus über die Verantwortung einer Statthalterschaft gibt Cicero diesem einen vorsichtigen Rat für seine schwierigste Aufgabe: Wie man die Provinzbewohner vor dem Ruin schützen kann, ohne die *publicani* zu verärgern. Von ihnen hing nämlich die politische Zukunft beider Brüder ab.[66] Zunächst verweist er auf die Vorteile von Frieden und Sicherheit, die Rom der Provinz Asia verschafft und die eine gerechte Gegenleistung für das römische Steuersystem darstellen. (Dies nur drei Jahre nach dem Ende des Krieges mit Mithridates, in dem Asia verwüstet worden war.) Dann behauptet er, daß die asiatischen Griechen sich ohne die *publicani* unfähig gezeigt hatten, ihren finanziellen Verpflichtungen nachzukommen (was wahrscheinlich wahr ist, denn dies hat eine lange Tradition in griechischen Städten und hellenistischen Königreichen), und deshalb kein Recht hätten, sich über die römischen Steuereinnehmer zu beschweren. Zum Schluß wird Quintus nahegelegt, er solle den Griechen einen guten Rat geben: Sie könnten sich viel Ärger ersparen, wenn sie nicht auf ihre Rechte nach der *lex censoria* pochten; dazu hätten sie die Genugtuung, den zwei Ciceros geholfen zu haben, ihr politisches Bündnis mit den *publicani* aufrechtzuerhalten.

Das wichtigste, was man aus dieser Vorführung hochnäsiger Selbstgefälligkeit lernen kann, ist die Tatsache, daß man nunmehr offensichtlich einen Provinzbewohner als außergewöhnlich dumm ansah, wenn er auf den Bestimmungen der *lex censoria* beharrte, die ihm u.a. das Recht garantierte, nicht mehr zu bezahlen als die gesetzmäßigen zehn Prozent. Solche Hartnäckigkeit muß dazu geführt haben, daß die *publicani* (und dies war nur mit dem stillschweigenden Einverständnis des Statthalters möglich) dem Provinzialen das Leben so schwermachten, daß sich auch ein erfolgreicher Einspruch nicht lohnte. Sicher war es schwierig, die Provinzialen zu schützen, ohne sich dabei mächtige politische Feinde zu machen. Dies war keineswegs neu. In den Verrinen sehen wir, wie der Statthalter selbst bestimmte zusätzliche Abgaben einführen konnte, die dann an sein Gefolge gingen: Posten wie „Begutachtungsgebühr“, „Umwechslungsgebühr“ und sogar „Siegelwachsgebühr“ wurden unter Verres zu normalen Abgaben. Cicero läßt auch darauf schließen, daß diese durchaus anderswo bekannt waren, wenn auch noch nicht überall.[67] In ähnlicher Weise konnte der Statthalter unrechtmäßige Gebühren der *publicani* zulassen und unterstützen, wie z.B. die „Einzugsgebühr“ von einem Prozent oder mehr, die zur Zeit

Ciceros üblich geworden zu sein scheint und die das Risiko erheblich gemindert und den Gewinn vermehrt haben muß.[68] Wie man sonst üblicherweise gegen die *lex censoria* verstieß, wissen wir einfach nicht. Nachdem sich das Prinzip aber durchgesetzt hatte, war es sicherlich schwierig, eine Grenze zu ziehen. Mehr denn je hing dies vom Charakter des Statthalters ab, und wir haben schon gesehen, daß es nicht leicht für ihn war, redlich zu bleiben.

Daß die Pachtgesellschaften auch im Geldverleih tätig waren, um ihre riesigen Reserven an Bargeld zu nutzen, ist offenkundig. L. Carpinatius hatte in Sizilien den Opfern von Verres Geld geliehen, damit sie die Habgier des Statthalters stillen konnten.[69] Dies muß gängige Praxis in den östlichen Provinzen gewesen sein, wo die Städte oft hoffnungslos verschuldet waren und die *publicani* das meiste Geld hatten. Wir werden Zeugnisse für ihre großangelegte Tätigkeit in ein oder zwei berühmten Fällen noch kennenlernen. Man hat vermutet, daß sie sich auch für Handel interessierten[70], aber die Zeugnisse dafür sind spärlich, und es ist klar, daß (wie man erwarten kann) ihre Interessen manchmal gegen die der Kaufleute gerichtet sein konnten.[71]

Dies also waren die Pachtgesellschaften, die nach der Amtszeit des C. Gracchus und vor allem in der Epoche Ciceros solch eine wichtige Rolle in der römischen Politik spielten. Wir können nun die Geschichte ihres Einflusses nachzeichnen.

V. *Equites*, Senatoren und Armeen

Wir haben versucht, vieles von dem zusammenzustellen, was man über die Arbeitsweise und Organisationsstruktur der großen Pachtgesellschaften zur Zeit Ciceros herausfinden kann. Einiges über ihre Beziehungen zum Staat (außerdem zum Senat als Ganzem wie auch zu einzelnen Senatoren) ist bereits deutlich geworden. Weiteres wird sich im folgenden ergeben. Denn wir müssen zunächst versuchen – ohne dabei der Versuchung zu erliegen, eine Geschichte der späten Republik zu schreiben –, die Rolle zu skizzieren, die die Pachtgesellschaften in dieser spielten.

Es gibt sehr wenige Zeugnisse über die Generation, die unmittelbar nach dem Tod des C. Gracchus kam. Wie wir sahen, versuchte dieser, das Gleichgewicht der politischen Macht dadurch wiederherzustellen, daß er die wohlhabendsten Bürger ohne Senatorenrang berief, um über Senatoren zu Gericht zu sitzen. Sie sollten keine exekutive Gewalt und keine Entscheidungskompetenzen besitzen. Diese sollte weiterhin der Senat behalten. Aber durch ihr richterliches Vorrecht konnten sie sowohl die eigennützige Ausbeutung der Provinzialen durch die Magistrate und ihre Freunde aus dem Senatorenstand verhindern wie auch den Senat verantwortungsbewußter im Regierungsgeschäft machen. Darüber hinaus war das Ziel eindeutig, Geschworene für alle Kriminalprozesse zur Verfügung zu stellen, die nicht vor dem Volk stattfanden.

Ob C. Gracchus selbst andere Geschworenenhöfe einrichtete, läßt sich nicht sagen, auch nicht, wie er Zivilprozesse regelte.[1] Die Geschworenen aber, die der Prätor sorgfältig auswählte, standen zur Verfügung, und es scheint, daß sie während der nächsten Generation sowohl für ständige Gerichtshöfe, die nach dem Modell des Repetunden-Gerichtshofes[2] eingerichtet wurden, als auch für Sondergerichte wie die, welche über die Vestalinnen und die politischen Opfer der Mamilius-Kommission (die beiden bekanntesten Sondergerichtsverfahren vor 91 v. Chr.) verhandelten, Verwendung fanden.[3] (Ob das gesetzlich vorgeschrieben war, wissen wir nicht.) Es waren diese Gerichtshöfe – wenn die hier vorgetragene Darstellung richtig ist –, in denen die alten *equites* mit Männern gleichen Wohlstands außerhalb der exklusiven Gruppe der Empfänger des „Staatspferdes" zusammenkamen und mit ihnen verschmolzen, bis sie (spätestens in den sechziger Jahren) alle den Titel *'equites'* beanspruchten. Die Wirkung (die höchstwahrscheinlich von C. Gracchus und seinen Freunden gewollt war) bestand darin, die ausschließliche Betonung des Landeigentums als Grundlage für soziales Prestige und politische Macht innerhalb dieser Klasse zu beseitigen. Die alten *equites* wuchsen, wie wir sahen, noch innerhalb dieses Wertesystems auf, auch wenn ihnen ihre besondere Verbindung mit den Pachtgesellschaften neue Interessen gebracht hatte und zumindest in einigen Fällen dazu führen mußte, daß als Grundlage ihres Wohlstandes die Geldwirtschaft gegenüber dem Landbesitz den Vorrang erhielt.[4] Die, die sich außerhalb dieses Standes befanden, haben sicherlich weiterhin Geld in italisches Land investiert, um sich gesellschaftliches Ansehen zu erwerben. Ihre finanzielle Basis mußte aber noch zum großen Teil jenseits davon liegen, nämlich in der Mannigfaltigkeit von Aktivitäten (hauptsächlich finanzieller Art), die die Römer als *negotia* bezeichneten. Und bei vielen von ihnen führte dies notwendigerweise dazu, daß sie sich an den lukrativsten finanziellen Aktivitäten beteiligten, d.h. an denen der Pachtgesellschaften, die noch immer zum Großteil von bedeutenden *equites* geleitet wurden.

So geschah es, daß die Klasse, die später *equites* genannt wurde – und die viel mehr Personen umfaßte als diejenigen, die das Staatspferd besaßen –, im Verlauf von mehr als einer Generation entstand. Plinius sagt uns in einer Schlüsselstelle, daß sie zunächst „Richter-Klasse" genannt wurde[5]: Hierin liegt offensichtlich der gemeinsame Nenner dieser Klasse, ob ihre Mitglieder nun Besitzer des Staatspferdes waren oder nur vermögend genug, um die formalen Voraussetzungen für diese Auszeichnung zu erfüllen. Die Gracchischen Richter, die, wie erwähnt, bald über den alten Repetunden-Geschworenenhof hinaus tätig werden sollten und die Möglichkeit erhielten, bei Sonderprozessen zu Gericht zu sitzen, vollendeten das von den *Gracchani* als Folge der staatlichen Mißstände, die mit dem Scheitern und dem Tod des Tiberius Gracchus offenbar geworden waren, begonnene Werk: Die Besitzer des Staatspferdes wurden, nunmehr getrennt vom Senat, dazu gebracht, sich enger an diejenigen anzuschließen, die außerhalb der politischen Klasse standen und ihr grundsätzliches Interesse an Vermögen, das nicht von Landbesitz herrührte, teilten. Daher kommt es während der folgenden Generation zwangsläufig zu Verwirrung in unseren Quellen, so daß wir nie ganz sicher sein können, ob die, die das Wort *'equites'* oder seine griechische Entsprechung verwenden, es in strengem oder (vorwegnehmend) in einem weiteren, nämlich in Ciceros Sinn gebrauchen. Auch wissen wir nicht, wann der Prozeß der Eingliederung abgeschlossen war. Im allgemeinen hat sich heute die Einsicht durchgesetzt, daß der De-facto-Wegfall des Zensus nach Sulla viel damit zu tun hatte. Es gab nur noch einen einzigen erfolgreich durchgeführten Zensus zwischen 86 v. Chr. und der Zeit des Augustus. Dieser fand im Jahre 70 v. Chr. als Teil der ostentativen „Erneuerung der Republik“ statt, die das Ende der Sullanischen Oligarchie in ihrem politischen Sinn markierte.[6] Die Zensoren von 70 stellten zwangsläufig eine neue Liste der Besitzer des Staatspferdes auf.[7] Da die Zahl der Bürger bei der ersten ordentlichen Erfassung der Italiker auf 910000 gestiegen war, ist es möglich, daß die Zensoren entsprechend großzügig mit der Gewährung des Staatspferdes verfuhren. Doch können wir, wie ein Historiker festgestellt hat, irritierenderweise meistens nicht herausfinden, ob eine unter den vielen Persönlichkeiten, die später als *equites* bezeugt sind, tatsächlich ein Staatspferd besaß.[8]

Bald folgte ein weiterer Schritt: Im Jahre 67 hat der Tribun L. Roscius Otho den *equites* ihr altes Privileg der Sondersitzplätze an den Spielen „zurückgegeben". Es läßt sich vermuten, daß er den Begriff im aktuellen „populären" Sinn, d.h. nach Eigentum, definierte.[9] Die Bestimmung war im Volk unbeliebt, das gegen die Reservierung für eine neue privilegierte Gesellschaftsgruppe opponierte. (Die Privilegien der alten *equites* waren fest etabliert, selbst wenn dieses eine Privileg eine Zeitlang verlorengegangen war.)

Entscheidender noch ist die Tatsache, daß Cicero die Maßnahme lobt und vor einem Gerichtshof, der sich zu einem Drittel auch aus *tribuni aerarii* zusammensetzte, feststellt, daß sie von allen Seiten begrüßt wurde.[10] Wer auch immer diese *tribuni aerarii* nun genau waren, sie waren jedenfalls keine Besitzer des Staatspferdes. Und wenn Cicero sich in einem Fall, den er offenbar zu gewinnen versuchte, vor diesem Publikum so begeistert von diesem Gesetz zeigte, folgt daraus, daß die *tribuni aerarii* sich Vorteile von dem Gesetz versprachen oder zumindest nicht zu denen gehörten, die das Gesetz erboste. Man hat sogar die Vermutung geäußert, daß sie vielleicht die Männer waren, die darauf Anspruch hatten, zum Rang der *equites* zu gehören, aber nicht auf der *equites*-Liste der letzten Zensoren geführt wurden.[11] Falls das richtig ist, wäre unsere These gesichert.

Auf der Suche nach jenem Alptraum oder Trugbild der modernen Geschichtsschreibung, dem *ordo equester*, haben wir scheinbar einen Abstecher gemacht. Es ist aber unerläßlich, einige Gedanken zu diesem Thema zu entwickeln, wenn wir über die *publicani* sprechen wollen, die sowohl in Ciceros als auch in modernen Werken so eng mit dem *ordo equester* verbunden sind. Freilich wurden die *equites* im neuen Sinn des Wortes niemals eine homogene Klasse, genausowenig, wie es selbst die *equites* des zweiten Jahrhunderts gewesen waren.[12] Eine große Zahl von ihnen war im Grunde immer noch Landbesitzer, und wir müssen uns vorstellen, daß die meisten von ihnen zufrieden ihren alltäglichen gesellschaftlichen Verpflichtungen nachgingen, ihre kleinen Streitigkeiten in ihren Landstädten pflegten und meist wenig konsequentes Interesse an Wahlkämpfen und politischer Auseinandersetzung in Rom zeigten.[13] Sie verfolgten auch keine einheitliche politische Linie: Wer sich auch immer – von C. Gracchus über Saturninus und Glaucia bis zu den *populares* der späten Republik – auf ihre Unterstützung und politische Dankbarkeit verließ, erlebte ihre Wankelmütigkeit. Die gleiche Erfahrung aus einer anderen Perspektive machten Männer wie Cicero, als sie versuchten, Eintracht zwischen Senat und *equites* herzustellen. Allerdings konnten diese (neuen) *equites*, wie Gracchus es geplant hatte, ein *tertium corpus*, um Plinius' bekannten Ausdruck zu verwenden, im Staatswesen bilden[14]: wortwörtlich eine „Mittelklasse" zwischen Senat und Volk, nicht aber – eine Auslegung, zu der sich mancher verleiten ließ – eine Mittelklasse mit antiaristokratischen Interessen und Tendenzen, wie dieser Begriff in modernen historischen und soziologischen Untersuchungen verwendet wird.

Erst einige Zeit später können wir die *publicani* in einer besonders hervorgehobenen Stellung ausmachen. Was eine Generation lang den erbittertsten Zorn der neuen Klasse hervorrief, waren alle Angriffe auf das Privileg, das ihr feste Umrisse gab: ihre Verfügung über die Gerichtshöfe. Es wurden Versuche gemacht, dieses Privileg abzuschaffen. Einer davon (den der Konsul Q. Caepio im Jahre 106 unternahm) gelang interessanterweise, und zwar in einer Zeit vorübergehender Vormachtstellung der alten aristokratischen Führer, deren Einstellung jetzt dadurch gerechtfertigt erschien, daß Marius sein Versprechen eines schnellen Sieges in Numidien nicht einzulösen vermochte.[15] Cicero zitiert später einen Versuch, Caepios Gesetz vor den *equites* zu loben als Beispiel für eine Kränkung der Zuhörer – ein Fehler, den der Redner auf jeden Fall vermeiden mußte. Auch ist es interessant zu sehen, daß L. Crassus, der für den Gesetzesentwurf sprach, seinen berühmten Appell an das Volk richtete, „uns [d.h. die Senatoren] dem Rachen derjenigen zu entreißen, deren Grausamkeit nicht einmal durch unser Blut gestillt werden kann". Es handelt sich um die *magistra oratio*, die Cicero in seiner Jugend – nur wenige Jahre, nachdem sie gehalten worden war – auswendig lernte.[16] Der Verweis muß wohl eine oberflächliche Glaubwürdigkeit besessen haben. Er kann sich aber nicht auf den Repetundengerichtshof beziehen, der zu dieser Zeit, soweit unsere Quellen einen Einblick erlauben, keine Anzeichen blutrünstiger politischer Justiz zeigte.[17] Der Verweis richtet sich vielmehr auf die Sondergerichte und vor allem die Mamilius-Kommission mit ihren „Gracchischen Geschworenen".[18] Deren Strenge wurde sprichwörtlich, und ihr Hauptmotiv war offensichtlich politische Blutrache.[19] Nur drei Jahre später mußten die Ereignisse noch jedem gegenwärtig sein, und die Rede betont den Hauptgrund für die allgemeine Empörung. Der Numidische Krieg und die angebliche Käuflichkeit der Nobilität waren der Vorwand gewesen, verschiedene Aristokraten zu verurteilen. Aber nun stand der Numidische Krieg unter dem Kommando des Marius, und die Lage besserte sich nicht. Der erhaltene kurze Redeauszug deutet auf ein Argument, das überzeugt haben muß und tatsächlich überzeugte. Auf längere Sicht jedoch meinte Crassus die Antwort auf Gracchus gefunden zu haben. Die neue Klasse mußte durch Zusammenarbeit zwischen Senat und Volk in Schranken gehalten werden. Der Senat war sowohl Patron wie, im politischen Sinn, Diener des Volkes – zumindest in der Rhetorik der politischen Theorie. Vorausgesetzt, man gab ihm Gelegenheit und leistete einige Überzeugungsarbeit, würde das Volk zu seiner alten politischen Gefolgschaft und zu seinem Vertrauen in die *fides* derer, die es schon immer geführt hatten, zurückfinden. Die neue Klasse hatte – im Gegensatz selbst zu den alten *equites* – keine gesellschaftlichen Wurzeln und konnte keinerlei Loyalität erwarten. Auch die Erweiterung der ökonomischen Basis brachte keine Zuneigung im Volk insgesamt: Die meisten Bürger hatten wenig Nutzen davon, daß die Reichen, die sie hauptsächlich in ihrer Eigenschaft als Steuereinnehmer und Geldverleiher kannten, auch politische Macht bekamen. Das Programm war vielversprechend, und andere sollten es später aufgreifen, als die Zeit dafür reif schien und Crassus seine Ideen an eine jüngere Generation weitergegeben hatte.[20] Als politisches Kalkül schien diese Linie Erfolg zu versprechen. Von den beiden römischen Volksversammlungen waren – besonders natürlich, nachdem das Wahlrecht auf ganz Italien ausgedehnt worden war – die *comitia tributa* vielleicht offener für den Einfluß lokaler italischer Aristokraten, die wohl alle (im weiteren Sinn des Wortes) *equites* waren. Die Kräfteverhältnisse in dieser Volksversammlung waren deutlich zu Ungunsten der Hauptstadtbewohner verschoben, und es muß leicht gewesen sein, treue Anhänger für einen besonderen Anlaß nach Rom zu bringen. In den *comitia centuriata*, wo die Stimmen nach Reichtum gewichtet wurden, hatte die erste Klasse (die mit der größten politischen Macht) immer noch einen Mindestsatz, der nur ein Viertel des Zensus der *equites* ausmachte. Obgleich sie, gemessen an der verarmten Mehrheit, wohlhabend waren, waren diese Männer doch „kleine Fische" und teilten nicht unbedingt die Sichtweise des *ordo equester*. Allerdings darf man vermuten, daß jeder von ihnen Anteile an den Pachtgesellschaften besaß. Es wäre interessant zu wissen, welche Volksversammlung Caepio benutzte, um sein Geschworenengesetz verabschieden zu lassen: Als Konsul standen ihm beide Möglichkeiten offen. Leider haben wir kein Zeugnis darüber. Sicherlich war es aber die nach Tribus gegliederte Volksversammlung (oder, noch wahrscheinlicher, die in gleicher Weise organisierte Versammlung der Plebs), die bald darauf die Gerichtshöfe an die *equites* zurückgab.[21]

Wir mußten näher auf die Entstehung und die Grundlagen dieser breiteren Gruppe der *equites* eingehen, weil sie in der späten Republik oft die politische Basis der *publicani* bildete. Eine Zeitlang besitzen wir, wie schon erwähnt, keine Zeugnisse dafür, daß es so gewesen ist. Prozesse gegen Provinzstatthalter – vor allem aus Asia, wo die Pachtgesellschaften viel mehr zu verlieren hatten als anderswo – müßten eigentlich die politische Macht dieser Gesellschaften widergespiegelt haben. Tatsächlich wissen wir aber von keinem einzigen Statthalter aus der Provinz Asia, der verurteilt wurde, und einer wurde in einem aufsehenerregenden Fall freigesprochen.[22] Nicht, daß es gar keine Verurteilungen gab, wie es im permissiven und korrupten Klima der späten Republik oft der Fall war: Einige sind bezeugt, u.a. der berühmte Fall des Statthalters von Macedonia, bei dem der Schaden auf eine nichtige Summe geschätzt wurde.[23] In den Quellen findet man keine Beschwerden über die Geschworenen, und wir hören auch von Freisprüchen.[24] Man muß daraus schließen, daß zwar in bestimmten Fällen Fehlurteile vorkommen konnten (meistens zu milde Urteile: Wir haben Belege darüber, was ein Redner bewirken konnte),[25] die Prozesse aber waren so fair, wie man es erwarten durfte, und C. Gracchus' Plan funktionierte recht gut. Wenn die *publicani* die Gerichtshöfe als Mittel der politischen Erpressung mißbrauchten, waren sie äußerst erfolglos dabei. Es liegt näher zu glauben, daß sie insgesamt gar nicht auf die Idee gekommen waren. In einer bekannten Passage sagt Cicero, daß während der ganzen Zeit, in der *equites* in den Gerichtshöfen saßen, nicht der leiseste Hauch von Verdacht aufkam, daß ein Geschworener bestochen worden sei.[26] Auch wenn wir die rhetorische Übertreibung berücksichtigen, so bleibt dies eine Anerkennung von Werk und Denken des C. Gracchus. Und wir dürfen mit Recht hinzufügen (was für Ciceros Argument irrelevant war und was er aus einem einzigen wohlbekannten Grund ohnehin nicht sagen konnte), daß es keinen Verdacht auf politische Justiz gab.

Man könnte erwarten, daß die Statthalter sich fürchteten, gegen die Interessen ihrer künftigen Richter zu handeln. Wiederum gibt es kein Zeugnis darüber, daß die *publicani* besonderen Respekt einflößten oder über dem *imperium* oder der *auctoritas* eines römischen Magistrats standen. Tatsächlich gibt es einige Indizien für das Gegenteil. Das erste Anzeichen eines Vergehens ihrerseits finden wir gar nicht in einer Provinz, sondern in einem benachbarten Klientelstaat. Die erste Beschwerde (und sie war von größerer Bedeutung, als man zunächst hätte vermuten können) kam von Nikomedes III. von Bithynien. Als von ihm verlangt wurde, Truppenkontingente für den

Krieg gegen die Germanen im Jahre 104 zu stellen, antwortete er, daß er nicht genügend Männer übrig habe, denn die meisten seiner Untertanen seien durch die *publicani* in die Sklaverei verkauft![27] Diese Antwort hat den Senat so schockiert, daß er sofort einen Beschluß erließ, wonach kein Bürger eines verbündeten Staates, d.h. eines Klientelstaates, in einer römischen Provinz als Sklave gehalten werden dürfe. Es wird deutlich, daß der Senat nicht wußte, was da vor sich ging, und daß er, sobald er Kenntnis hatte, prompt und entschlossen handelte. Ebenso wird deutlich, daß diese Zustände keineswegs der Angst vor den *publicani* zuzuschreiben waren. Im Gegenteil, die Beschwerde war gar nicht aus einer römischen Provinz gekommen. Die in Asia ansässigen *publicani* hatten zusätzliche Gewinne gemacht, indem sie Geschäfte außerhalb des Gebietes tätigten, das unter der Kontrolle eines römischen Statthalters stand. Ein halbes Jahrhundert später können wir sehen, daß es immer noch leichter sein konnte, in einem verbündeten Königreich mit dubiosen Mitteln ungestraft Geld zu machen als in einer gut geführten Provinz. Wir sehen auch, daß der Statthalter, der seine Provinz streng im Griff hielt, wohl wenig Probleme damit hatte, eine tolerantere Einstellung gegenüber dem, was jenseits der Grenzen passierte, an den Tag zu legen. Als Cicero gebeten wurde, den Schuldeneintreibern seiner Provinz eine Kavallerieeinheit zur Verfügung zu stellen, lehnte er dies empört ab, obgleich er dadurch den Zorn des Brutus auf sich zog und sogar seinen Freund Atticus verärgerte. Er hielt entschlossen an dem in seinem Edikt festgelegten Grundsatz fest, keinem Geschäftsmann ein militärisches Kommando zu geben, der es in beliebiger Weise zur Erpressung verwenden konnte. Dieser vorbildliche Statthalter zögerte gleichzeitig nicht, ein Militärkommando einem Mann zu geben, der in das Königreich Kappadokien ging, um im Auftrag von römischen Senatoren Schulden einzutreiben. Naiv erklärt er, daß er dies tun könne, weil es sich um eine Angelegenheit außerhalb seiner Provinz handle. Es ging in der Tat nicht nur um eine Präfektur, die ein ziemlich niedriger militärischer Rang war, sondern er bot dem Mann sogar ein Militärtribunat an – wenn auch der Betreffende schließlich das Amt nicht übernahm, da er es nicht mehr brauchte. Offensichtlich waren die Schulden beglichen worden, ohne daß er befördert werden mußte.[28]

Cicero war stolz darauf, mit altmodischer Strenge zu verfahren. Man kann mit Sicherheit ein ähnliches Gefälle in den Verhaltensweisen fünfzig Jahre vorher annehmen. Aber es ist schwer, sich vorzustellen, daß die *publicani* einfach Sklavenraubzüge nach Bithynien organisierten: Sicherlich würde sich Nikomedes schon vorher beschwert haben! Da er es nicht tat, müssen wir annehmen, daß die *publicani* berechtigt waren, seine Untertanen zu verschleppen, und daß er die Sache nur zur Sprache brachte, als sich die Gelegenheit bot, diese Praxis zu unterbinden. Die einfachste Erklärung ist, daß die *publicani* dem König Geld geliehen hatten und er einige seiner Untertanen als Sicherheit angeboten hatte. Denn er war vermutlich Eigentümer aller Menschen in seinem Königreich, soweit sie nicht in den Städten lebten. Klientelkönige litten immer an starker Geldnot und suchten eifrig nach Darlehen. Ein wenig später finden wir einen ägyptischen König, der sich Geld von römischen Finanziers leiht und sozusagen sein Königreich selbst als Sicherheit verpfändet.[29] Bezeichnenderweise zogen die *publicani* es vor, außerhalb des von einem römischen Statthalter kontrollierten Territoriums zu investieren. Ob sie sich direkt am großen Sklavenhandel beteiligten, wissen wir nicht. Die Worte, wie sie von unserer Quelle wiedergegeben werden (und sie sind ja kein gutes Zeugnis des originalen Wortlauts), beinhalten dies sicherlich nicht. Es ist ohnehin zweifelhaft, ob die *publicani* die spezielle Organisation besaßen, die man für dieses hochspezialisierte Geschäft benötigte: Es ist eher vorstellbar, daß sie die Sklaven an einige der großen, auf Delos tätigen Unternehmen verkauften.[30]

Der Senat, soviel ist klar, war schockiert: Die Senatoren wußten offenkundig nicht, was da vor sich ging. Ihre schnelle – ja, wie es sich im nachhinein herausstellte, sogar vorschnelle – Reaktion beweist das. Dies braucht uns nicht besonders zu überraschen. Senatoren durften keine Ländereien außerhalb Italiens besitzen, ja sogar Italien nicht ohne besondere Erlaubnis verlassen. Wahrscheinlich waren nur äußerst wenige von ihnen jemals in Asia gewesen, und noch weniger hatten Gebiete, die nicht von Rom kontrolliert wurden, bereist. Wir dürfen annehmen, daß es fast 20 Jahre nach C. Gracchus für die *publicani* gewinnbringender war, jenseits der Grenzen zu agieren, um unbeobachtet zu agieren; weiterhin, daß sie, als sie ertappt wurden, sich der sofortigen Kontrolle eines Senats unterstellen mußten, der sich vor ihrer Reaktion in keiner Weise ängstigte.[31] Wie ich anderweitig bemerkt habe, ist unter diesen Umständen nichts so abwegig wie die Ansicht, diese Klasse hätte zugunsten einer Expansion des Imperiums Druck ausgeübt.[32] Genauso abwegig ist es, zu behaupten, daß C. Gracchus darauf zielte, die hauptsächliche politische Macht in den Händen der *publicani* zu konzentrieren und ihnen den Senat zu unterstellen. Falls er dies gewollt hätte, kann man nur sagen, daß er kläglich gescheitert war. Es ist jedoch einfacher, davon auszugehen, daß er, was er vorhatte, erreichte: ein System, das dank seines Eingreifens deutlich besser funktionierte.

Dennoch verschlechterte sich innerhalb weniger Jahre die Lage. Spätestens seit dem Jahre 95 wurde die Situation in Asia immer schlimmer, und, während Mithridates die Provinz von außen bedrohte und zweifellos von innen Intrigen spann, entschied der Senat erneut, entschlossen zu handeln und den angesehenen Juristen Q. Mucius Scaevola Pontifex, der in diesem Jahr Konsul war, zu entsenden, um den Praktiken der *publicani* nachzugehen und Mißstände zu beseitigen. Mit ihm ging als Beistand ein weiterer angesehener konsularischer Jurist und Philosoph, P. Rutilius Rufus, damals im siebten Lebensjahrzehnt. Die Wahl dieser beiden Männer zeigt, daß es ernsthafte Schwierigkeiten in der Provinz gab: Kein Konsul war jemals entsandt worden, um eine Provinz in Friedenszeiten zu regieren, und kein angesehener Konsular hatte, außer in größeren

Kriegen, jemals als Legat gedient.[33] Diesmal hatte man ein anderes Ziel: Wie schon erwähnt, waren beide Männer rechtschaffen und beide Juristen. Die Ergebnisse waren auffallend positiv. Wir besitzen einige Zeugnisse über Scaevolas Tätigkeit: Er brachte das System der Rechtspflege mit der Anerkennung griechischer Richter und griechischen Rechts in Fällen, die allein Griechen betrafen, in Ordnung. Er versöhnte zwei Städte, die sich in den Haaren lagen. Auch mag er das System der *dioeceses* eingeführt haben – eine Generation danach finden wir die Provinz in Bezirke unterteilt, jeder mit einer größeren Stadt als Mittelpunkt, in welcher der Statthalter oder sein Vertreter Gerichtstage abhalten mußte. (Das System findet sich auch in anderen Provinzen, z.B. in Sizilien.) Wir wissen nicht, wie und wann die Idee entstand; jedenfalls gibt es keine Zeugnisse vor diesem Zeitpunkt, und es ist sehr wahrscheinlich, daß dieser führende Jurist, der zur Reorganisierung einer unglücklichen Provinz entsandt worden war, dafür ebenso verantwortlich war wie für die Anerkennung griechischen Rechts im erwähnten Rahmen. Seine hauptsächliche Leistung war vielleicht sein Edikt, das sich Cicero in einer anderen Provinz und über dreißig Jahre später zum Vorbild nahm.[34] Cicero entnahm daraus vor allem eine – moderat formulierte und keinen Anstoß erregende – Klausel, die alle Verträge annullierte, *pactiones* eingeschlossen, die nicht gutgläubig abgeschlossen worden waren (z.B. mittels Gewalt oder Drohungen); wir haben gesehen, daß dies eine notwendige und nützliche Bestimmung sein konnte.

Ungefähr zur selben Zeit vermachte Ptolemaios Apion von Kyrene sein Königreich an Rom. In Rom kümmerte man sich nicht darum, und lange Zeit erfahren wir nichts von einer Tätigkeit der *publicani* dort, auch wenn dieses Land unzweifelhaft lukrative Möglichkeiten zur Ausbeutung bot.[35] Der Senat war, wie ich an anderer Stelle ausführlich zu zeigen versucht habe, immer gegen unnötige Annektierungen, und zu dieser Zeit hielt er anscheinend noch immer eine Annektierung nur aus strategischen Gründen für nötig. Der auffällige Umstand, daß Rom Kyrene nicht zur Ausbeutung freigab, erinnert uns aber daran, was 167 in Makedonien geschah: Wir dürfen wohl vermuten, daß dies mit den aus Asia eintreffenden schlechten Nachrichten zu tun hat, die genau zu dieser Zeit Scaevolas Sondermission erforderlich machten.[36]

Um die Mitte der neunziger Jahre hatte es zwar schon Anzeichen für eine schlechte Entwicklung in Asia – der Provinz, in der die *publicani* die größte Macht besaßen – gegeben; dennoch sieht es so aus, als ob der Senat die feste Kontrolle dort behauptete, d.h. es gibt keinerlei Anzeichen dafür, daß die *publicani* durch Erpressung mittels der Gerichtshöfe an politischer Macht gewannen. Wir müssen uns auch vergegenwärtigen, daß es inzwischen mehr Gerichtshöfe gab, so daß man glauben könnte, ihre Einflußmöglichkeiten seien größer geworden. Der einzige wirkliche Vorwurf, den man gegen die Gerichtshöfe in den neuziger Jahren erheben kann, ist jedoch, daß sie so sehr zu Freisprüchen neigten, daß es offenbar praktisch unmöglich geworden war, einen Senator zu verurteilen.[37]

Man kann mit Gewißheit behaupten, daß es ein völliger Schock gewesen sein muß, als sich dieser Befund als falsch erwies und das System des C. Gracchus eine Katastrophe erlebte: Wir haben keinerlei Grund zu glauben, daß irgend jemand zu dieser Zeit eine Gefahr von seiten der neuen Klasse voraussah, die sich insgesamt so gut in der Ausführung der ihr zugewiesenen juristischen Aufgaben bewährt hatte. Das politische Leben im Rom der neunziger Jahre ging seinen normalen Gang, und wir besitzen keinen Beleg für politische Appelle an die Adresse der *equites*: Das Scheitern solcher Appelle von seiten des C. Gracchus selbst sowie seiner Nachfolger mag römischen Politikern eine Lehre gewesen sein. Die Katastrophe entstand aus Q. Scaevolas hochrangiger und vorbildlicher Mission. Seine Tätigkeit in der Provinz hatte die Interessen vieler Mitglieder der neuen Klasse der *equites* unmittelbar getroffen, und er hatte sich ihren Haß dadurch zugezogen.[38] Dennoch war nicht er es, der schließlich angegriffen wurde. Man kann davon ausgehen, daß nach einer langen Reihe von Freisprüchen und (wie wir sahen) nach der Erfahrung, daß die Kontrolle über die Repetundengerichtshöfe nicht viel bewirkt hatte, diejenigen, die den Angriff vorbereiteten, der Meinung waren, sie sollten besser nicht zu hoch zielen: Der *pontifex maximus* hätte jedes Geschworenenkollegium einschüchtern können.[39] Was auch immer der Grund war, als Opfer wurde Scaevolas Legat P. Rutilius Rufus ausgewählt. Dieser war verwundbarer. Erstens war er in der Tat länger geblieben, um die Provinz für drei Monate nach Scaevolas Vorschriften zu verwalten, nachdem dieser (der genausowenig Neigung zu einem Leben in der Provinz zeigte wie später Cicero) schon abgereist war, um, wie er erklärte, der Provinz Kosten zu ersparen.[40] Zweitens war er ein kompromißloser Mann, gegen den viele Abneigung empfanden, und es war wahrscheinlich – wie es dann auch geschah –, daß er die Rolle des Märtyrers geradezu herausfordern würde. Eine Niederlage wollten die *equites* nicht riskieren, und P. Rutilius war ein geeignetes Opfer. Dazu müssen wir erwähnen, was unter römischen Bedingungen nicht anders zu erwarten war und später noch deutlicher zum Vorschein kommen wird: Trotz ihrer Kontrolle über die Gerichtshöfe waren die *equites* hilflos, wenn sie nicht die Unterstützung mächtiger Senatorenkreise fanden. Wir haben gesehen, daß sie keine homogene Klasse bildeten, ja sogar weit davon entfernt waren. Aus verschiedenen Gründen hatten die *publicani* wohl inzwischen die Vorherrschaft in den Geschworenengremien gewonnen; dennoch konnte man die Gutsherren nicht ignorieren, die bereit waren, sich der *auctoritas* des Senats und führender Senatoren zu unterstellen, und die keine „Klassensolidarität“ mit den Finanziers zeigten, die zufällig ihre gleichrangigen Standeskollegen waren. Nun war es jene Klasse, in der C. Marius Einfluß besaß. Wo auch immer die Wahrheit über seine Verbindung mit den *publicani* liegt, die vielleicht nicht mehr als eine Erfindung *ex post facto* aufgrund gerade dieses Vorfalls ist: Marius war aus der

Klasse der Gutsherren aufgestiegen und konnte sie sicherlich mobilisieren. Auch war er ein alter Feind des P. Rutilius, gern bereit, ihm jeden möglichen Schaden zuzufügen, um so mehr, als sein eigenes Prestige nachzulassen begann.[41]

P. Rutilius' Verurteilung war ein Skandal, und sie wäre ohne die Mithilfe des Marius nicht möglich gewesen. Sie stellte aber in erster Linie einen Sieg der *publicani* dar, die sich gerächt und ihre Macht demonstriert hatten: Die Quellen stimmen darin überein, daß vor allem sie es waren, die während Scaevolas Amtszeit in ihre Schranken verwiesen und bestraft worden waren, und daß sie die Hauptübeltäter gewesen waren. Zum ersten Mal hatte der Senat seine Regierungsfähigkeit verloren. Die neue Klasse, der C. Gracchus eine Macht ohne Verantwortungspflicht gegeben hatte, hatte gezeigt, daß sie diese Macht verantwortungslos ausüben konnte, wenn schon nicht, um den Staat zu regieren (was sie weder wollte noch konnte), dann zumindest, um zu verhindern, daß er regiert wurde. Wir haben gesehen, daß das Verhalten der *publicani* in den Provinzen seit einigen Jahren Besorgnis erregt hatte: Deswegen reagierte der Senat auf unterschiedliche Weise in Asia und vielleicht auch in Sizilien und Kyrene. Nun aber hatte sich ein *'arcanum imperii'* offenbart, das niemand (am wenigsten, wie es scheint, die *publicani* selbst) bisher auch nur geahnt hatte: Falls die *publicani* ihre Macht mit skrupelloser Entschlossenheit gebrauchten, konnten sie fast alles tun, was sie wollten.

C. Gracchus ist nicht dafür verantwortlich zu machen, daß er dies nicht voraussah. Unsere heutigen Planungsstäbe, denen Computersysteme aller Art zur Verfügung stehen, haben sich selten in der Lage gezeigt, Entwicklungen auf fünf Jahre im voraus zu prognostizieren, geschweige denn auf dreißig. Es ist wichtig, daß wir angesichts der geschichtlichen Tatsachen erkennen, daß es eine ganze Generation brauchte, bis sich die Gefahr, die in Gracchus' System des Machtgleichgewichts und in der Bildung einer neuen Klasse mit den Gerichtshöfen als Machtbasis lag, entwickelte; außerdem, daß noch ein paar Jahre, bevor es mit dem Rutilius-Prozeß zum großen Eklat kam, anscheinend niemand in der Lage war, diese Entwicklung zu ahnen. Zur Zeit des C. Gracchus war es einfach unvorstellbar, daß das Herrschaftsrecht des Senats an sich in Frage gestellt werden konnte: Gaius selbst hatte sicherlich keinerlei Verlangen, dies zu tun – ganz im Gegenteil.[42] Was die Gerichtshöfe betraf, ging es damals um die Verurteilung der Schuldigen, und in dieser Hinsicht hat er, wie wir gesehen haben, große Verbesserungen eingeführt. Daß der Freispruch eines unschuldigen Senators jemals in Frage gestellt werden konnte, war, als dies schließlich eintrat, ein so großer Schock, daß wir mit Sicherheit davon ausgehen können, daß eine Generation früher niemand solches erwartet oder gar angestrebt hatte. Nun aber mußte man dieser Sachlage ins Auge sehen: Niemand, wie unschuldig – oder wie mächtig – er auch immer war, konnte sich jetzt noch sicher fühlen.[43] Rom war unregierbar geworden. Nachdem ein unzufriedenes Mitglied der herrschenden Klasse (C. Marius) den Weg gewiesen hatte, folgten ihm jetzt obendrein andere. Ein junger Gegner des großen *princeps senatus* ergriff sofort die Gelegenheit, ihn unter eine Anklage zu stellen, die sich auf Vorgänge in Asia bezog und sicherlich das Interesse gerade der Kreise, die P. Rutilius verurteilt hatten, wecken sollte.[44]

Der Schock der Rutilius-Affäre verlangte eine schnelle Reaktion. Die Ergebnisse waren überraschend. Der Tribun M. Livius Drusus trat für kurze Zeit ins Rampenlicht, unterstützt von zwei führenden Mitgliedern des Senats, die die Mehrheit dieser Körperschaft zu seiner Unterstützung hinter sich versammelten.[45] Er legte ein Programm vor, das alle angehäuften Probleme des Staates lösen sollte, u.a. das Problem der italischen Bundesgenossen (für die er das Bürgerrecht vorschlug) und das der Gerichtshöfe (die er an den durch Zuwahl von 300 *equites* vergrößerten Senat zu überführen hoffte). Es ist von Bedeutung, daß seine prominentesten Helfer (M. Scaurus, der *princeps senatus*, und L. Crassus, der Redner, dem wir schon als Verfechter der Senatssache begegnet sind) zu den aktivsten Gegnern der

Einbürgerung der Italiker gezählt hatten, so daß sie eigentlich zu den Hauptverantwortlichen für die italische Krise gehörten.[46] Ihr plötzlicher Gesinnungswandel dokumentiert vielleicht in einzigartiger Weise den Ernst, mit dem sie (und andere Gleichgesinnte in den niedrigeren Senatsrängen) die durch den Rutilius-Prozeß verursachte Krise betrachteten.

Wenn der Staat nach herkömmlicher Weise zu regieren war (oder überhaupt nach irgendeiner denkbaren), mußte man mit den verantwortungslosen *equites* fertig werden. M. Drusus legte ein Programm dar, das wir vielleicht in L. Crassus' Rede aus dem Jahre 106 angedeutet finden: die Rückkehr des Volkes in das Treuverhältnis zum Senat. Nun gab es eine neue Entwicklung: das Volk sollte die eingebürgerten Italiker einschließen. Sie nämlich, das war klar, konnten nicht länger ausgeschlossen werden. Und nachdem sie einmal in die Staatsgemeinschaft aufgenommen waren, würden sie in Zukunft die Mehrheit bilden. Was die *equites* angeht, so hatten einige Männer aus diesem Stand, wie zu erwarten, ihre politischen Ambitionen gezeigt. C. Marius war ein gutes Beispiel. Und während der Jahre, die unmittelbar seinem ersten Konsulat folgten, hatten einige weitere „neue Männer", die aus dem *ordo equester* stammten (wohl Landadel: Kein Hauch von Verdacht verbindet sie, wie es bei Marius der Fall war, mit den *publicani*), das Konsulat erreicht, und noch mehr waren in den Senat aufgenommen worden. Dieser Andrang hatte in den neunziger Jahren nachgelassen. Es gibt weiterhin keinerlei Anzeichen für den Versuch einer „Machtergreifung" seitens der neuen Klasse, wie sich heutige Historiker dies manchmal in anachronistischer Weise vorstellen. Es hat immer „neue Männer" gegeben, ehrgeizig und auf der Suche nach Rückhalt, wo immer sie ihn finden konnten. Die aus dem Gleichgewicht geratenen Bedingungen im letzten Jahrzehnt des zweiten Jahrhunderts eröffneten für einige von ihnen die Möglichkeit, diesen Rückhalt beim Volk zu finden (obgleich sie natürlich noch einige Unterstützung aus der regierenden Oligarchie brauchten und auch erhielten). Das Bild der *equites* als einer Klasse, die ihre Führer an die Macht trug, damit sie Rom im Interesse dieser Klasse regierten, ist ein absurdes Phantasieprodukt.[47] Sollte der Senat – wie es nunmehr unabdingbar schien – die Kontrolle über die Strafgerichtshöfe wiedererlangen, mußte seine Größe zumindest verdoppelt werden.[48] Damit eröffnete sich die Möglichkeit, ehrgeizige Männer aus dem *ordo equester* auf diese Senatssitze zu befördern. Waren sie einmal im Senat, blieben die meisten von ihnen Hinterbänkler, *pedarii* (Stimmvieh), von denen man nicht einmal ein „Ja" hörte. Man kann gut davon ausgehen, daß die Gesamtzahl der uns bekannten ehrgeizigen Männer in dieser Klasse nicht dreihundert übersteigt, ja nicht einmal erreicht. Vor allem weil der Aufstieg in den Senat den neuen Politiker von weiteren Staatsaufträgen ausschloß und seine Einkünfte ernstlich beschneiden konnte, während seine Aufwendungen stark anstiegen, gab es gute Gründe, warum einige Männer zu allen Zeiten den Status eines *eques* vorzogen.

Die Führer der *equites*-Opposition gegen Drusus – ziemlich sicher *publicani* – wollten mit einem Senatssitz nichts zu tun haben. Von dreien, die Cicero erwähnt,[49] stammt einer (Cn. Titinius) mit ziemlicher Sicherheit aus einer etablierten senatorischen Familie und hätte einen Senatsplatz ohne Schwierigkeiten schon vorher bekommen können. Von C.Flavius Pusio hört man später nichts mehr, während C.Maecenas mit Sertorius' *scriba* verwandt, vielleicht sogar identisch war[50]: ein Amt, das, wie wir gesehen haben, durchaus mit einem bedeutenden Rang innerhalb der Pachtgesellschaften verbunden gewesen sein mag.[51] Ihr Ziel war kein anderes, als Macht ohne Verantwortung auszuüben, wie sie es jüngst getan hatten.[52] Am Ende scheiterte Drusus an den vielen verschiedenen Interessen, denen er zuwidergehandelt hatte: Als sein stimmgewaltigster Unterstützer, L.Crassus, Mitte September starb,[53] war seine Sache verloren. M.Scaurus nämlich war zu alt und zu krank, um noch eine entscheidende Rolle bei seiner Verteidigung zu spielen. M.Drusus starb, und der Bundesgenossenkrieg brach aus, als die Italiker sich gedemütigt und betrogen sahen. Der Sieg der *equites* schließlich festigte sich mit Unterstützung einflußreicher Senatoren wie L. Philippus, der als Konsul in erster Linie für Drusus' Niederlage verantwortlich gewesen war, zu einer Schreckensherrschaft gegen die senatorischen Opponenten, und dies mit Hilfe des erprobten Instruments eines Sondergerichts: Der emotional wirkungsvolle Vorwurf, den Bundesgenossenkrieg ausgelöst zu haben, machte es möglich, daß private Rache gesellschaftliche Akzeptanz fand. Dies währte freilich nicht lange: Es stellte sich sofort heraus, daß die Klasse der *equites* keine Einheit bildete, genausowenig wie früher. Mehrere angesehene Männer (und vielleicht einige nicht so angesehene) wurden freigesprochen, und mit Unterstützung des Volkes konnte der Senat schließlich dem Sondergericht ein Ende setzen.[54] Es folgten mit Sullas Marsch auf Rom der erste Bürgerkrieg und nach Sullas Abreise der Sieg von Marius und Cinna. Die kurze Zeit der Vorherrschaft von Sullas Feinden wird in einer Rede, die unter Sulla gehalten wurde, als „*equester splendor*" charakterisiert.[55] Keines unserer Zeugnisse rechtfertigt diese Formulierung, die wahrscheinlich beim Versuch entstand, Sullas blutige Rückkehr nach Rom im Jahre 82 als Sieg der *nobiles* zu entschuldigen.[56] Jedenfalls erwies sich dieser „*splendor*" als sehr kurzfristig, und nach Sullas Rückkehr und dem von ihm angerichteten Blutbad wurde die gesamte Verfassung in einer Richtung neu gestaltet, die an das Programm von Drusus erinnert.[57]

Für Sulla, der eine stabile Grundlage für die Republik schaffen wollte, war die Regierung durch einen starken Senat die einzige Antwort.[58] Dafür mußte man die *equites* als Machtzentrum (wie auch andere, z.B. die Tribunen) politisch neutralisieren. Zu der Methode, die M. Drusus demonstriert hatte, erfand Sulla eine kräftige Zutat, die dann den Erfolg sicherte: die Proskriptionen, durch die eine große Anzahl von *equites*[59] ihr Leben oder zumindest ihr Hab und Gut verlor. Indem alle möglichen Gegner in dieser Weise ausgeschaltet wurden (und wir wissen, daß Sulla im Zweifelsfall lieber zuviel als zu wenig tat!), mußte die Aufnahme von weit mehr als dreihundert *equites* in den Senat von wesentlich größerer Bedeutung gewesen sein als eine Dekade früher. Es gibt keinen Grund zu glauben, daß Sulla seine Auswahl auf *equites* im alten, strengen Sinn beschränkte, d.h. auf Männer, die das Staatspferd besaßen. Es kann kaum genug solcher Leute gegeben haben, die fähig und willens waren, den Aufstieg zu akzeptieren, und was wir über die neuen Senatoren hören, läßt nicht auf irgendeine Begrenzung dieser Art schließen.[60] Auch in dieser Frage war Sulla kein Reaktionär: Er nahm neue Entwicklungen an (in diesem Fall die Herausbildung der neuen Klasse aus den Reihen der Gracchischen Geschworenen) und benutzte sie für seine Absichten. Es ist sehr wahrscheinlich, daß Sulla es war, der das Privileg abschaffte, in besonderen Sitzreihen Platz zu nehmen, das erst im Jahre 67 „wiederhergestellt" wurde[61]: Rangkennzeichen waren die Grundlage der Macht, besonders in Rom, und Macht war genau das, was die *equites* (wie auch immer definiert) nicht besitzen sollten.

Natürlich hatte Sulla nichts gegen *publicani* als solche einzuwenden. Sie waren von wesentlicher Bedeutung für den Staat, vorausgesetzt, sie standen – wie sie es bis in die neunziger Jahre getan hatten – unter der Kontrolle des Senats und der Magistrate. Wir haben keinen Grund zur Annahme, daß Sulla ihnen die lukrative Steuerpacht von Asia wegnahm[62] oder daß ihre legitimen Aktivitäten in irgendeiner Weise eingeschränkt wurden. Der Staat hätte ohne sie nicht auskommen können. Und vorläufig funktionierte Sullas System gut genug und stellte das Gleichgewicht der Kräfte, das eine Generation früher bestanden * hatte, wieder her. Im Jahre 75 v. Chr.[63] beschloß der Senat – zweifellos der größeren Effizienz wegen –, den Verkauf der sizilischen Steuern auf Landwirtschaftsprodukte (außer derjenigen auf Getreide) nach Rom zu verlegen und so den *publicani* die Steuerpacht zu übergeben. Nach einer sorgfältigen Untersuchung aber (bei der ein besonders prominenter Sizilianer angehört wurde) entschieden die Konsuln, daß die Steuerpacht zu genau den gleichen Bedingungen (d.h. zu denen des Gesetzes von Hieron) vergeben werden sollte wie bisher in Sizilien, obwohl diese Bedingungen wahrscheinlich sowohl für den Steuereinnehmer als auch für den Staat selbst weniger günstig waren als die Bedingungen, die in anderen Provinzen galten. In den Jahren 74 und 73 wurde eine Beschwerde aus Oropos, ähnlich der oben besprochenen Beschwerde aus Pergamon,[64] in Rom vorgebracht, über die schließlich die beiden Konsuln des Jahres 73 – zusammen mit einer Senatskommission, in der (zufällig) auch der junge M. Tullius Cicero saß – entschieden: Die Entscheidung richtete sich wie im Fall von Pergamon gegen die *publicani*.[65] Ebenfalls in den Jahren 75–74 wurde endlich eine Regelung getroffen, die Einkünfte aus Kyrene einzuziehen,[66] denn man brauchte in einer Zeit der Getreideknappheit dringend Geld. Hiermit eröffnete sich anscheinend ein neues Betätigungsfeld für die *publicani*. Es zeigt sich, daß der Senat sie zu dieser Zeit weder fürchtete noch Vorurteile gegen sie hegte.

Sullas chirurgische Eingriffe waren so erfolgreich, daß wir keine Zeugnisse für irgendeine politische Tätigkeit der *publicani* oder der *equites* überhaupt während des Jahrzehnts nach seinem Rücktritt besitzen. Es ist freilich auch dieses Jahrzehnt, in dem wir zufällig die Enthüllungen der Verrinen kennen, die bekräftigen, daß es offenbar keinerlei Einschränkung des Spielraums der Pachtgesellschaften, aber auch keinerlei Mäßigung von deren Habgier (dort, wo sie sich diese ungestraft erlauben konnten) gegeben hatte. Es ist interessant, Verres' erfolgreiche Zusammenarbeit mit Carpinatius genau zu dem Zeitpunkt zu sehen, an dem eine Senatskommission sich weigerte, das Heiligtum von Oropos den *publicani* zu übergeben: Offensichtlich war es wiederum das Verhalten der regierenden Klasse, das bestimmte, ob ein System gut oder schlecht funktionierte, ebenso wie es die Kooperation von Mitgliedern dieser Klasse allein gewesen war, die – sogar unter dem Gracchischen Geschworenengesetz – den *publicani* ihre eigentliche Macht gegeben hatte.

Es war auch die regierende Klasse, Sullas Senat, welche die Auflösung der Sullanischen Verfassung herbeiführte. Der

Senat stellte, wie wohl zu erwarten war, eine Körperschaft mit wenig moralischer Autorität dar, die am Ende mit schlechtem Gewissen regierte.[67] Die aus dem Sullanischen Senat berufenen Geschworenen waren bald so von der Korruption zerfressen, daß man die Epoche der Gracchischen Geschworenen geradezu als goldene beschreiben konnte. Im Jahre 70, wie sich in den Verrinen zeigt, war es deutlich, daß die senatorischen Geschworenen sich schändlich benommen hatten. Aus dramaturgischen Gründen stellt Cicero seine Anklage als die letzte Chance dar, ihr Ansehen zu retten. Als die Reden veröffentlicht wurden, hatte aber ein Gesetz aus dem Jahre 70 (verabschiedet unter dem Prätor L. Aurelius Cotta) schon die Geschworenensitze zwischen Senat und *equites* aufgeteilt – nicht, soweit wir sehen können (und wir haben eine Fülle von Zeugnissen), wegen irgendwelcher Forderungen seitens der *equites*. Sie blieben im Verlauf der zum Jahre 70 führenden Ereignisse und in der Zeit, in der die Prinzipien der Sullanischen Verfassung[68] umgestoßen wurden, bemerkenswert ruhig. Mit ihrer weitgehend wiederhergestellten Position einer juristischen Macht wurden die *equites* aber bald zu einer großen politischen Interessengruppe – und zwar in allen durch ein Zeugnis belegten Fällen unterstützt und ermutigt von Mitgliedern der regierenden Klasse, die versuchten, sie für ihre eigenen politischen Absichten zu gebrauchen, genau wie dieselben Männer und andere versuchten, das Volk für ihre Zwecke zu benutzen. Innerhalb der Geschworenenabteilungen der *equites* nehmen die *publicani* bald wieder ihre Vormachtstellung ein. Sie werden häufig in Ciceros Gerichtsreden erwähnt, und er macht sogar eine ausdrückliche Bemerkung über ihre große zahlenmäßige Stärke unter den Geschworenen.[69]

Cicero hat dies vorhergesehen, als man darüber diskutierte, die *equites* wieder in die Geschworenenhöfe zurückzuführen. In einer bekannten (und oft falsch interpretierten) Textpassage in den Verrinen macht er deutlich, daß die Geschworenenhöfe in der Hand der *publicani* sein würden, wenn sie in der Hand der *equites* wären.[70] Die Frage stellt sich: Warum war das so?

Wir haben gesehen, daß der Stand der *equites* immer weit davon entfernt gewesen war, homogen zu sein. Wie schon früher muß er auch jetzt einen soliden Kern aus italischen Gutsherren gehabt haben – diesmal aber in noch stärkerem Maß, da ganz Italien römisch geworden war. Freilich waren die ländlichen Gutsherren nicht gänzlich ohne finanzielle Interessen: Es ist gezeigt worden, daß die großen Familien des italischen Südens unter den Geschäftsmännern im Osten vertreten zu sein scheinen.[71] Vor allem die Pachtgesellschaften lockten sicherlich einen großen Zufluß an neuem italischem Kapital an. Und hiermit haben wir vielleicht eine Teilantwort auf unsere Frage: Die *publicani* (d.h. die Führer der großen Gesellschaften) beherrschten den Stand der *equites*, zumindest bei wichtigen Anlässen, weil es mit großer Wahrscheinlichkeit unter den wohlhabenderen *equites* überall in Italien ein breites Interesse und eine breite Beteiligung an den Gesellschaften gab. Es ist durchaus verständlich, daß in Ciceros Rede über den Oberbefehl des Pompeius im Osten die Betonung auf der großen Anzahl römischer Bürger, die ein Interesse an Geschäftstätigkeiten in Asia besitzen, und auf der Verbindung zwischen geschäftlichen Unternehmungen und Pachtgesellschaften liegt.[72]

Zudem waren die Leiter der großen Pachtgesellschaften angesichts der Art ihres Geschäftes wahrscheinlich unter den reichsten *equites* zu finden; und sie waren auch unter den angesehensten, denn soziales Prestige innerhalb des Standes war untrennbar mit der Geburt und der Dauer der Standeszugehörigkeit verbunden, wie es unter den Bedingungen der römischen Gesellschaft nicht anders sein konnte. Ciceros Klient Cn. Plancius hatte z.B. einen Vater, der zu den führenden *publicani* gehörte. Die Zugehörigkeit der Familie zum Stand der *equites* reichte mehrere Generationen weit zurück – wahrscheinlich bis in die Zeit, in der ihre Heimatstadt Atina in den Genuß des vollen Bürgerrechts gekommen war; wir wissen nicht, wann sie diesen Status erhielt – und Plancius' Vorfahren waren seit Generationen unter den Gutsbesitzern ihrer Stadt zu finden gewesen.[73] Dies ist ein ausgezeichnetes Beispiel für eine Herkunft, die es mit sich brachte, daß die führenden *publicani* durch das Zusammenspiel von Reichtum und gesellschaftlichem Ansehen *gratia* und *auctoritas* erlangen konnten, das Fundament politischer Macht in Rom. Wir haben schon die Rupilii, eine führende Familie aus Praeneste, kennengelernt.[74] Wüßten wir mehr über die Herkunft anderer großer *publicani*, fänden wir sicherlich die gleichen Verhältnisse vor. Diese Männer waren eng mit Senatoren verwandt, mit Familien, die mit verschiedenen Zweigen oder Generationen zeitweise im Senat vertreten waren, zeitweise nicht: Wir haben das bei Männern wie P. Rupilius (cos. 132) bemerkt, dessen Familie weiterhin an Pachtgesellschaften beteiligt war, wo sie Generationen später wieder nachweisbar ist. Der *eques* Cn. Titinius, ein Widersacher des M. Drusus, muß wahrscheinlich als *publicanus* betrachtet werden und war mit einer weniger bedeutenden senatorischen Familie verwandt. Ein T. Aufidius war ein kleiner Teilhaber in der Pachtgesellschaft von Asia und wurde später dort Statthalter.[75] Die Familie ist im 2. Jahrhundert unter den *negotiatores* (vor allem Bankiers) im Osten bekannt; auch gibt es zur gleichen Zeit im Senat Aufidii, hauptsächlich mit den *praenomina* Gnaeus und Titus, die zu verschiedenen Zeiten des ganzen Jahrhunderts nachweisbar sind.[76] Von solchen Leuten kann man mit Recht behaupten, daß sie durch politische Zuneigung wie auch *dignitas* – jenes Siegel der aristokratischen Standeszugehörigkeit, das man gewöhnlich nur Senatoren erteilte – mit diesen verbunden waren.[77] Zusammenfassend konnte man sagen, daß die *publicani* (und damit sind natürlich die führenden Persönlichkeiten gemeint, nicht die gewöhnlichen *socii*, die nicht mehr anwesend sein durften, wenn wichtige Entscheidungen getroffen wurden) die Blüte der *equites* waren, eine Zierde des Staates.[78]

Gesellschaftliches Ansehen und finanzielle Bedeutung in einer Hand sicherten politische Macht. Sie wurde im allgemeinen, wie wir gesehen haben, nicht angestrebt, es sei denn für bestimmte Zwecke. *Otium* – d.h. den eigenen Interessen nachzugehen, frei von politischer Gefahr und Verantwortung – war der Wunsch der meisten *equites* (wie Cicero oft klarstellt).[79] Ehrgeizige Männer, die bereit waren, die Kosten und die Verantwortung eines senatorischen Ranges auf sich zu nehmen, konnten dies ohne Schwierigkeiten tun. Von mehreren Personen ist dies bezeugt, und sie hatten meistens wenig Probleme, zumindest bei den niedrigeren Staatsämtern. Aber es waren offensichtlich sehr wenige, wenigstens bis zu einem sehr späten Zeitpunkt, als anscheinend viel weniger Opfer damit verbunden waren und man einem Großteil der finanziellen Interessen weiterhin nachgehen durfte. Diese Männer aber besaßen nicht nur Ansehen. Was auch immer ihre Herkunft war (oft stammten sie, wie wir gesehen haben, vom Land), sie unterhielten Wohnsitze in Rom: Ihre geschäftlichen Interessen verlangten dies. Allein schon aus diesem Grund waren sie vor Ort, wenn die Geschworenenlisten zusammengestellt wurden, und wurden darin aufgenommen. Wahrscheinlich waren sie zudem, wie wir bereits festgestellt haben, schon seit den siebziger Jahren in einer Art von Berufsverband organisiert und dadurch eher in der Lage, Druck ausüben zu können. Es ist überhaupt nicht verwunderlich, daß sie so oft in unseren Quellen mit den *equites* identifiziert werden, obwohl wir wissen, daß die Interessen und Anschauungen der *equites* weit von einer Homogenität entfernt waren.[80] Wie wir mittlerweile an unserer eigenen Zeit sehen können, sind es die Lautstärksten, die am besten Organisierten und diejenigen, die Zugang zu den Zentren der Macht haben, die als Sprecher für eine Klasse gelten, unabhängig davon, wie viele Belege dafür sprechen, daß die „schweigende Mehrheit" dieser Klasse möglicherweise ganz andere Ansichten vertritt. Wenn die *publicani* sich zum Handeln entschlossen, waren sie eine starke Kraft.

Es gibt keinen Zweifel daran, daß die *publicani* dazu beitrugen, daß Pompeius der Oberbefehl für den Osten im Krieg gegen Mithridates übertragen wurde, nachdem L. Lucullus, wie Q. Scaevola vor ihm, sie verärgert hatte, weil er sich für die Interessen der Bewohner der Provinz Asia einsetzte. Selbstverständlich mußten sie die Unterstützung wichtiger Senatoren gewinnen[81]: Schließlich war es die Spaltung innerhalb der regierenden Klasse, die ihnen ihre Einflußmöglichkeit verschaffte, so wie es im Jahre 92 und sogar schon im 2. Jahrhundert gewesen war. Man konnte sie aber nunmehr als Selbstverständlichkeit betrachten. In der römischen Politik war sie eine Konstante, aus der jederzeit Kapital geschlagen werden konnte. Und es waren die über Lucullus' Regelungen in Asia verärgerten *equites*, die den Anstoß dazu gaben.[82]

Daß sie die Unterstützung vieler Senatoren genossen, ist leicht einzusehen: nicht nur aus Gründen der politischen Parteinahme, sondern auch aus wirtschaftlichen Gründen. Wie in letzter Zeit zunehmend anerkannt worden ist, hatte Sullas Reform des Senats, in dem nun eine Flut von Mitgliedern nicht-senatorischer Herkunft die Mehrheit bildete, viel dazu beigetragen, die Unterschiede zwischen den Ständen aufzulösen und das Stigma zu beseitigen, das an dem Reichtum gehaftet hatte, der nicht auf Grundbesitz beruhte. Darin wie auch in anderen Dingen hatte Sulla sich durchaus zeitgemäß gezeigt. In der nachsullanischen Republik teilten Senatoren finanzielle Interessen mit *equites*, und übertrafen diese, wie man angesichts ihrer größeren Vermögen erwarten kann, wenn es um Bereicherung ging. Wir wissen, daß Ciceros Schwierigkeiten, die er mit skrupellosen Geldverleihern in seiner Provinz hatte, nicht durch *equites* (die nur als Agenten handelten) verursacht waren, sondern durch den unsäglichen M. Brutus. Pompeius war Eigentümer eines Großteils des Ostens, den er erobert hatte.[83] Man darf vermuten – und dazu bedarf es wenig Scharfsinns –, daß die zunehmende Feindseligkeit gegenüber L. Lucullus im Senat nach 70 v. Chr. und seiner Neuordnung in Asia[84] sich in gewissem Maß den ehrenwerten Senatoren verdankt, die am eigenen Geldbeutel getroffen waren, so wie es Brutus in Ciceros Cilicia geschah. *Concordia ordinum* – Ciceros beständiger Traum – war zur Zeit des Redners größtenteils verwirklicht, und zwar größtenteils auf Kosten der Provinzbewohner.

Pompeius eroberte wie erwartet den Osten und richtete dort Provinzen ein. Als Ergebnis eröffneten sich für die *publicani* die größten geschäftlichen Möglichkeiten, seit Gracchus Asia reorganisiert hatte. In der Zwischenzeit war, soweit wir wissen, keiner anderen Provinz das Gracchische System auferlegt worden. Im Jahre 70 konnte Cicero jedenfalls noch den Eindruck erwecken, daß Asia die einzige Provinz war, deren Hauptsteuer mittels *censoria locatio* in Rom eingezogen wurde.[85] Pompeius fügte Syria hinzu und reorganisierte Bithynia (wobei er einen Teil von Pontos eingliederte), Cilicia und wahrscheinlich Kyrene. Wir haben keinen positiven Beweis, daß er das System von Asia dort überall einführte.[86] Es ist aber wahrscheinlich, weil die *publicani* seitdem ein wachsendes Interesse an Syria zeigten und außerdem Hinweise bei Cicero darauf hindeuten. Die bithynische Pachtgesellschaft, der P. Rupilius diente,[87] wird schlechthin als „die bithynische Pachtgesellschaft" bezeichnet; wenn wir aber Hinweise auf Gesellschaften erhalten, die Weidesteuer oder Zölle pachten, erfahren wir von dieser Tätigkeit ausdrücklich in Dutzenden von Fällen. In Syria wird Gabinius' „Verfolgung" der Gesellschaften und ihrer Vertreter in schrecklichen Details ausgemalt: Sie schließt die Befreiung vieler *uectigales* und *stipendiarii* von der Steuerpflicht ein.[88] Betrachten wir als Gegenbeispiel Macedonia, wo Piso gleichermaßen diese bedauernswürdige Klasse verfolgte, so erfahren wir nur über Eingriffe bei den *portoria*.[89] Wir können davon ausgehen, daß Pompeius das System von Asia auf seine Provinzen ausdehnte und dadurch mit einem Schlag die Geschäftsmöglichkeiten der Gesellschaften vervielfachte. Dies mag durchaus ein Grund gewesen sein – auch wenn wir keine Einzelheiten kennen –, warum einige der verantwortungsbewußten Senatoren gegen die Ratifizierung von Pompeius' Maßnahmen vorgingen – obwohl es so viele andere Gründe dafür gab, daß wir es nicht genau wissen können.

Die Neuordnung wurde erst im Jahre 59 ratifiziert, und zwar durch Caesars Vorgehen und mit M. Crassus' Unterstützung.[90] Man sollte den Unterschied zwischen der Situation vorher und nachher feststellen können. Zwar wird bald darauf der Bürgerkrieg die Auswirkungen der Neuordnung zunichte machen, aber eine Änderung von zumindest solcher Größenordnung, wie sie die Neuordnung des C. Gracchus zeitigte, sollte einige sichtbare Auswirkungen hinterlassen. Vor allem kann man eine äußerste Kapitalknappheit erwarten. Wie wir gesehen haben, war ein Großteil des eigentlichen Kapitals der Gesellschaften – so riesig es auch war – fest in geschäftlichen Unternehmungen gebunden: Die Summe an flüssigem Geld war relativ gering. Natürlich hatte die Welle der Aufnahme von Italikern in das volle Bürgerrecht und damit in die Staatsgeschäfte seit 70 v. Chr. zu einer großen Zunahme flüssigen Geldes geführt. Dies muß den Wettbewerb um die verfügbaren Pachtverträge stark verschärft haben; außerdem sind wohl in einer Periode, in der im Osten gekämpft wurde, weniger Steuerpachtverträge als gewöhnlich abgeschlossen worden, und die erzielten Gewinne müssen geringer ausgefallen sein. Damit erklärt sich zum Teil, warum es im Jahre 61, also dem ersten Jahr nach dem Sieg über Mithridates, in dem – vermutlich durch die Zensoren dieses Jahres – Aufträge vergeben wurden, zu einem hektischen Wettbewerb um die lukrativsten Verträge kam. Cicero schrieb das der Habgier der *publicani* zu; moderne Gelehrte neigen dazu, dies nachzusprechen, oder zeigen sich verblüfft. Wir sollten heutzutage aber ein tiefergehendes Verständnis für in die Augen springende ökonomische Ursachen besitzen.[91]

Jedenfalls überbot man sich in erheblichem Maß gegenseitig – ein Vorgang, der die Intensität des Wettbewerbs zeigt. Dies läßt auf ein gut funktionierendes Gesamtsystem schließen. Zum ersten Mal seit der Zensur des älteren Cato erfahren wir dann von einem Antrag an den Senat, den Pachtpreis herabzusetzen – und zwar um nicht weniger als ein Drittel.[92] Wie so oft war es nicht die betroffene Gesellschaft, die die Kühnheit besaß, diese Frage anzusprechen: Die Idee dazu wurde nachhaltig von Crassus mitgetragen und kam (nach Cicero) ursprünglich (auch) von ihm. M. Cato, der sich sicherlich an die Geschichte seiner Familie erinnerte und auch grundsätzlich für eine gute Staatsführung eintrat, sprach sich entschieden gegen diese Eingabe aus und verhinderte über ein Jahr lang, daß ihr stattgegeben wurde – mit dem Ergebnis, daß die Pachtgesellschaft zumindest im ersten Jahr fortfahren mußte, die Steuern, so gut es ging, einzuziehen und dabei die erwarteten Verluste nach Kräften auf Kosten der Provinzbewohner wettzumachen.

Q. Cicero, dem damaligen Statthalter, muß das Leben dadurch sehr erschwert worden sein. Selbstverständlich unterstützte sein Bruder, ungeachtet seiner privaten Mißbilligung, die Eingabe ganz entschieden: Wie er sowohl gegenüber Quintus als auch Atticus ausführt, war seine Freundschaft mit den *publicani* ein Kernprinzip seiner Politik. Zudem dachte er natürlich, daß es wirklich im öffentlichen Interesse liege, die *concordia ordinum* zu erhalten, die er unter dem Druck einer gemeinsamen Angst vor den Umsturzplänen Catilinas in seinem Konsulat zu versinnbildlichen und zu festigen verstanden hatte.[93]

Wie wir gesehen haben, gab es eine ausreichende Grundlage an gemeinsamen Interessen zwischen Senat und *equites*, um eine solche Hoffnung zu mehr als einem bloßen Traum zu machen – nicht nur ein allgemeines Interesse an sozialer Stabilität, sondern auch individuelle wirtschaftliche Interessen. Diese feste Grundlage erklärt zum Teil die Tatsache, daß die Zusammensetzung der Gerichtshöfe nach 70 nie wieder zu einem Streitobjekt zwischen den beiden Ständen wurde.

Tatsächlich löste sich die Funktionsteilung zwischen der eigentlichen Regierungsarbeit und den Wirtschaftsgeschäften des Staates allmählich auf. Es waren nur traditionsbewußte Männer wie Cato, die für ihre Erhaltung weiterkämpften. Daß die Dinge (wenn auch nicht durchgehend) noch in den siebziger Jahren anders gestanden hatten, als das Sullanische System noch funktionsfähig gewesen war, haben wir schon gesehen. Den wohl größten Schritt zur Überwindung der wirtschaftlichen Trennung der beiden Stände müssen wir aber in die siebziger und sechziger Jahre setzen: die wachsende Beteiligung der Senatoren an den Staatsaufträgen.

Das Phänomen ist bezeugt, wird aber im allgemeinen nicht bemerkt. Es muß sich allmählich entwickelt haben. Noch im Jahre 70 konnte Cicero behaupten, es sei Verres' furchtbarstes Verbrechen gewesen, daß er faktisch (zu keinem Zeitpunkt offiziell) ein *socius* der Pachtgesellschaften gewesen war, die unter seiner Kontrolle standen[94]: „die seit Einrichtung der Repetundengerichtshöfe schwerwiegendste Beschuldigung, an die man sich erinnern kann". Und – was genauso schwerwiegend war – Verres hatte gewußt, daß über sein Verhalten gesprochen wurde, und nichts getan, es zu bestreiten, ja er war so weit gegangen, jede öffentliche Anhörung zur Sache zu verhindern. Zwar finden wir in den siebziger Jahren einen Konsular als *praes* für den Pachtvertrag eines Klienten,[95] aber dies war ein Sakralvertrag für die Instandsetzung des Tempels von Castor und Pollux, und wir haben gesehen,[96] daß es eine besondere Befreiung bei Sakralverträgen gegeben zu haben scheint, die wahrscheinlich schon vor dem Erlaß eines grundsätzlichen Verbotes den Senatoren offenstanden. Wie auch immer, Ciceros ausführliche Erklärung über die sizilischen Verhältnisse macht deutlich, daß die Senatoren von den Steuerpachtgesellschaften ausgeschlossen gewesen sein müssen: Sonst wäre es nicht möglich gewesen, sicherzustellen, daß der Statthalter einer Provinz und sein senatorisches Gefolge keine *socii* einer in der Provinz tätigen Pachtgesellschaft waren. Überdies wird in keinem der uns bekannten Fälle, die Pachtgesellschaften betreffen, ein Senator als *socius* erwähnt.

Diese Verhältnisse änderten sich nicht grundsätzlich, soweit wir erkennen können. Wenn verschiedene die Pachtgesellschaften betreffende Fälle im Senat angehört werden – die Eingabe von 61 und später die Vorwürfe gegen Gabinius[97] –, ist es undenkbar, daß ein Senator als *socius* auftreten und in dieser Eigenschaft für die Pachtgesellschaft sprechen könnte. Man umgeht das Gesetz einfach, anscheinend in großem Umfang. Leider wissen wir recht wenig über die Einzelheiten – wie so oft in Sachen, die jeder kannte und als selbstverständlich betrachtete. Wir haben aber ein Schlüsselzeugnis darüber in der Befragung des Vatinius, das so wichtig ist, daß es im vollen Wortlaut wiedergegeben werden muß: „Hast Du nicht teils Caesar, teils den *publicani* Beteiligungen abgepreßt, als diese damals ihren höchsten Wert erreicht hatten?“[98] Dies zeigt uns verschiedene Dinge, die wir nach den anderen mir bekannten Zeugnissen gar nicht hätten vermuten können: daß es Anteile *(partes)* an den Gesellschaften gab, die anscheinend eine Art von Marktnotierung hatten (sie waren 59 hoch im Kurs, weil dem Gesuch der Steuerpächter um einen Nachlaß von einem Drittel in diesem Jahr stattgegeben worden war); daß solche Anteile entweder direkt bei der Gesellschaft gekauft werden konnten oder bei jemandem, der schon Anteile besaß; schließlich und besonders überraschend, daß sowohl Caesar wie (später) auch Vatinius solche Anteile besaßen. Rostovtzeff wies schon vor langer Zeit auf den „Börsenjargon“ hin, überbetont ihn allerdings etwas. Er zitiert vier Wendungen (drei aus der genannten Textstelle)[99] und vermittelt den Eindruck, daß er viel besser bezeugt ist, als es tatsächlich der Fall ist. Zudem behauptet Rostovtzeff, daß dieser Sprachgebrauch sich im zweiten und ersten Jahrhundert v. Chr. entwickelte, obwohl diese Textstelle sich tatsächlich nur auf das Jahr 59 bezieht und wir keine früheren Hinweise besitzen. Wir sollten diese Entwicklung nicht zu früh ansetzen.

Partes (Anteile) an den Pachtgesellschaften sind natürlich so alt wie die Gesellschaften selbst. Das Wort umfaßt einfach das, was ein *socius* besaß. Das gleiche galt für eine private *societas*: Ciceros Rede für den Schauspieler Q. Roscius behandelt zur Genüge die *partes* der *socii* in einer privaten *societas*. Ähnliches gilt für die Pachtgesellschaften. Wenn Cicero von den großen *partes* spricht, die sein Klient C. Rabirius Postumus früher an den Pachtgesellschaften besessen hatte,[100] meint er zweifellos, daß Rabirius ein bedeutender *socius* gewesen war; und wenn er fortfährt, daß Rabirius seinen Freunden *partes* bei seinen Geschäftsangelegenheiten zukommen ließ, ist es unklar, ob seine privaten finanziellen Unternehmungen (von denen auch gerade die Rede war) damit gemeint sind oder seine Mitgliedschaft in Pachtgesellschaften. Wenn wir in einem ähnlichen Fall hören, daß ein Mann namens T. Aufidius eine *exigua particula*, einen winzigen Anteil, an den Pachtgesellschaften von Asia besessen hatte, so muß er ein kleinerer *socius* gewesen sein.[101] Dieser Mann wurde übrigens später Prokonsul von Asia, und (sagt der Moralist Valerius Maximus) „die Bundesgenossen, die gesehen hatten, wie er sich vor dem Richterstuhl anderer Männer liebedienerisch verhielt, empfanden keinen Widerwillen, sich seinen *fasces* zu unterstellen". (Er wurde schließlich ein ausgezeichneter Statthalter.) Daraus folgt, daß er früher in den Diensten der Pachtgesellschaft gestanden haben muß, und zwar vermutlich als *pro magistro* in der Provinz. Die Textstelle ist von Interesse, weil sich aus ihr schließen läßt, daß dieser leitende Angestellte nur einen kleinen Anteil in der Pachtgesellschaft besessen haben kann, für die er tätig war – anders (vermutlich) als der *magister* in Rom. In allen hier behandelten Fällen geht es aber ohne Zweifel um ordentliche *socii*. Die Wörter '*socius*' und '*particeps*' werden übrigens ziemlich regelmäßig synonym gebraucht, auch in ihrer metaphorischen Bedeutung.

Die Anteile, die Caesar und Vatinius besaßen, scheinen aber zu einer anderen Kategorie gehört zu haben. Der Umstand, daß sie einen variablen Marktpreis hatten und daß Vatinius sie Caesar „abpreßte", läßt vermuten, daß sie keine regulär gezeichneten Anteile eines *socius* waren, sondern Aktien, die frei gehandelt wurden, wie Rostovtzeff dachte. Auch gibt es, wie wir gesehen haben, keinen Senator (weder Caesar noch Vatinius, noch sonst jemanden), der je als *socius* einer Pachtgesellschaft bezeichnet wird. Wenn ein solcher Mann ein *socius* gewesen wäre, hätte er ja infolge der römischen Gesellschaftsordnung unzweifelhaft eine leitende Position innegehabt und eine führende Rolle bei der Interessenvertretung der Pachtgesellschaft gespielt. Wie wir schon festgestellt haben, gibt es – angesichts des gänzlichen Ausbleibens einer offenen Tätigkeit von Senatoren in den Pachtgesellschaften und angesichts der ausdrücklichen Angabe vereinzelter Ausnahmefälle – genügend Gründe für die Ansicht, daß Senatoren nicht als *socii* in Pachtgesellschaften tätig sein durften. Auch sei daran erinnert, daß der Magistrat, der den Auftrag vergab, ein Register der *socii* besaß. Man muß also annehmen, daß die im Jahre 59 im Handel befindlichen Anteile nicht eingetragene Aktien waren: ein offenkundiges Mittel, das Gesetz zu umgehen, und zwar auf sehr römische Weise, wenn Senatoren sich an Pachtgesellschaften beteiligen wollten. Natürlich bot sich das Mittel, genau wie sein modernes Gegenstück, auch auf rein ökonomischer Ebene besonders an, wenn ein Maximum an Spielraum für den Handel sowohl von der Pachtgesellschaft selbst als auch von den Käufern, die sich finanziell beteiligten, gewünscht wurde. Wie beiläufig wir diese Information bekommen, zeigt, daß Aktien in der Hand von Senatoren inzwischen als selbstverständlich galten und auch offiziell nicht als anrüchig angesehen wurden. (Was Cato darüber gesagt haben mag, steht auf einem anderen Blatt.) Denn selbst wenn die Art und Weise, in der Vatinius seine Anteile erhalten haben soll, als unehrenhaft bezeichnet wird, der Besitz von Anteilen war es nicht. Dasselbe gilt – noch entschiedener – für Caesars Aktien. Schließlich ist es Ciceros Absicht, während seiner gesamten Rede gegen Vatinius den Zeugen des Gegners unglaubwürdig zu machen, ohne dabei Caesar zu nahezutreten – ein äußerst schwieriges Kunststück. So betont Cicero mehrfach, daß er gegen Caesar nichts vorzubringen habe und daß der Fall Vatinius auf einer ganz anderen Ebene stehe.[102]

Wir können mit vollem Recht darauf schließen, daß diese nicht eingetragenen – und so vermutlich „stimmrechtslosen" – Anteile zu dieser Zeit in großem Umfang in den Händen von Senatoren waren, wie übrigens auch in denen von Angehörigen anderer Stände. Nicht eingetragene Aktien waren inzwischen offensichtlich Teil der Struktur einer Pachtgesellschaft und lieferten einen Großteil von deren Kapital. Es ist natürlich ärgerlich, daß wir nicht wissen, wann mit dieser Praxis begonnen wurde. Wir müssen uns mit Mutmaßungen begnügen. Als M. Crassus die für Asia zuständige Pachtgesellschaft ermutigte, einen Nachlaß auf den Pachtpreis zu beantragen, handelte er vermutlich nicht aus rein altruistischen Motiven.[103] Vermutlich waren Senatoren also schon im Jahre 61 an den Pachtgesellschaften beteiligt, wie man ja auch aus der Tatsache schließen kann, daß im Jahre 59 die Angelegenheit kommentarlos erwähnt wird. Andererseits dürfen wir sicher sein, daß dies zur Zeit des Polybios nicht so gewesen war: Dieser genaue Beobachter hätte nicht versäumt, eine solche Verbindung zwischen Senat und (wie es zu seiner Zeit hieß) „Volk" zu erwähnen, wenn es sie gegeben hätte.[104] Diese Interessen können sich herausgebildet haben, nachdem C. Gracchus' Gesetz über Asia plötzlich für eine größere Pachtgesellschaft einen weitaus größeren Kapitalbesitz notwendig machte. Es gibt keine Zeugnisse. Wahrscheinlich deutet aber die Geschichte des sporadischen Gegensatzes zwischen Senat und *equites* während der folgenden Generationen darauf hin, daß keine Interessengemeinschaft dieser Art existierte. Da wir gezwungen sind, Vermutungen anzustellen, scheint mir die plausibelste These zu sein, daß eine solche irgendwann in den siebziger Jahren unter der weniger skrupelhaften Herrschaft des Sullanischen Senates eingeführt wurde, als eine große Zahl von neuen Senatoren direkt aus einer Verbindung mit den Gesellschaften in dieses Gremium gelangt war und sich (wie anzunehmen ist) nicht bereit zeigte, gerade in dem Augenblick, als ihre Beförderung ihre Ausgaben stark anwachsen ließ, auf diese Einkommensquelle gänzlich zu verzichten. Genau zur selben Zeit wurden die Register von Mitgliedern der Pachtgesellschaften vielleicht einfach weniger gewissenhaft geführt, weil in den siebziger Jahren keine Zensoren gewählt wurden und in den Jahren nach 70 keine, die ihr Amt voll auszuüben vermochten. Dies kann die Entwicklung des freien Aktienhandels begünstigt haben.

Wo auch immer der Ursprung des Systems lag, seine Existenz

hatte sehr große Auswirkungen. Es bedeutete, daß die traditionelle Aufgabentrennung zwischen Regierung und Staatspacht tot war. Einige Senatoren – vielleicht Cato – hielten sich noch daran, wie es Vertreter einer untergegangenen strengeren Moral zu tun pflegen. Aber im ganzen müssen Caesar und Vatinius – deren Verhalten ohne Erstaunen oder Mißbilligung zur Kenntnis genommen wurde – eher die Norm gewesen sein. Wir können uns jetzt einige Vorteile vorstellen, die etwa Cicero, der stets seine enge Verbindung mit den *publicani* betont, aus einer früheren Gerichtstätigkeit in deren Auftrag gewann. Wir können uns auch vorstellen, was er meint, wenn er (wie er es oft in seinen Empfehlungsschreiben tut) betont, daß ein Statthalter, der einer bestimmten Pachtgesellschaft half, „sie sehr dankbar finden würde“. Diese Hinweise sind meistens – und zum Teil mit Recht – als politisch verstanden worden. Aber die Dankbarkeit gegenüber Caesar und Vatinius hatte konkretere Formen angenommen, und man kann sicher sein, daß andere nicht weniger erwarten konnten.[105] Wir können also annehmen, daß zu dieser Zeit Anteile an Pachtverträgen einen festen Bestandteil – in welchem Umfang, können wir nicht sagen – vieler senatorischer Einkommen ausmachten. Es ist natürlich klar, daß Männer wie Caesar oder Crassus, auch wenn sie „stimmrechtlose“ Anteile besaßen, einen unverhältnismäßig großen Einfluß innerhalb der Pachtgesellschaften ausüben konnten: Wir haben gesehen, daß Crassus derjenige war, der die Pachtgesellschaft von Asia im Jahre 61 dazu brachte, Pachtnachlaß zu fordern. Ein Großteil der Ausbeutung, die sich die Gesellschaften erlaubten, muß stillschweigend von den Senatoren, darunter auch einigen hochrangigen, geduldet oder sogar geleitet worden sein. Diese Erkenntnis kommt nicht sehr überraschend. Es sei daran erinnert, daß zu dieser Zeit Senatoren wie Pompeius und Brutus die Hauptgeldverleiher in den Provinzen waren und *equites* wahrscheinlich für sie als Agenten arbeiteten.[106] Wir können einmal mehr sehen, bis zu welchem Umfang *concordia ordinum* eine vollendete Tatsache war, ausgenommen einige wenige widerspenstige Reaktionäre an hoher Stelle. Spätestens am Ende der Republik muß es soweit gekommen sein, daß die wichtigsten Geschäfte der *equites* von den Senatoren weitgehend geteilt wurden, wenn nicht gar teilweise übernommen worden waren.

Senatoren verfügten natürlich über weit mehr Kapital als *equites* – wenn nicht insgesamt, so zumindest als Einzelpersonen. Dies muß von besonderer Bedeutung gewesen sein, als die Einrichtung von Pompeius' neuen Provinzen wiederum zu einem ungeheuren Anwachsen des Kapitalbedarfs der Pachtgesellschaften führte. Wir haben gesehen, wie ungemein hart der Wettbewerb war, bevor Pompeius' Anordnungen gebilligt waren: Zu viel Kapital bot auf zu wenig Aufträge. Pompeius – nicht unerfahren in Geschäftsangelegenheiten, wie wir wohl wissen – wird sich dieser beunruhigenden ökonomischen Tatsache bewußt gewesen sein, die in Rom und selbst in den Provinzen störende Auswirkungen von vielerlei Art gehabt haben muß. Wir können nicht sagen, inwiefern seine Entscheidung, das System von Asia auf die neuen Provinzen auszudehnen, auf dieser Erkenntnis beruhte. Selbst wenn es ohnehin durchaus gute wirtschaftliche und politische Gründe für diesen Schritt gab, ist es erwägenswert, daß dies auch ein triftiger Grund gewesen sein kann. Um es aus einer anderen Perspektive zu betrachten, Pompeius muß sich zumindest dessen bewußt gewesen sein, daß die Menge des nach Investitionen strebenden Kapitals wahrscheinlich ausreichen würde, um den sehr stark gewachsenen Wirtschaftsaktivitäten nachzukommen, die nach grober Schätzung eine Verdreifachung des Steuerpachtvolumens herbeiführen mußten.[107] Es verwundert nicht, daß im Jahre 60 der Prätor Q. Metellus Nepos – gegen die Wünsche der meisten Senatoren, wie es scheint – ein Gesetz durchsetzen konnte, das die *portoria* in Italien abschaffte[108]: Die Pächter konnten es sich leisten – und es mag ihnen sogar willkommen gewesen sein, da die Einziehung dieser Zollgebühren von lautstarken römischen Bürgern schwerlich der Mühe wert war.

Die Ratifizierung von Pompeius' *acta* im Jahre 59 führte – ungeachtet des von Caesar eingebrachten Gesetzes, das der Steuerpachtgesellschaft von Asia gut ein Jahr nach ihrem ersten Gesuch Nachlaß gewährte[109] – zu einer Kapitalknappheit. Mit der Wiederherstellung des Friedens – wie es schien, für längere Zeit – konnte ohne Zweifel eine Fülle neuen Kapitals aus den nicht registrierten Aktien aufgebracht werden, ohne daß die *socii* ihre Kontrolle über die Pachtgesellschaften gefährdet sehen mußten. Die Einlagen der Senatoren mußten insbesondere (wie wir schon festgestellt haben) in Zeiten der Geldknappheit sehr willkommen gewesen sein. In jedem Fall war die Lage auf dem Kapitalmarkt völlig verändert – ganz abgesehen davon, daß Privatleute große Vermögen durch das plötzliche Anwachsen des Marktwertes der Aktien der Pachtgesellschaft von Asia machten.[110] Als ein Ergebnis dieser Entwicklungen und des gegenseitigen Überbietens im Jahre 61, das den *socii* eine bittere Lehre gewesen war, kommt es unter den Pachtgesellschaften zu einer Kartellbildung. Es ist keine Maßnahme des Staates gegen diese Aktion bezeugt: Im Gegenteil, sie scheint ganz offen und offiziell durchgeführt worden zu sein. Zukünftig sollte es keinen Wettbewerb um größere Aufträge mehr geben. (Die kleineren Aufträge waren wahrscheinlich für die großen Pachtgesellschaften uninteressant und wurden nicht davon berührt.) Vielleicht erkannten die staatlichen Instanzen, daß allein auf diese Weise der Kapitalknappheit begegnet werden konnte und sich nur so wesentliche Aufträge überhaupt vergeben ließen. Vielleicht ist dies aber auch eine weitere Bestätigung der Tatsache, daß das Gros der Senatoren keinen Grund hatte, gegen etwas zu opponieren, das die Gewinne der Gesellschaften sicherte. In den späten fünfziger Jahren zeigt sich jedenfalls ganz deutlich ein neues Bild.

Wir haben die Aufgabe des P. Terentius Hispo zur Kenntnis genommen: im selben Quinquennium ist er *pro magistro* für die Weidesteuer in Bithynien (deswegen Ciceros Empfehlung Hispos an den Statthalter dieser Provinz) und für eine Steuer in Asia, die auf eine *pactio* mit Ephesos schließen läßt. Dies wurde uns von Cicero näher erläutert, als er später Hispo in seiner Funktion als ehemaligen *pro magistro* für Weidesteuer und für Zölle *(portoria)* in Asia vorstellt. Daraus folgt, daß in diesem Quinquennium dieselbe Pachtgesellschaft die Weidesteuer überall im riesigen Gebiet von Asia und Bithynia gepachtet hatte, ebenso die Zölle in Asia. (Sehr wahrscheinlich auch in Bithynia; das wissen wir aber nicht.) Wir haben gesehen, daß dies auch Licht auf Hispos eigenen Rang wirft. Es wäre nun interessant zu wissen, ob auch Ciceros Cilicia derselben Pachtgesellschaft unterstand. Wir besitzen einen einzigen Hinweis auf die Pachtgesellschaft, die die beiden Steuern, *scriptura* und *portorium* (wiederum gekoppelt!), in seinen *dioeceses* pachtete: Atticus werde ihre häufig verkehrenden Kuriere in Anspruch nehmen können, wenn er an Cicero schreibe.[111] Der Verweis auf „seine *dioeceses*" müßte – wie an anderen Stellen – drei Verwaltungsbezirke der Provinz Asia bedeuten, die zu Cilicia geschlagen worden waren.[112] Es ist schwer zu sehen, warum Atticus eigens auf den Kurierdienst der Gesellschaft verwiesen wird, welche die zwei in diesen drei Bezirken erwähnten Steuerpachten innehatte. Cicero scheint sich nun einmal niemals eindeutig auf die Pachtgesellschaften für bestimmte Steuern im eigentlichen Cilicia zu beziehen. Auch die Postkuriere, die er selbst bei einer bestimmten Gelegenheit benutzt, scheinen die der *dioeceses* zu sein.[113] Es ist nicht sicher, welche Schlußfolgerungen daraus zu ziehen sind. Wahrscheinlich läuft es aber darauf hinaus, daß die drei *dioeceses* einer anderen Pachtgesellschaft unterstanden als die Provinz Cilicia selbst, d.h. sie wurden fiskalisch zu Asia gerechnet, auch wenn sie zu dieser Zeit unter der Befehlsgewalt des Statthalters von Cilicia standen; weiterhin, daß diese Gesellschaft – d.h. die, die in den *dioeceses* wahrscheinlich von Terentius geleitet wurde – eine viel größere mit weit leistungsfähigeren Diensten als die in Cilicia selbst tätige Gesellschaft (oder Gesellschaften) war: Cicero will Atticus eigentlich sagen, daß er einen wirklich erstklassigen Dienst zu seiner Verfügung hat.[114]

Die Gesellschaft, die diese beiden Steuerpachten (sicherlich) in ganz Asia und (wahrscheinlich) auch in Bithynia und den drei von Asia abgetrennten und Cilicia unterstellten Verwaltungsbezirken betrieb, war offenkundig eine große und mächtige Organisation. Cicero war eng mit ihr verbunden. Zufällig erfahren wir auch etwas über die Gesellschaft, welche die Hauptsteuerpacht (den Zehnt) von Bithynia betrieb – eine der zwei Haupteinkünfte (die andere muß wohl die entsprechende Steuerpacht in Syria sein), die Pompeius eingeführt hatte. In einem Empfehlungsschreiben für einen Agenten dieser Pachtgesellschaft sagt Cicero, daß sie „sich aus allen anderen Pachtgesellschaften * zusammensetzt“ und „einen sehr bedeutenden Teil des Staates“ ausmacht.[115] (Er betont darüber hinaus seine enge Verbindung mit dieser Gesellschaft.) Auf diese Weise erfahren wir von einem der wichtigsten Resultate der Ereignisse von 61–59 v. Chr.: Es ist klar, daß die Pachtgesellschaften sich zusammengeschlossen hatten, um die erforderlichen riesigen Kapitalmengen aufzubringen und auch, um eine Wiederholung der Widrigkeiten von 61, nämlich das gegenseitige Überbieten im Wettbewerb um die Pacht von Asia, zu vermeiden, ein gemeinsames Unternehmen zur Verwertung der Hauptsteuer in Bithynien bildeten und – was dies zwangsläufig beinhaltet – jeglichen freien Wettbewerb abgeschafft hatten. Eine Art von Zusammenschluß hatte es, wie wir gesehen haben, schon früher gegeben. Auch hatten die *publicani* als Mitglieder desselben Standes Loyalität untereinander empfunden. Es gab zumindest einige, die glaubten, daß ein *publicanus* vor Gericht niemals gegen einen anderen entscheiden sollte.[116] Nichtsdestotrotz hatte es aber Konkurrenz um die Pachtverträge gegeben – nicht anders als in einem modernen Staat, in dem Hersteller, selbst wenn sie enge Beziehungen im Rahmen eines Verbandes pflegen und ihre gemeinsamen Interessen verteidigen, normalerweise dennoch dort miteinander in Konkurrenz treten, wo sie dieselben Produkte erzeugen. Was wir also im Jahre 51 finden, unterschied sich grundlegend davon – ein Unterschied wie zwischen einem Kartell und einem Industrieverband oder einer Handelskammer. Und wie wir sahen, muß das neue Kartell wohl direkt oder indirekt einen großen Teil der Oberschicht von Staat und Gesellschaft, einige wenige konservative Aristokraten ausgenommen, eingeschlossen haben. Es ist auch interessant, daß in den überlieferten Repetunden-Prozessen Ciceros (wo er nach der einmaligen Anklage gegen Verres im Jahre 70 als Verteidiger spricht) die *publicani* immer den angeklagten Magistrat unterstützten. Im Falle von Verres haben wir gesehen, wie bei seiner Rückkehr eine rituelle Dankbarkeitsgeste schon Teil der üblichen Zeremonie geworden war.

Die Situation hat eine gewisse Ähnlichkeit – obgleich man den Vergleich nicht zu weit treiben darf – mit der Marxschen Analyse des modernen Kapitalismus und seiner Tendenzen. Diese Analyse berücksichtigte, wie man heute weiß, nicht genügend die Reaktion der demokratischen Gesellschaften und auch gerade den Einfluß der marxistischen Parteien, Faktoren, die eine Vollendung des prognostizierten Prozesses verhinderten. In Rom – wenn wir die Analogie vorsichtig weiterverfolgen wollen – gab es nicht nur keinen wirklichen Widerstand, sondern (wie wir gesehen haben) nur Kräfte, die für eine schnelle Konzentration der Pachtgesellschaften in einem Kartell arbeiteten. Auf der anderen Seite existierte kein staatlicher Apparat, der in der Lage gewesen wäre, die Pachtgesellschaften zu enteignen und alle ihre riesigen Geschäfte durchzuführen. Vielmehr ist die unmittelbar folgende weitere Entwicklung typisch für Rom: Einigen Senatoren und Magistraten kam der Gedanke, daß man die Pachtgesellschaft in bestimmten Fällen ausschalten und die Gewinne auf direktem Weg machen konnte – offenbar nicht zum Wohl des Staates, sondern zum Wohl des Statthalters. Ihre Beteiligung an den Gesellschaften hatte ihnen eine Vorstellung davon verschafft, welche Gewinne gemacht werden konnten. Die meisten aber waren damit zufrieden, mitzumachen und sich ihren Anteil abzuholen. Skrupellose Statthalter waren natürlich immer darauf bedacht gewesen, einen möglichst großen Anteil für sich herauszuschlagen. Verres hatte gezeigt, was sich durch Eingriffe in die Versteigerung lokaler Steuerpachten anstellen ließ, und mit Hilfe der ungeheuren eigenständigen Machtbefugnisse des Statthalters konnte man es sich sogar leisten, neue Steuern einzuführen und sie offenbar auf eigene Faust einzuziehen – und dies ohne Zweifel zumindest teilweise zum eigenen Vorteil.[117] Wer sich in seiner Provinz zum Teilhaber der *publicani* machte, konnte – wie Verres gezeigt hatte – die Gewinne für alle Beteiligten steigern. So ist es sehr wahrscheinlich, daß Ciceros Vorgänger in Cilicia, Appius Claudius Pulcher, diesem Beispiel gefolgt war, ja es übertroffen hatte. Auch konnte man auf lokaler Ebene Schwierigkeiten umgehen, wenn man ausgewählte Mitglieder der provinzialen Oberschicht in die Beuteverteilung einbezog, wie es (wiederum) Verres in Sizilien und Appius in Cilicia getan hatten.[118] Die Politiker hatten – jenseits ihrer Macht als Statthalter – den bloßen Geschäftsleuten in der Kunst, sich zu bereichern, einiges beizubringen. Die meisten von ihnen überstanden – mit mehr Glück als C. Verres, wenn auch nur, weil sie ein wenig später aktiv waren – alle Angriffe, die in Rom gegen sie vorgetragen wurden, und erreichten schließlich ehrenvolle Positionen. Appius wurde im Jahre 50 Zensor[119] und Führer der Senatspartei gegen Caesar. Zwei Männer aber, von deren Bemühungen, diese vorteilhafte Zusammenarbeit zu unterminieren und das System für ihre eigenen Zwecke zu übernehmen, wir zufällig wegen Ciceros Feindschaft gegen sie erfahren, stehen vielleicht an der Spitze der weiteren Entwicklung.

L. Piso, Caesars Schwiegervater, hat uns schon als der Mann beschäftigt, der es als Statthalter von Macedonia verstand, den größtmöglichen Profit aus den Mitteln seiner Provinz zu erzielen.[120] Er war es auch, der es anscheinend zustande brachte, seine eigene Zollstation im Hafen von Dyrrhachion einzurichten, über den der größte Teil des Handels zwischen Italien und Macedonia und einigen anderen Gebieten abgewickelt wurde.[121] Später – wenn wir Cicero glauben dürfen, was wir hier durchaus können – führte er eine feste Umsatzsteuer in der ganzen Provinz ein und ließ diese durch seine eigenen Sklaven eintreiben,[122] wodurch er ohne Zweifel die Einkünfte der Gesellschaften, die diese Steuern gepachtet hatten, erheblich untergrub.

Sein früherer Kollege im Konsulat von 58, A. Gabinius, der Statthalter von Syria, ging noch weiter. Es ist schwer, die Fakten zu eruieren, die hinter Ciceros beinahe hysterischem Geschimpfe über ihn stehen: Vorwürfe wie die, daß er die unglücklichen *publicani* den Einheimischen auslieferte; daß er sich weigerte, ihre Anliegen gerichtlich anzuhören; daß er sich weigerte, ihre Agenten in einer Stadt zu dulden, die er besuchte oder besuchen wollte; daß er viele angemessene und rechtmäßige *pactiones* aufhob und widerrechtlich viele abgabenpflichtige Gemeinden von Steuern befreite, schließlich, daß er sogar viele unschuldige *publicani* nicht nur in den Bankrott, sondern gar in den Tod trieb.[123] Wenn auch nicht klar ist, ob und wie weit diese Vorwürfe auf Tatsachen beruhen, so muß Gabinius' Verhalten (wie allgemein zugestanden wird) doch einen größeren systematischen Eingriff in das Gesamtsystem bedeutet haben – nichts weniger als den Versuch, es zu untergraben. Es wäre erfreulich, sich den modernen Historikern anschließen zu können, die aus Abneigung gegen die *publicani* und ihre Methoden behaupten, daß Gabinius wirklich über das empört war, was er vorfand, und versuchte, die Provinzbewohner von ihren Lasten zu befreien. Nichts jedoch von dem, was wir über den Charakter des Gabinius wissen, berechtigt uns, sein Verhalten auf Altruismus zurückzuführen. Einige seiner Maßnahmen erklären sich zweifellos aus seiner politischen Feindschaft entweder gegen die *publicani* als Klasse (sie hatten Cicero im Jahre 58 unterstützt, als Gabinius zu Ciceros Verbannung beigetragen hatte, wie der Redner zu erwähnen niemals müde wird) oder gegen einzelne Personen oder Pachtgesellschaften: So wissen wir nicht, was sie über seine militärischen Operationen dachten, für die ihm eine *supplicatio* verweigert wurde.[124] Aber es kann auch wenig Zweifel bestehen, daß er selbst den Großteil des Profits aus seinen Maßnahmen für sich abzweigte, wie er es später auch bei seiner Intervention in Ägypten tat.[125] Wenn er die Einnahmen vielleicht wirklich etwas reduzierte, so scheint er sie zumindest alle selbst eingezogen zu haben, und wir wissen nicht, wieviel davon jemals die Staatskasse erreichte. Natürlich waren die *publicani* nun seine geschworenen Feinde und fanden auch Unterstützung unter den Mitgliedern des Senatorenstandes. Als Ergebnis dessen wurde Gabinius, ungeachtet der halbherzigen Anstrengungen des Pompeius, ihn zu retten (er hatte nämlich in seiner früheren Laufbahn diesem loyal gedient), schließlich in die Verbannung geschickt[126]: Einer der sehr wenigen Statthalter nach Verres, die aufgrund ihrer Aktivitäten bei der Provinzverwaltung verurteilt wurden.

So haben er und ebenso auch Piso schließlich die Richtung vorgegeben. Die Pachtgesellschaften hatten ein System aufgebaut, das nun reif war, übernommen zu werden. In den Staat integriert und mit ihm und (alles in allem) den Mitgliedern der herrschenden Oligarchie zusammenarbeitend, die an den Gewinnen teilhatten und sicherlich einige der Gesellschaften auch indirekt leiteten, hatten sie ohne Zweifel ihre wesentliche Aufgabe, das Einziehen der Steuern, erfüllt. Die *publicani* waren aber immer – und besonders seit C. Gracchus – eine Klasse gewesen, die kein Verantwortungsbewußtsein besaß, auch wenn sie zumindest zeitweilig politische Macht hatte. Gracchus hatte eine geschäftetreibende Klasse eingerichtet, die sich aus den herkömmlichen *equites*, welche die führenden *publicani* zu stellen pflegten, und den übrigen besonders reichen nicht-senatorischen Bürgern zusammensetzte, und er hatte versucht, diese zu einem konstitutionellen Gegengewicht zur Oligarchie zu machen, um dieser die Erfüllung ihrer Regierungsaufgabe auf eine befriedigendere Weise zu ermöglichen. Als eine Generation später deutlich wurde, daß diese Klasse das gesamte Regierungsgefüge bedrohte, stellte Sulla – nachdem verschiedene Lösungsmöglichkeiten in Erwägung gezogen worden waren – die Macht des Senats wieder her. Er erweiterte ihn durch eine größere „Infusion" von Männern aus eben dieser Klasse, die dann sogar im Senat eine zahlenmäßige Mehrheit ausmachte. Das Ergebnis war zwar zunächst, daß Gracchus' neue Klasse politisch handlungsunfähig wurde und die Vorherrschaft des Senats wiederhergestellt war, aber der Senat selbst war nun durchsetzt von den Anschauungen der Klasse, aus der jetzt die meisten seiner Mitglieder kamen. Die traditionelle Trennung zwischen öffentlicher Wirtschaft und öffentlicher Verwaltung, welche die Beaufsichtigung dieser Wirtschaftsaktivitäten einschloß, die von C. Gracchus niemals in Frage gestellt worden waren und die seine Reform sogar bis hin zu einer tiefen Spaltung intensiviert hatte, wurde nun allmählich aufgehoben. Darüber hinaus war die Moral der nachsullanischen Senatoren schlecht, stammten sie doch großenteils aus der Klasse, deren politische Verantwortungslosigkeit die Krise heraufbeschworen hatte, die zum Bundesgenossenkrieg und zu den Bürgerkriegen geführt hatte, und das gesamte Gremium setzte sich aus Männern zusammen, die den aufrührerischen Prokonsul willkommen geheißen und die Regierung in Rom im Stich gelassen hatten.[127] Wenn man all dies berücksichtigt, so wird klar, daß die Aussichten für die Staatsordnung Sullas nicht gut waren.

Während der siebziger Jahre verlor der Senat allmählich seine Autorität und die öffentliche Akzeptanz, auf der seine Herrschaft hauptsächlich beruhte; gleichzeitig begann die Angst vor den rings um Rom angesiedelten Veteranen Sullas zu schwinden. Am Ende schlug sich Pompeius, weitgehend aus persönlichen Gründen, auf die Seite der popularen Agitatoren, und M. Crassus, die einzige andere führende Persönlichkeit, die aus den späten Siebzigern mit gesteigertem Ansehen hervorgegangen war, beschloß, sich lieber Pompeius anzuschließen als die Ordnung zu verteidigen, zu deren Einrichtung sie beide beigetragen hatten. Mit ihrem Konsulat erlebte das Jahr 70, angesichts des Verresskandals durchaus passend, die Wiederherstellung der Republik, und damit auch die Wieder-

Römische Kontorszene. Relief. Rom, Museo Torlonia. Photo: DAI Rom.

Römisches Handelsschiff beim Entladen. Grabrelief, Salerno. Photo: DAI Rom.

einsetzung der *equites* in die Gerichtshöfe, deren Sitze sie sich fortan mit den Senatoren teilten.

Diese Wiedereinsetzung verwandelte die *equites* – und unter ihnen hauptsächlich die führenden *publicani*, die sich durch Reichtum und durch ihren Organisationsgrad, durch Abstammung (größtenteils) und durch die Nähe zu den Machtzentren auszeichneten – sofort in eine große politische Kraft im Staat. Es traten keine neuen Führer hervor, um den Platz jener starrsinnigen alten *publicani* einzunehmen, die im Jahre 91 gegen die Übernahme politischer Verantwortung durch ihren Stand gekämpft, und die es verschmäht hatten, ihren Status mit dem eines niederen Senators zu vertauschen.[128] Da nun die Polarisierung zwischen Senat und *equites* der Vergangenheit angehörte und die Senatoren jetzt – wie wir sahen – eine überaus gewinnbringende Verbindung mit den Pachtgesellschaften eingehen konnten, waren die *equites* bereit, in den Senat einzutreten oder zumindest ihre Kinder diesen Schritt tun zu lassen, um so ihre *dignitas* und ihre Macht zu steigern.[129] Hiermit wurde die Grundlage für die *concordia ordinum* (das Einvernehmen zwischen Senat und *equites* zur Wahrung der gemeinsamen Interessen) gelegt, die Cicero zu einem der Prinzipien seiner Politik machte, und dies oft (besonders in den Catilinarischen Wirren und in der Agitation für seine Rückkehr aus dem Exil) mit gutem Erfolg.[130]

Der Konflikt anläßlich des bekannten Vorstoßes der *publicani*, die um einen Nachlaß der Pacht von Asia nachsuchten,[131] bestätigt nur die Regel und trägt zu einem tieferen Verständnis der Vorgänge bei. Die *publicani* wurden von M. Crassus unterstützt (und laut Cicero von vornherein dazu angestiftet), der ohne Zweifel ein Großaktionär gewesen sein muß, wenn Caesar es (wie wir sahen) im Jahre 59 war. Es ist klar, daß ein bedeutender Senator, der mit einer Pachtgesellschaft verbunden war, selbst wenn er nicht Mitglied mit Stimmrecht, geschweige denn *magister* war, dennoch zwangsläufig einen großen Einfluß auf sie ausübte. Cicero unterstützte aufgrund seiner allgemeinen politischen Prinzipien (wir können nicht nachweisen, daß er selbst Aktien besaß) diesen Antrag ebenfalls. Es scheint wenig Widerstand gegeben zu haben, von dem designierten Konsul Q. Metellus Celer und (wie man vermutete) von Cato abgesehen. So jedenfalls Cicero.

Wir erfahren von einem Scholiasten (und seine Aussage mag durchaus zutreffen, da Ciceros Bemerkungen in der Rede *pro Plancio* sie stützen), daß die ganze Sache später durch eine Verschleppungstaktik blockiert wurde: Cato hinderte mit Dauerreden den Senat an der Beschlußfassung. Noch im Jahre 59, mehr als ein Jahr, nachdem das Problem zum ersten Mal aufgeworfen worden war, zeigte sich Caesar (obwohl damals Konsul) nicht in der Lage, die Sache im Senat regeln zu lassen, und er brachte sie schließlich vor die Volksversammlung. Es war anscheinend bei einer der Sitzungen, in denen eine Entscheidung durch Dauerrede verhindert wurde, daß der ältere Cn. Plancius die Beherrschung verlor und einige Bemerkungen machte, die mehr vom Geist einer altmodischen Freiheit der Rede als von Takt zeugten. Jedenfalls scheint es, daß eine kleine Clique von *nobiles* in der Lage war, eine Entscheidung durch parlamentarisches Taktieren zu unterbinden und so – davon können wir überzeugt sein – eine Zustimmung zu verhindern. Der kleine Kreis in herkömmlichen Kategorien denkender Familien der Nobilität scheint in der Tat durch die Vergrößerung sowohl des Senats wie der Volksversammlung in den vorangegangenen dreißig Jahren sogar noch größere Autorität im Senat und Macht bei den Wahlen gewonnen zu haben. Der Fall von Ciceros Klient Plancius enthüllt einen seltsamen Sachverhalt: Wenn ein Emporkömmling *(homo novus)* einem *nobilis* eine Niederlage beibrachte, sogar in der Bewerbung um ein Amt mittleren Ranges, mußte er gegen die Vermutung ankämpfen, daß er sich illegaler Mittel bedient hatte. Da Cicero dies so ernst nimmt, ist es klar, daß seine Zuhörerschaft (die Senatoren und *equites*, die den Gerichtshof bildeten) ebenso dachte. „Alle, die wir zu den guten Bürgern *(boni)* gehören, hegen eine Vorliebe für die *nobilitas*“, sollte er bei einer anderen Gelegenheit sagen.[132] Die Geschichte seiner Epoche zeigt, daß diese Aussage insgesamt zutraf, besonders für die wohlhabenderen Bürger, die die Wahlen und Prozesse entschieden. Zu keiner anderen Zeit der römischen Geschichte hätte ein bloß zum Tribun gewählter *nobilis* den ganzen Senat umstimmen können – er wäre wahrscheinlich nicht einmal dazu gekommen, seine Ansicht vorzutragen.[133]

Die Macht, die M. Cato im Senat besaß, unterstreicht die politische Wirkungslosigkeit der Masse der neuen Senatoren aus dem *ordo equester*, ob sie nun Überreste der Erweiterung durch Sulla oder sogar von kürzlich erworbenem konsularischem Rang waren. *Concordia*, wie Cicero häufig deutlich macht, bedeutete Anerkennung der politischen Bevormundung durch die Nobilität. Daraufhin wandten sich die *publicani* in einer unangemessenen Reaktion an Demagogen und den Mob, um ihr begrenztes Ziel zu erreichen, welches ihnen die große Mehrheit des Senats gerne zugestanden hätte.

Die Affäre um die Pacht von Asia trieb keinen Keil zwischen Senat und *publicani* – die Demagogen ernteten im Gegenteil, wie es seit C. Gracchus immer gewesen war, wenig Dankbarkeit. Es war ein junger Führer der *publicani* (selbst ein künftiger Senator), der die Unterstützung für Cicero in die Hand nahm, als dieser im Jahre 58 von der Verbannung bedroht war,[134] und die Pachtgesellschaften schlossen sich dem Senat an, als dieser Ciceros Rückkehr forderte und ihn im folgenden Jahr bei seiner Ankunft willkommen hieß.[135] Männer dieser Art hatten keine dauerhafte Zuneigung für den Mob und dessen Führer, obgleich sie – wie Cicero selbst, wenn er es zu sagen wagte – die aristokratische Arroganz mißbilligten, die in ihren Augen das einzige Hindernis für die *concordia* darstellte. Sie und ihre Verwandten im Senat waren durchaus bereit, sich der politischen Führung der *nobiles* anzuvertrauen: Sie besaßen keine unabhängige politische Linie, und die Politik des internationalen Banditentums, die kennzeichnend für einige der politischen Führer geworden war, kam ihnen durchaus entgegen.[136]

Ihr aktives Eingreifen in die Politik beschränkte sich auf die eigenen unmittelbaren Interessen. In diesem Punkt hatten sie es sich angewöhnt, Entgegenkommen zu erwarten, und sie waren bereit, mit allen zusammenzuarbeiten, die es ihnen anboten. Pompeius war ihr Fürsprecher gewesen, dem sie ungeheure neue Geschäftsmöglichkeiten verdankten, ganz zu schweigen von seiner indirekten Gefälligkeit beim Nachlaß der Steuerpacht von Asia; doch eine Mehrheit der *publicani* hatte keine Skrupel, sich seinen politischen Feinden anzuschließen, um Gabinius verurteilen zu lassen, der eine Provinz allein zu seinem eigenen Vorteil ausgebeutet und damit einen für die *publicani* gefährlichen Präzedenzfall geschaffen hatte.[137] So geschah es, daß sie sich wieder einmal als ein Element der Instabilität erwiesen und das verhinderten, wovon die Zukunft des Imperiums letzten Endes abhängen konnte: eine zweckmäßige Verwaltung wie auch eine verantwortungsvolle Behandlung der Untertanen Roms.

Es besteht kein Zweifel, daß einige Statthalter sich von den *publicani* einschüchtern ließen: Man braucht nur Ciceros Bemerkungen an seinen Bruder in seinem berühmten Brief über die Provinzverwaltung zu lesen[138] oder auch die Reden, die Cicero als Verteidiger verschiedener Angeklagter gehalten hat, die alle – den erhaltenen Reden zufolge – von den *publicani* unterstützt wurden. Wir müssen die Dinge jedoch im richtigen Verhältnis sehen. Es fällt leicht, zu behaupten, daß die *publicani* die Geißel der Provinzen waren; dabei neigt man dazu, die Rolle der Statthalter und ihrer senatorischen Untergebenen zu vergessen. Es gibt zu dieser Zeit keinen zweiten Rutilius-Skandal. Gabinius geschah ganz recht (und es bedurfte zweier getrennter Anklagen, um ihn zu verurteilen). Im Gegenteil, unter guten Statthaltern waren die Eintreibungen der *publicani* zu ertragen, unerträglich waren sie nur unter schlechten Statthaltern. Wir haben gesehen, wieviel Macht die Statthalter besaßen, um die Verhältnisse zu verschlechtern: Verres hatte ein akzeptables System moderater Ausbeutung in einen Alptraum verwandelt. Er hatte offenbar

Nachfolger. L. Sergius Catilina in Africa war offensichtlich vieler Übergriffe schuldig und entging einer Verurteilung nur durch Absprache mit der Anklage.[139] Aus Catilinas Scheitern bei den Wahlen – lange bevor er zum Revolutionär wurde – wird klar, daß der *ordo publicanorum* keine große Zuneigung für ihn hegte. Die Verhältnisse in Ciceros Cilicia sind ausreichend bekannt; die unerträglichen Eintreibungen durch den üblen Ap. Claudius sind bis ins Detail gut dokumentiert, und sein gleichrangiger aristokratischer Vorgänger, P. Lentulus Spinther, scheint keinen Deut besser gewesen zu sein,[140] zumindest wissen wir, daß er wie Appius 200 Talente (über eine Million *denarii*) pro Jahr von den Städten auf Kypros (das an die Provinz angeschlossen war) allein dafür erhielt, daß er das Heer nicht in diesen Städten einquartierte.[141]

Unter diesen Umständen waren die Städte hoffnungslos verschuldet, unter anderem an den ehrenwerten Brutus.[142] Zweifellos wurde Cilicia selbst in ähnlicher Weise behandelt: Zu Appius haben wir ausdrückliche Zeugnisse. Ein Ergebnis davon war, daß die *publicani* nicht in der Lage gewesen waren, die Steuern einzuziehen. Es scheint, daß sie es sich zur Gewohnheit gemacht hatten, Strafzinsen für verspätete Zahlung in ihren Kontrakten *(pactiones)* festzuschreiben;[143] dies hatte ohne Zweifel die hoffnungslose Verschuldung weiter verschlimmert, die Cicero bei seiner ersten Ankunft in der Provinz beschreibt: Appius' Eintreibungen hatten nichts übriggelassen und die Städte in die Verschuldung getrieben, und der Statthalter hatte offensichtlich den ersten Zugriff auf das, was an Geld noch aufzubringen war.[144] Solche Strafzinsen waren, obgleich möglicherweise illegal,[145] von den Statthaltern schon seit den siebziger Jahren als berechtigt angesehen worden.[146]

Die Situation, auf die Cicero traf, war jedoch einfach die, daß kein Geld mehr zu holen war: Man war in einer Sackgasse angelangt, und die *publicani* hatten, zumindest in einigen Fällen, seit fünf Jahren kein Geld mehr erhalten (d.h. während der Amtszeit des Appius und vor diesem während der des Lentulus Spinther) – und zwar nicht einmal die Zinsen, von der Kreditsumme ganz zu schweigen.[147] Cicero schlug zwei Wege ein, um der Sache zu begegnen. Zuerst überprüfte er die Bücher der Städte und fand nicht unerwartet heraus, daß große Summen von den Obrigkeiten unterschlagen worden waren, eindeutig mit Unterstützung der Statthalter. Wir erinnern uns daran, wie Verres seine Beute mit ausgewählten Mitgliedern der örtlichen Oberschicht teilte.[148] Cicero erinnerte sich ebenso. Es war (so läßt sich daraus schließen) für einen bestimmten Typus von Statthaltern die Normalität. Jedenfalls ließen sich die örtlichen Beamten dazu überreden, zurückzuzahlen, was sie sich genommen hatten, und die Städte bezahlten all ihre Rückstände. Dazu trug jedoch viel die zweite Maßnahme Ciceros bei, wenn sie die Sache nicht überhaupt erst ermöglichte: Cicero gab bekannt, daß er nur Zinsen in der durch sein Edikt festgelegten gesetzlichen Höhe von zwölf Prozent im Jahr gestatten werde, vorausgesetzt, man zahlte innerhalb einer bestimmten Frist. Wer nicht fristgemäß zahlte, mußte den in der *pactio* festgelegten Strafsatz akzeptieren (der wahrscheinlich näher bei 48 Prozent lag, dem Zinssatz, den Brutus seinen Schuldnern in der Provinz auferlegte).[149] Durch diese beiden Maßnahmen scheint es Cicero gelungen zu sein, die aufgehäuften Schulden der Städte während seiner kurzen Verwaltungszeit restlos abzubauen.[150]

Dies allein zeigt, wie groß der Einfluß des Statthalters war, ob im guten oder im schlechten. Eine Reihe nobler Statthalter, die sich in enger Zusammenarbeit mit der lokalen Amtshierarchie zwangsläufig auf Kosten der Armen bereicherten, hatte die Provinz in einen Zustand versetzt, in dem die Finanzen der Städte hoffnungslos zerrüttet waren und in dem weder Steuern (ausgenommen die, welche der Statthalter in seine eigene Tasche wirtschaftete) noch Zinsen gezahlt wurden. Ein ehrlicher und taktvoller Statthalter bereinigte die ganze Lage dennoch in annähernd sechs Monaten. Wie die Salaminier Cicero in anderem Zusammenhang mitteilten: Sie würden de facto aus seiner, des Statthalters Tasche zahlen, weil er nicht das Geld verlange, welches die Statthalter gewöhnlich forderten.[151] Zwar waren die *publicani* begierig darauf, alles zu kassieren, was sie bekommen konnten; sie trugen keinerlei politische Verantwortung. Nun läßt sich aber erkennen, daß in der Praxis für sie oft wohl nicht viel zu holen war, weil andere sich vor ihnen bedient hatten.

Wie aber reagierten die *publicani* auf Ciceros Regelungen? Wir wissen, daß L. Lucullus – um von P. Rutilius Rufus zu schweigen – von ihnen angegriffen worden war, weil er die Schuldenlasten in Asia verminderte. Wie war es mit Cicero, der sie (so mochten sie denken) um ein Vermögen an Zinsgebühren gebracht hatte, zumindest auf dem Papier? Das Überraschende ist: sie dachten nicht so. Sie waren hochzufrieden. Cicero war natürlich ein alter und vertrauter Freund, kein hochnäsiger Aristokrat wie Lucullus. Dieser Unterschied war von Bedeutung. Dazu kommt, daß er möglicherweise selbst einen Anteil an den betroffenen Pachtgesellschaften hatte (vor allem bei der Gesellschaft, für die Hispo tätig war). Er schmeichelte den *publicani* und behandelte sie mit der Achtung und der Rücksicht, die sie erwarteten, aber nicht immer erhielten.[152] Auch wenn man all dies in Erwägung zieht, kann man immer noch davon überrascht sein, daß sie zufrieden waren. Unzweifelhaft waren sie in den vergangenen Jahren zu zwei Erkenntnissen gekommen: erstens, daß das, was sie heute nicht nahmen, ihnen morgen vielleicht nicht mehr zur Verfügung stand;[153] und zweitens, daß sie nicht mehr damit rechnen konnten, daß der Statthalter sie als Geschäftspartner akzeptierte: Er konnte es gewinnbringender finden, die örtlichen Aristokraten – sozusagen auf ihre Kosten – als Geschäftspartner zu nehmen, wie es Appius und ohne Zweifel auch Gabinius getan hatten.[154] Die *publicani* lernten – vielleicht zu später Stunde – begreifen, daß sie einen entscheidenden Schwachpunkt hatten.

Dies ist beinahe das letzte Mal, daß wir von ihnen zu Zeiten der freien Republik hören. Der Kreis begann sich zu schließen. Wie wir sahen, hatten sich die Interessen von Senatoren und *equites* (und vor allem *publicani*) in der nachsullanischen Republik stark angeglichen, und dies förderte eine natürliche *concordia*, die nur von einigen wenigen rückwärtsgewandten Aristokraten gestört wurde. In einigen Fällen mag deren Verhalten politischer Ethik entsprungen sein; auch Catos Verhalten ließe sich mit etwas Wohlwollen so auslegen. In anderen Fällen (die vielleicht mehr die Regel darstellten) war es eine Art aristokratischer Arroganz (*appietas* und *lentulitas*, wie Cicero sie nennt),[155] die nichts mit irgendeiner moralischen Überlegenheit zu tun hatte; so waren L. Domitius Ahenobarbus, dessen Beleidigungen den Sprecher der *equites* in der Gabiniusaffäre zu einer rüden Antwort provozierten, und – zusammen mit ihm – Appius Claudius in die notorischen Wahlskandale ihres Konsulatsjahres verwickelt.[156] Brunt betont mit Recht das Verlangen der *equites* nach Anerkennung ihrer *dignitas*[157]: Ihre Zuneigung zu Cicero wird in gewissem Maß dem Umstand zu danken sein, daß er diese *dignitas* überschwenglich anerkannte und propagierte. Ein kleiner Vorfall ist aufschlußreich. Bibulus hatte seinem Provinzedikt eine Klausel eingefügt, der zufolge Verträge nicht gültig waren, die nicht in gutem Glauben *(bona fide)* eingegangen wurden. Dies ärgerte die *equites* (die besonders empfindlich gegenüber Vorwürfen der *mala fides* wie der Korruption waren), und Atticus brachte diese Verärgerung gegenüber Cicero zum Ausdruck. Wie Cicero selbst Atticus erzählt (offenbar in der Erwartung, ihn damit voll zufriedenzustellen), erzielte er dieselbe Wirkung durch eine taktvollere Wortwahl.[158]

Wiederum müssen wir festhalten, daß die *publicani* (und der übrige *ordo equester*, soweit er politisch aktiv war) nicht einfach wider alle Vernunft handelten. In einer Welt, die von unverhohlen korrupten Politikern der Aristokratie beherrscht wurde, besaßen sie das volle Recht, sich dagegen zu wehren, daß sie sozusagen als alleinige Sündenböcke an den Pranger gestellt wurden. Die Geschichte von Ciceros Umgang mit den *publicani* (und anderen) in seiner Provinz trägt dazu bei, wenn auch nicht, sie reinzuwaschen, so doch zumindest ihre Einstellung im richtigen

Licht zu sehen. Sie stellten nicht die Spielregeln auf und beklagten sich natürlich, wenn die Regeln auf eine Weise festgelegt wurden, die ihnen schadete und denen, die sie bestimmten, unrechtmäßige Gewinne einbrachte. Freilich spielten sie weiterhin die gleiche Rolle bei der Ausbeutung der Provinzbewohner, die sie schon eine Generation früher gespielt hatten. Aber wir dürfen nicht (wie in den neunziger Jahren in Asia) ein ganz einfaches Bild von Ausbeutung durch die *equites* zeichnen, die der Senat unter Kontrolle zu halten versuchte. Die politischen Verhaltensregeln der späten Republik hatten die *publicani* verantwortungsbewußter und ungefährlicher gemacht. Was nach Sulla als Partnerschaft in der Ausbeutung begonnen hatte, führte unvermeidbar zu einem neuen Gegensatz zwischen den Geschäftspartnern. Der wahre Ausbeuter war die herrschende Elite, ausgestattet mit einer Macht, die sie selbst jetzt ohne Verantwortung ausübte. Die *equites* hatten auf dem Feld der Pachtverträge wie auf anderen wirtschaftlichen Gebieten ihre Macht und ihre Organisation gefestigt, nur um schließlich herauszufinden, daß sie mit den Brosamen zufrieden sein mußten. Ihnen die Schuld am Zerfall der politischen Moral in Rom oder in den Provinzen zuzuweisen wäre ungerechtfertigt.

Der Bürgerkrieg bestätigte die Lehre. Sulla hatte vor langer Zeit gezeigt, daß diejenigen, die im Besitz der Waffen waren und die bereit waren, sie auch zu gebrauchen, die Herren derjenigen waren, die nur über wirtschaftlichen Reichtum verfügten. Reichtum allein, wie M. Crassus schon angedeutet hatte, nutzte wenig, solange man keine Legion aufstellen konnte. Die Verluste, die die *publicani* erlitten, waren wieder einmal ungeheuer groß.[159] Ihre Provinzfilialen, in denen sich der Großteil der Gelder befand, die durch die Hände der *publicani* gingen, wurden von einer Armee nach der anderen ausgeplündert, und man kann davon ausgehen, daß das Anlagekapital der *publicani* dabei nicht geschont wurde.[160] Natürlich steigerten sich die Eintreibungen der *publicani* im selben Maß: Es war menschlich nur zu verständlich, wenn sie die Lasten nach Kräften auf die abwälzten, die schwächer als sie selbst waren. Es kann kein Zweifel bestehen, daß die Klagen über die *publicani* in Asia, auf die Caesar reagierte, ihre volle Berechtigung besaßen. Aber erneut waren es nicht sie, welche die Regeln des Spieles bestimmt hatten, das gespielt wurde, auch wenn sie als die naheliegenden Sündenböcke für eine Entwicklung, die sie selbst überrollt hatte, Gegenstand eines in die Augen springenden Hasses waren. Wie wir erfahren, half Caesar den Städten in Asia dadurch, daß er die Einziehung der Hauptsteuer von Asia durch die *publicani* abschaffte – und so rückgängig machte, was der erste Schritt zum wahren Aufstieg der *publicani* gewesen war.[161] Den Quellen zufolge verringerte er dadurch die Steuerlast um ein Drittel[162] – eine Aussage, die ursprünglich aus der Propaganda Caesars gestammt haben muß und die wir nicht sicher deuten können.[163] Wie es sich auch immer verhält, die Städte zahlten zweifellos weniger, und sie zahlten es ohne Mitwirkung der *publicani* direkt an Caesars Agenten – vielleicht genau das, was sie nach Cicero zu früherer Zeit nicht mit den Kontributionen hatten tun können, die ihnen von Sulla auferlegt worden waren.[164]

Es handelte sich vermutlich um die subtile Form einer Praxis, die zu beobachten wir schon Gelegenheit hatten: eine Verbindung zwischen dem römischen Machthaber und den örtlichen Aristokraten mit dem Ziel, die Profite, die aus den Bauern in Asia herausgeschlagen worden waren, unter Ausschluß der *publicani* zu teilen. Caesar hatte von Gabinius gelernt. Es gibt jedoch keinen Grund zu glauben, daß Caesar den *publicani* grundsätzlich mißtraute. Asia blieb eine Ausnahme. Das Verfahren, die *publicani* zu umgehen, wurde nicht ausgedehnt. Caesar konnte es erst einmal in einer bestimmten Provinz anwenden, so wie Gabinius es getan hatte; aber ihm fehlte noch die große zentrale Bürokratie, um das Verfahren im gesamten Imperium zu übernehmen. *Publicani* blieben bis weit in das Kaiserreich hinein ein wesentlicher Teil des römischen Steuererhebungsapparates: Es sind sogar mehr Einzelheiten über ihre Organisation aus dieser Zeit bekannt als aus der Zeit, in der sie auf dem Höhepunkt ihrer Macht standen.[165] Caesar (der sich bis gegen Ende seines Lebens immer gut informiert hielt und ein gesundes politisches Urteilsvermögen besaß) wußte aus eigener Erfahrung und Beobachtung, was wir in unserer Untersuchung von Ciceros Beziehungen zu den *publicani* in dessen Provinz festgestellt haben, die eben der einzige Fall sind, den wir detailliert untersuchen können. Aber obgleich Cicero ohne Zweifel in seiner bewußten Rechtschaffenheit eine Ausnahme darstellte, wird er schwerlich einzig gewesen sein, und ein scharfsinniger zeitgenössischer Beobachter mußte zu dem gleichen Urteil gelangen, zu dem auch wir kommen können. Caesar wußte, daß ungeachtet all der Klagen über die Unterdrückung durch die *publicani* (Klagen, die er sich zunutze machen konnte, wenn es ihm zupaß kam) die wirklichen Unterdrücker die Machthaber in Rom waren und daß – ungeachtet der Furcht vor den *publicani* als politischer Kraft – das, worauf es ankam, die Kontrolle des Staatsapparates war, die Caesar nicht aus der Hand zu geben beabsichtigte. Wenn man sie höflich behandelte und ihnen angemessene Gewinne zusicherte, würden die *publicani* ohne Murren zur Zusammenarbeit bereit sein.

Caesar brachte sie – und die römische Staatskasse – zwar sogar noch um eine andere, ebenso gute Einnahmequelle: Er verschenkte Kypros an die Ptolemaier.[166] Er tat jedoch nichts, um den Stand der *publicani*, geschweige denn der *equites* als Gesamtheit, zu demütigen; auch darf man vermuten, daß er in guten Momenten durchaus in der Lage war, die führenden Männer der *publicani* mit der ihn auszeichnenden aristokratischen Verbindlichkeit zu behandeln. So ist es gut bekannt, daß er für die führenden *equites* – wie es andere römische Aristokraten in kleinerem Maßstab getan hatten – größere Möglichkeiten in seinem eigenen finanziellen und politischen Dienst schuf und auf diese Weise ihre künftige Verwendung als administrative Klasse vorbereitete. Männer wie Matius und Oppius mögen „Gründer der größten und Vorsitzende vieler Pachtgesellschaften“ gewesen sein (und waren es vielleicht auch).[167] Sie betrachteten Caesars Vertrauen und Freundschaft als wichtiger.

Abgesehen von Asia (denn Kypros war eine Sache der großen Politik) tat Caesar nichts, was irgendwelches Mißtrauen gegenüber den *publicani* verrät. Zweifellos regulierte er ihre Aktivitäten durch Gesetze (vielleicht schon während seines ersten Konsulats von 59), genau wie er es mit den Tätigkeiten der Senatoren gemacht hatte.[168] Es gab nicht den leisesten Protest. Private Unternehmer standen weiterhin über eine lange Zeit im Dienste des römischen Staates, und zwar nicht unredlicher als dessen Beamte und immer in Zusammenarbeit mit ihnen. Zur selben Zeit schwand die *dignitas*, das Ansehen, das diese wichtige Aufgabe genossen hatte, in dem Maße, wie an ihrer Stelle die Verwaltungstätigkeit den Ehrgeiz des *ordo equester* ansprach und ihm Respekt eintrug.[169] Wir hören nie mehr von den *publicani* als dem Schmuck des *ordo equester*, der Blüte des Staates, dem Senat in *dignitas* verbunden. Das Problem der Steuerpächter, über das soviel gesagt und geschrieben worden ist (damals wie heute), entpuppt sich (vielleicht nicht überraschend) als Problem der römischen Oligarchie selbst, ohne die die *publicani* (selbst in den neunziger Jahren) niemals Macht und politischen Einfluß gehabt hätten. Die Zähmung der Oligarchie beseitigte das Problem. Rom begriff schließlich, daß die Lösung für das Problem des privaten Unternehmertums in Diensten des Staates – und zwar bei jeder Art von Staatsdienst – bei denen liegt, die regieren, und in den Prinzipien und den Praktiken ihrer Verwaltung. Die nur auf Reichtum beruhende Macht war und ist ein Mythos. Die Frage, ob für einen bestimmten Zweck das Instrumentarium staatlicher oder privater Dienste verwendet werden sollte, trat in den Hintergrund. Sie kann als politische Frage oder auch als politisches Ablenkungsmanöver Erregung erzeugen; sie ist aber letztlich ohne Bedeutung, insbesondere für die Regierten.[170]

Anmerkungen

Anmerkungen zu Kapitel I

[1] Mt 9,9ff. *(publicani et peccatores)*; Mk 2,16f.; Lk 5,27ff.

[2] S. z.B. T. Frank, Roman Imperialism (1914), 320f. S.M. Rostowzew [= Rostovtzeff], Geschichte der Staatspacht (Philologus, Suppl. IX 3, 1902), 497f. (veranschaulicht auch ihren Reichtum und ihre Macht).

[3] Liv. XLV 18,4.

[4] Q. fr. I 1,32: *quibus si ... omnibus in rebus obsequemur, funditus eos perire patiemur quorum non modo saluti, sed etiam commodis, consulere debemus.* Vgl. aber Pis. 41: *publicanos nobiscum* [mit den Senatoren] *et uoluntate et dignitate coniunctos*; Planc. 23: *flos enim equitum Romanorum, ornamentum ciuitatis, firmamentum rei publicae publicanorum ordine continetur.*

[5] Man vergleiche die emotionelle Kraft solcher Begriffe wie 'modern' und 'progressiv' (oder 'altmodisch' und 'reaktionär') mit der der lateinischen Begriffe *'novus'* (z.B., aber nicht allein, in *res novae*) und *'antiquus'*. Im sozialen Kontext Roms muß es für jemand, der sich als Ehrenmann betrachtete, anscheinend emotionell viel befriedigender gewesen sein, gegen einen neuen Gesetzesantrag zu stimmen als für ihn: Die Formel für die Ablehnung *(antiqua malo)* lautete so, daß die meisten ernsthaft denkenden Römer sie als allgemeinen Grundsatz gutgeheißen hätten.

[6] F. Kniep, Societas Publicanorum, I (1896 – mehr nicht erschienen). Dieses Werk enthält eine noch immer sehr nützliche Erörterung der juristischen Eigenheiten im Zusammenhang mit den Pachtgesellschaften. (Der Text bezieht sich auf S.92: Vergleich Jenas mit Weimar. Obgleich Kniep selbst die direkte Einziehung bevorzugt, ist er geneigt, im Falle der Straßengebühren eine Ausnahme zu machen: Es scheint, daß der deutsche Staat Probleme gehabt hatte, die mit der Einziehung der Gebühr beauftragten Beamten zu kontrollieren!)

[7] J.P.V.D. Balsdon, The Romans (1965), 33.

[8] Im allgemeinen s. immer noch N.D. Fustel de Coulanges, [Der an-

tike Staat. Kult, Recht und Institutionen Griechenlands und Roms. Einl. v. K. Christ, 1981]; das Werk erschien 1864: Es ist besonders nützlich, weil der Autor die religiösen Grundlagen hervorhebt, die heute oft übersehen werden; W. Warde Fowler, The City State of the Greeks and Romans (1893).

[9] Ulpian in dig. XXXIX 4,1,1: *Publicani ... sunt qui publico fruuntur, nam inde nomen habent.* Gleichwohl schränkt er ein wenig später den Begriff auf die zeitgenössische Bedeutung des staatlichen Steuereinnehmers ein. Kniep 1f.

[10] Das ist ein Gemeinplatz für die, die sich mit der frühen römischen Geschichte beschäftigen. S. z.B. P.G. Walsh, Livy (1961), Kapitel II–VI; meinen eigenen Aufsatz in: T.A. Dorey (Hrsg.), The Latin Historians (1966); A.H. McDonald, in: Fifty Years (and Twelve) of Classical Scholarship (1968), 465f.

[11] Z.B. Juno Regina (V 23,7); Salus (IX 43,25; X 1,9); *villa publica* (IV 22,7); Stadtmauern (VI 32,1).

[12] Plin. n.h. X 51; Liv. V 47,4 (das genaue Datum spielt keine Rolle).

[13] Varro LL VI 92. Hier wiederum ist zumindest ein Datum der frühen Republik gesichert. S.E.S. Staveley, Historia V (1956) 75f. (nimmt ein Datum der Königszeit an); Sumner, JRS 1970, 77 (verneint ein frühes Datum für die *comitia centuriata* in ihrer klassischen Form, akzeptiert aber die Existenz einer früheren Form).

[14] Asc. 93 Cl. Vgl. Liv. XXIV 18,10 (Erörterung unten).

[15] K. Latte, Röm. Religionsgeschichte (1960), 248 mit Belegen.

[16] Zu diesem Gesetz über den Ausschluß von Senatoren s. Asc. a.a.O. (Anm. 14), der die außergewöhnliche Art der Genehmigung betont. Der Vertrag, Sakralbauten in gutem Zustand zu halten, ist eng verknüpft mit dem, die Prozessionspferde und die Kultwagen zu liefern (Liv. a.a.O. [Anm. 14]). Es ist nicht überraschend, daß wir im ersten Jahrhundert einen ehemaligen Konsul (als Bürgen) in Verbindung mit dem Gebot eines Klienten für diesen Vertrag finden (Cic. 2Verr. I 144, 150. Dies wird später in Kap. V erörtert werden). Nicolet (L'Ordre équestre I (1966), 330) bezweifelt angesichts dieser Ciceropassage, ob Senatoren von jeder Beteiligung an Verträgen ausgeschlossen waren. Wie wir ausführlicher zeigen werden, ist aber das Fehlen von Senatorennamen in den größeren *societates* (Pachtgesellschaften), auf das wir in der späten Republik stoßen, schlagender Beweis für einen gesetzlichen Ausschluß. Diese (und andere?) Sakralverträge waren legale Ausnahmen.

[17] Liv. XXIII 48,5f.

[18] Liv. a.a.O. Nicht 21, wie Ürögdi, RE, s.v. „publicani“, Sp. 1193 angibt.

[19] Livius schrieb wahrscheinlich die meisten seiner (erhaltenen) Bücher, während er die Quellen las, wobei er niemals viel weiter las, als sein Werk voranschritt. Zu seinen häufigen Widersprüchen und dem Unvermögen, diesen Mangel zu beheben, s. Walsh (Anm. 10 oben) 141f.

[20] Liv. XXV 3,9f. (213/2 v. Chr.).

[21] Liv. XXV 1,2f. Wir können freilich nicht wissen, inwieweit die feindselige Fassung dieser Geschichte, wie wir sie bei Livius vorfinden, von den Vorurteilen bestimmt ist, die der Versicherungsbetrug hervorgebracht hatte.

[22] Liv. XXV 3,15.

[23] Nicolet 322f. verneint dies offenbar allein deswegen, weil es nicht ausdrücklich bezeugt ist. Es kann in beiden Fällen als selbstverständlich betrachtet werden. Toynbee (Hannibal's Legacy II [1965] 352f.), der die Wirkung der ganzen Affäre bei weitem übertreibt, zeigt eine alarmierende Unkenntnis der Feinheiten des römischen Sozialgefüges, wenn er behauptet, daß M. Postumius von Pyrgi ein kürzlich zum römischen Bürger gemachter Etrusker gewesen sein mag, “at heart a Caeritan nationalist [sic] whose resentment against Rome ... had not been appeased by the acquisition of the status of a Roman citizen *optimo iure*”. Pomponius aus Veii unterstellt er lieber nichts Derartiges; gleichwohl hat der Gedanke an zwei arglistige *equites* (einer ein römischer Kommandeur, der andere verwandt mit einem römischen Magistrat), die die Staatskasse in einer Art national-etruskischem „Guerillakrieg“ betrügen, seinen eigenen Reiz.

[24] Liv. XXIV 18,10f.

[25] Man muß sich vergegenwärtigen, daß zu dieser Zeit (spätes 3. Jahrhundert) die einzigen höheren Magistrate (ausgestattet mit einem sehr kleinen Stab – nur eine Handvoll Leute jeweils) zwei Konsuln, zwei Prätoren, vier Ädilen und – einmal in einem Quinquennium – zwei Zensoren waren; an rangniederen Magistraten gab es wahrscheinlich acht Quästoren, dazu ein paar andere Magistrate noch niedrigeren Ranges, die recht mangelhaft bezeugt sind, und die zehn Tribunen – das war, abgesehen von den Offizieren im Heer, der gesamte Apparat der Exekutive; die Konsuln, die Prätoren und einige der Quästoren waren außerdem – in unterschiedlichem Grad – mit militärischen Aufgaben befaßt.

[26] Der Terminus technicus für diese Art von Pachtverträgen *(ultro*

tributa) kommt bei Livius häufig vor und wird hier gelegentlich wegen seiner Kürze verwendet werden. S. RE, s.v.

[27] Liv. XXVII 10,11f.

[28] Der Text ist korrupt (s. OCT z. St.), wie es Zahlen unglücklicherweise oft sind. Von den 4000 Pfund Gold sollten die zwei Konsuln und drei andere Kommandeure einen jeweils gleichen Anteil erhalten, den die Handschriften unterschiedlich mit *quingena* und *quinquagena* überliefern; einer von den Konsuln erhielt zusätzlich 100 Pfund für Tarent: „Der Rest“ wurde für Lieferungsaufträge verwendet. Da *quinquagena* lächerlich gering ist, wird gewöhnlich *quingena* gelesen. Dies ergibt eine Summe an verteiltem Gold von 2500 + 100 = 2600 Pfund, der Rest betrug 1400 Pfund. Mommsen (Röm. Staatsr. III 1097, Anm.2) schlug aber vor, es sollten beide Zahlen gelesen werden, da *quingena* vor *quinquagena* ausgefallen sei. Dies würde eine ausgezahlte Summe von 2750 + 100 = 2850 Pfund ergeben. Für die Verwendung in Spanien blieben 1150 Pfund. Das ist kein Punkt, dessen Klärung ich hier versuchen will. Weissenborn-Müller z. St. akzeptieren Mommsens Lesart und geben in ihrer Anmerkung den „Rest“ mit der Summe an, die auf der anderen Lesart beruht, d.h. mit 1400 Pfund!

[29] Auch dies kann nicht als sicher gelten, diesmal wegen Livius' Inkompetenz und Unzuverlässigkeit. (s. Gelzer, Kl. Schr. III [1964] 220f.). S. auch das Legionenverzeichnis in der CAH VIII 104, das Livius zu folgen versucht und vier Legionen für Spanien annimmt. (Von zwei konsularischen Heeren läßt sich erwarten, daß sie zumindest diese Anzahl Soldaten aufwiesen; vgl. auch Liv. XXVI 19.10 und 17.1, wo 16000 Mann angegeben werden.) Aber Liv. XXVI 28 verzeichnet siebzehn Legionen für das Jahr 210, spricht aber von 21 kampfbereiten. Eine Legion, die er nicht aufgezählt hat, findet sich später in Griechenland (XXVII 7,15), und dies legt nahe, daß er in seinen Quellen drei spanische Legionen verzeichnet gefunden haben mag. Nach XXVII 22,11 (208 v.Chr.) war keine Legion mehr in Griechenland, so daß nun vier in Spanien gewesen sein mögen. Dies ist nur ein kleiner Hinweis darauf, warum für unsere Berechnungen keine Exaktheit beansprucht werden kann. [Zur Diskussion über die Quellen über die römischen Legionen im 2. Punischen Krieg s. Brunt 1971, 661ff. CAH VIII² zeigt kein Interesse daran.] Auf der anderen Seite haben wir keinen Grund, Livius' ausdrücklicher Erwähnung des Auftrages für die Kleiderlieferung (XXVII 10 Ende) zu mißtrauen, und Weissenborns Kommentar zur St. („ohne Vermittlung der publicani“) mit einem Verweis auf den Betrug, der fünf Jahre vorher stattgefunden hatte, ist nicht zu akzep-

tieren. Frank scheint mit Weissenborn übereinzustimmen, da er den Vertrag in dem Abschnitt über "The knights' corporations" während des 2. Punischen Krieges (S. 102) nicht erwähnt.

Es ist schwer, sich vorzustellen, daß die Quästoren Aufträge direkt an die Produzenten vergaben, wie dies hier vorausgesetzt wird: Da es keine Großindustrie gab, würde dies eine große Anzahl kleiner Aufträge erfordern, und die Magistrate können nicht so schnell die notwendigen Handelsverbindungen hergestellt haben. Der für dieses besondere Handelsgeschäft verwendete Ausdruck *(uestimenta ... locanda)* dürfte sich wie gewöhnlich auf die *publicani* beziehen. Es muß nebenbei erwähnt werden, daß die Kosten für Kleidung vom Sold der Soldaten abgezogen wurden: Der Staat konnte erwarten, das investierte Geld beizeiten wieder zurückzuerhalten.

30 [Diese Berechnungen basieren auf Franks eigenem Kurs von 1000 *denarii* für das Pfund Gold (S. 47). Das Verhältnis von 1 : 10 für Gold zu Silber, das für das 2. Jahrhundert anzunehmen ist (s. Crawford 1985, 58 Anm. 13), ergibt Summen zwischen 241 500 und 392280 „klassischer" *denarii*. Der Betrag für die vier Legionen wäre das Vierfache dieser Summen.] Die Zahlen sind ohnehin nicht genau. Frank (102) kommt bei der Berechnung der Auftragshöhe von 215 – ohne richtige Kriterien zugrunde zu legen – auf eine Investition von einer Million Denaren für das gesamte Geschäft und betrachtet die Einzelinvestition eines jeden der neunzehn Unternehmer als „trivial".

31 Plut. Cat. Mai. 4.

32 Zur Größe der Legionen s. Pol. VI 20,8f. [Brunt 1971, 671 ff.]. Wir sollten Sumners Mahnung (JRS 60 [1970] 67) berücksichtigen, daß die Zahlen die Sollstärke ausdrücken, nicht notwendigerweise die "practical effective". Auf der anderen Seite war während der gesamten Kriegszeit die Sollstärke oft 5000 (Pol. a.a.O. und anderswo; Liv. XXVI 28,7 und anderswo). [Beim Verhältnis von 1 : 10 wäre der Betrag näher an der höheren Zahl, die wir in unserer Berechnung erhielten; auch ist die Inflation zu berücksichtigen (s. die nächste Anmerkung).]

33 Zu den nach Spanien gebrachten Legionen s. Anm. 29 o. Liv. XXII 22,1 berichtet von weiteren 8000 Mann im Jahr 217, macht aber nicht deutlich, ob sie Römer waren. [Zu den Zensusklassen und zur Inflation im 2. Jahrhundert s. Crawford 1985, 149ff.] Der jährliche Grundsold eines Soldaten betrug bis zu Caesars Zeit 120 Denare: Davon mußte er (zur Zeit des 2. Punischen Krieges) seine Nahrung und seine Kleidung bezahlen. Dies ist die Zahl, die gemeinhin akzep-

tiert wird. Sie ist angezweifelt worden (s. G. Watson, The Roman soldier [1969] 89f. mit Hinweisen auf sein eigenes Werk und das anderer Wissenschaftler). Ich sehe aber kein überzeugendes Argument für deren verwickelte Theorien, die die übliche Gleichsetzung von Drachme und Denar bei Polybios und anderen griechischen Autoren aufgeben. S. Brunt, PBSR 1950, 50f.

[34] Wie das Wort nahelegt, wurde das *tributum* wahrscheinlich durch die Tribusorganisation mittels der *tribuni aerarii* genannten Beamten erhoben („Tribusbeamte der Staatskasse"). S. jedoch Mommsen, Staatsr. III 227f., der den Titel von den Tribus trennt; warum, ist nicht klar: Die *aerarii* wurden vermutlich so genannt, weil sie direkt an das *aerarium* zahlten und nicht zu den Tribus gehörten; daraus folgt nicht, daß die ordnungsgemäß den Tribus zugehörigen Bürger n i c h t über den Tribusapparat zahlten, sondern, wenn überhaupt, eher das genaue Gegenteil. [S. jetzt Cl. Nicolet, Tributum (Antiquitas 5.1, Bd. 24, Bonn 1976). Aber ich kann seine Spekulationen (S. 46ff.) über die *tribuni aerarii* nicht teilen.]

[35] Frank 101. Zur Einführung der Steuer in einer Zeit der Geldknappheit s. Liv. VII 16,7.

[36] Siehe S.J. de Laet, Portorium (1949) 45f.

[37] Die Literatur über das Staatsland *(ager publicus)* ist immens. In der englischsprachigen Fachliteratur ist das Thema angemessen von Frank behandelt. Standardbehandlung der Thematik bei G. Tibiletti, „Il possesso dell' *Ager Publicus*", Athenaeum 36 (1948) 173f.; A. Burdese, Studi sull' Ager Publicus (1952).

[38] Über Flaminius s. die in den MRR I 225 zitierten Quellen. [Vgl. MRR III 91.] Ich übernehme Franks Interpretation (S. 102).

[39] Liv. XXIX 37,3.

Anmerkungen zu Kapitel II

[1] Zur Heeresstärke während dieser Kriege s. Frank 142, mit weiteren Verweisen. [Dazu Brunt 1971, 422ff., 657ff.]

[2] Frank a.a.O. Toynbee (652) veranschlagt ca. 10 Legionen pro Jahr, fast die gleiche Zahl. [Ebenso Brunt 1971, 423, der jedoch meint, man könne bis zu 20% von dem Nominalbestand abziehen.]

[3] Frank 149f. basiert, soweit ich sehen kann, auf Weissenborn–Müller (s. Kap. I, Anm. 29). Brunt 1965, 138 behandelt dies nur kurz. Leider hat sich Toynbee (356) Frank angeschlossen, und die Sache bedarf erneuter (und längerer) Diskussion.

[4] XXXVI 2,12; XXXVII 2,12; 50,9f.; XLII 31,8. Toynbee fügt ein oder zwei weitere Stellen hinzu, die auch von Getreide handeln, vor allem XLIV 16,1f.: Q. Marcius Philippus requiriert Getreide von den Epiroten gegen einen Wechsel auf den römischen Staat. Toynbee räumt ein, daß die anderen Versorgungen durch Pächter erledigt wurden (Liv. a.a.O.), * aber er kommt nicht zu dem zwingenden Schluß, daß der römische Staat, obwohl er wie alle Staaten der Antike zumindest bis zu einem bestimmten Grad im Getreidegeschäft tätig war, sich in keiner Weise mit Kleidungs- oder Pferdehandel befaßte. Es handelt sich ausschließlich um Verbindungen und geschäftliche Kommunikationswege traditioneller Art. Trotzdem spielten private Unternehmen eine Rolle auch im Getreidehandel (Anm. 6 mit Text) [und besonders beim Getreidetransport].

[5] Liv. XXV 15,4; 20,3; XXVII 3,9; vgl. II 9,6; 34,3f.; IV 25,4; 52,5. Diese Stellen sind Frank entgangen.

[6] Liv. XXXIV 9,12. Er schickte sie mit der charakteristischen Bemerkung „Der Krieg wird sich selbst ernähren" nach Hause. Es ist klar, daß dies wie die meisten Dinge, die Cato derart demonstrativ tat, ein außergewöhnlicher Schritt war.

[7] Die Frage des Apparates ist hier wichtig: Wie wir sehen werden, war es der Hauptbeitrag der *publicani*, ihn zur Verfügung zu stellen. Da es in dieser Zeit – wie die Archäologie bestätigt hat – keine großen „Fabriken" gab, die fähig waren, rasch einen Auftrag von der Art, die wir gleich untersuchen werden, zu bewältigen, erforderte die Aufgabe, (zum Beispiel) mehrere tausend Kleidungsstücke in kurzer Zeit zusammenzubringen, Verbindungen und Fachkenntnisse, die der Staat einfach nicht erworben hatte oder zu erwerben nicht für nötig erachtete. Im Jahre 205 scheint allein Etrurien eine größere Industrie besessen zu haben (Liv. XXVIII 45, 13f.).

[8] Kap. I, Anm. 31.

[9] Frank 195, 200.

[10] S. Kap. I, Anm. 33.

[11] Frank 138.

[12] Leider versucht Frank (z.B. S.48, 146) einen „Wechselkurs" festzulegen, zu dem er dann die von ihm kalkulierten Beträge ganz irreführend in Dollarbeträge umrechnet. Es ist ganz unmöglich, antike Preise oder Einkommen in moderne umzurechnen, und jeder, der dies auch nur für gleichzeitige Kulturen mit ganz unterschiedlichen Lebensweisen probiert hat (z.B. die USA und ein typisches Entwicklungsland), wird einen solchen Versuch nicht machen. Alles, was man tun kann,

ist auf verschiedenen Ebenen aufzuzeigen, was man für eine bestimmte Summe (im weitesten Sinn des Wortes) kaufen konnte, und das eben haben wir versucht.

[13] Siehe Mommsen, Staatsr. I³ 241; III 1109. [I. Shatzman, The Roman general's authority over booty, Historia 21 (1972) 177ff.]

[14] Liv. XL 46,16; XLIV 16,9. Brunt 1965, 139 betont mit Recht gegen Frank, daß dies einen großen Teil der Staatseinkünfte ausmacht. Es muß hinzugefügt werden, daß die Bezahlung wahrscheinlich kein Einzelfall ist (s. Text); K. Gast, Die zensorischen Bauberichte bei Livius (1965), bringt nichts Sachdienliches. [Liste der zensorischen Bautätigkeit bei F. Coarelli, PBSR 45 (1977) 3ff.]

[15] Siehe MRR I 404.

[16] Liv. XXXIII 42,10; XXXV 10,12 (193 v.Chr.); 41,10 (192 v.Chr.).

[17] Frank 149f.; 152. Dies wird wiederum von Toynbee (357) wiederholt, ungeachtet von Brunts schlüssigen Einwänden (1965, 139).

[18] Z.B. ILLRP 449 (eine frühe Straße); 39 *(... aid(iles) d(e) stipe Aesculapi faciundum locauere eidem pr(aetores) probauere)*; 45 (*... aidiles curules moltaticod dedere esdem probauerunt* – dies genauso wie bei Livius). Das letzte Gebäude scheint in das frühe 2. Jahrhundert zu gehören. Brunts Verweis auf die ILLRP muß korrigiert werden: lies (wahrscheinlich) „466". Er übersieht die Inschriften von Ädilen, die von unmittelbarer Bedeutung für das Verständnis von Livius sind. Es ist nicht ganz richtig, zu sagen (Brunt a.a.O.), daß „in jedem Fall derjenige, der die 'cura' für das Unternehmen besaß, auch die 'probatio' hatte". Das Gesetz von Puteoli (das Brunt zum Beleg zitiert: der beste Text ILLRP 518) zeigt tatsächlich den gegenteiligen Sachverhalt: Das dortige Gebäude ist von Duumvirn in Auftrag gegeben und (der fertige Bau) durch einen Rat von zwanzig örtlichen Senatoren gebilligt. Vgl. (als Beispiel) für einen ganz normalen Fall (ausgenommen die weitere Entwicklung der Sache) Cic. 2Verr. I 130: Es scheint, daß der Nachfolger angewiesen werden konnte, die *probatio* auszuführen, wenn bei Routinearbeiten die Arbeit über die Amtszeit des Beamten, der den Auftrag vergab, hinausging. [Die Auftraggeber konnten aber auch hoffen, die *probatio* in einem höheren Amt selbst auszuführen – und das half ihnen vielleicht, das Amt zu gewinnen.] Aber dies mag nicht für Neubauten gegolten haben (s. ILLRP 39, o. zit.). Die Unsicherheit im Detail berührt natürlich nicht den Hauptpunkt: Alle diese Arbeiten waren *ultro tributa*, d.h. ordnungsgemäß verpachtet.

[19] Van Nostrand, ESAR III 128f.; die Zahlen stehen auf S.129. Es ist unklar, ob der Gedanke von Frank oder von seinem Kollegen stammt;

wahrscheinlich aber von Frank, da er mit seiner (irrigen) Hauptthese vom „Mißtrauen“ gegen die *publicani* übereinstimmt.

[20] Brunt 1965, 139, mit Hinweis auf D. Kienast, Cato der Zensor. Sogar Toynbee hat in diesem Fall Zweifel (S. 360); aber er behauptet (kraft Catos mutmaßlichem Mißtrauen gegenüber „den neuen römischen Geschäftsleuten“), daß es „örtliche Pächter gewesen sein müssen“. Da keine Veränderungen in den organisatorischen Vereinbarungen zwischen der Zeit Catos und der des Polybios (s.u.) angenommen zu werden brauchen, soll man auch keine annehmen. Cato hatte zu seiner Zeit in Spanien noch keinen Ärger mit den Pächtern gehabt.

[21] Frank (154) ignoriert recht willkürlich Livius' Hinweise darauf, daß die Zahlen sich auf Kriegsbeute beziehen. Zu den Zahlen s. Van Nostrand (Anm. 19 oben). Die ersten drei der Reihe zeigen eine Zufälligkeit, die am besten zur Interpretation als Kriegsbeute paßt (zuzüglich vielleicht einiger „freiwilliger“ Abgaben der Einwohner): 206 v. Chr.: 14342 Pfund Silber, kein Gold, eine große Zahl Silbermünzen; 200 v. Chr.: 43000 Pfund Silber, 2450 Pfund Gold, keine Münzen; 199 v. Chr.: 1200 Pfund Silber, 30 Pfund Gold, keine Münzen. Eine solche Schwankung ist ganz typisch. Wenn die Zahlen für 200 und 199 wirklich die Gewinne aus den Minen enthalten (die zwangsläufig den größeren Teil von ihnen ausmachen würden), hätte der Minenbetrieb sehr vom Zufall bestimmt sein müssen.

[22] Livius hat 10000 Pfund Silber und 5000 Pfund Gold für das Jahr 174 (XLI 28,6). Bei einem Verhältnis selbst von 10 : 1 zwischen Gold und Silber sind die Zahlen, gemessen am früheren Stand, hoch – vier Jahre nach der von Frank angenommenen „Reorganisation“ und dem folgenden Ausschluß von Einnahmen aus den Minen. Daher mußten die 5000 Pfund Gold zu 50 emendiert werden (Van Nostrand a.a.O.; einige „Statistiken“ basieren darauf). [Der Prokonsul Ap. Claudius wurde aber mit einer *supplicatio* und einer *ovatio* geehrt.] Im Jahre 168 finden wir wirklich niedrigere Summen: [Zehn Pfund Gold und Silber im Werte von einer Million Sesterzen (Liv. XLV 4,1). Dieser Prokonsul hatte nur e i n e „Stadt“ erobert und wurde keiner Ehrung gewürdigt.

W.V. Harris, CAH VIII² 118ff. untersucht diese Fragen in seiner knappen Abhandlung über die Römer in Spanien zwar nicht, scheint es aber als selbstverständlich anzunehmen (S. 129), daß große Gesellschaften von *publicani* Verträge mit fünfjähriger Laufzeit für die Minen von den Zensoren kauften. Es gibt keinen Beleg für solche Verträge der *publicani* vor C. Gracchus, aber natürlich ist dies nicht unmöglich.]

[23] Siehe For. Cl. 120f.

[24] Liv. XXXIV 21,7. Brunt (a.a.O.) vertraut mit Recht auf Livius und betrachtet dies als erste Einrichtung von Minenpachtverträgen. Er ignoriert die Möglichkeit örtlicher Verpachtung (wie von Toynbee angenommen) und verwirft zu Recht die Meinung, Cato habe aus prinzipiellen Gründen gegen die *publicani* opponiert. – Die Salzgewinnung wurde zur selben Zeit planmäßig ausgebaut (s. die nächste Anmerkung).

[25] Fragment 93 (Peter) bekräftigt dies entschieden.

[26] Wären die Minen vor 197 im römischen Interesse betrieben worden, hätte die Entscheidung, die spanischen Provinzen einzurichten, nicht eine so alarmierende Wirkung auf die dortige Bevölkerung gehabt – oder um es anders auszudrücken, die große Revolte wäre früher gekommen (s. For. Cl., Anm. 23 o.). Da die Römer dies zweifellos erkennen mußten, ist es sehr wahrscheinlich, daß sie eine Inbetriebnahme der Minen nicht riskierten, bis sie in der grundsätzlichen Frage, was mit Spanien geschehen solle, zu einem Entschluß gekommen waren.

[27] Diod. V 38,1 (nach allgemeiner Übereinstimmung von Poseidonios): Untertagearbeit rund um die Uhr bis zum physischen Zusammenbruch. Vgl. 36,4. [Zuletzt J. Malitz, Die Historien des Poseidonios, Zetemata 79 (1983) 105ff., mit deutscher Übersetzung.]

[28] Strab. III 2,10.

[29] Pol. III 59,7 (s. Walbank z. St.).

[30] Auch die Sklaven, wie billig auch immer, stellen eine beachtenswerte Investition dar. Es ist zwecklos, über „Abschreibungs"-Beträge für Arbeitskräfte zu mutmaßen, wie Frank es tut. Wenn wir Vermutungen anstellen müßten, so könnte nichts unsinniger als Franks Zahl von 10 Prozent pro Jahr sein, die besagt, daß diese Sklaven unter diesen Arbeitsbedingungen zehn Jahre leben könnten. Ein Jahr wäre vielleicht eine angemessenere Schätzung. Wie zwecklos es ist, solche Statistiken auf der Grundlage bloßer Schätzungen aufzustellen, zeigt sich, wenn man Franks Zahlen für Investition und Gewinn mit denen in der RE vergleicht (Suppl. IV, Sp. 146, s.v. Bergbau). Sie betragen 26 bzw. 45 Millionen für Investitionen und 12 bzw. 7 Prozent für Gewinn! Ich habe versucht, nie eigene Zahlen zu verwenden, die nicht einigen Halt in den Quellen haben, und die Grenzen der Aussagekraft der Quellen zu betonen: Die Manie von Quantitätsbestimmungen selbst da, wo es die Beweislage nicht zuläßt, ist genauso verheerend für die Geschichts- wie für die Wirtschafts- und andere „Sozial"-Wissenschaften. Brunt meidet mit Recht dieses Spiel (1965, 138f.); seine eigene Aussage, daß

das Pachtgeschäft „leicht Gewinne erbracht haben mag, die weit größer waren als das, was mit Grundbesitz verdient werden konnte", gehört aber beinahe in die gleiche Kategorie. Es kann ebensogut viel weniger erbracht haben. Cato Maior kannte sicher alle Möglichkeiten. In seinem Werk über den Ackerbau *(agr. praef.)* erachtet er dennoch allein Handel und Zinswucher als lukrativer denn Landwirtschaft, obgleich auf andere Weise weniger erstrebenswert! Kein Wort von Pachtverträgen. Wir dürfen annehmen, daß die Gewinnspannen zu dieser Zeit niedrig waren. Der Demagoge neigt dazu, hohen Umsatz und hohen Gewinn gleichzusetzen; in historischen Werken sollte diese Gleichsetzung keinen Platz haben.

[31] Liv. XXXIX 44,7f.; vgl. Plut. Cat. Mai. 19 (hauptsächlich über die ausgedehnte Bautätigkeit).

[32] Plut. a.a.O. [Ich kann in der zweiten Auflage der CAH VIII keinen Verweis auf die Verträge Catos und Valerius' oder auf deren Beziehungen zu den *publicani* finden, obwohl Catos wirtschaftliche Aktivitäten und sein Interesse an ethischen Fragen ausführlich behandelt werden.]

[33] Brunt richtet zu Recht seine Aufmerksamkeit auf die große Bautätigkeit in Rom, die den Unternehmern zugute kam (1965, 139). Man kann sicherlich einen privaten Bauboom auf dem Sektor von Privathäusern dazurechnen, da dieselben Leute ihre Häuser und Villen verschönerten. Das Bauwesen lag wahrscheinlich in den Händen derselben Leute und Firmen, ob sie nun im privaten oder im staatlichen Auftrag arbeiteten. Der bezeugte Konkurrenzdruck für die Staatsaufträge legt nahe, daß die Gewinne (in Anbetracht des Ausmaßes der Tätigkeiten und der gelegentlich lockeren Kontrolle) größer sein konnten als bei Privataufträgen.

[34] Siehe Anm. 14 (oben) und Text. Für das Jahr 174 – für das die Quellen eine größere Bautätigkeit betonen (MRR I 404) und in dem kein größerer Krieg geführt wurde – können wir sicherlich mit einer erneuten Bewilligung der Einkünfte eines Jahres rechnen, wie es im Jahre 179 geschah. Im Jahre 169, in dem es einen größeren Krieg gab, wurde die Bewilligung auf die Hälfte gekürzt. [A. Astin, Latomus 49 (1990) 26, meint, daß wir von den Zuweisungen der Jahre 179 und 169 hören, da sie „neu und außergewöhnlich" waren. Er berücksichtigt dabei nicht Livius' Gewohnheit, über Dinge, die weder auffallend noch kontrovers waren, aufs Geratewohl zu berichten. Daß solche Zuweisungen nicht lange Zeit über das Jahr 169 hinaus andauerten, mag zugestanden werden: vgl. die Liste bei Coarelli (zit. Anm. 14 o.) mit Astins Erörterung.]

[35] Liv. XLIII 16,2f.

[36] Liv. XLIV 16,8.

[37] Liv. XLI 27 (mit Lücken). Die meisten Bauten entstanden auf Veranlassung eines der Zensoren, ohne offizielle Anweisungen; die Aktion scheint jedoch nicht auf Widerspruch gestoßen zu sein. Das Geld mußte vorher bewilligt worden sein. Neu war nur der Weg, auf dem von dem bewilligten Geld Gebrauch gemacht wurde. Darin (wie in anderen Angelegenheiten) hatten die Zensoren immer sehr viel Freiheit.

[38] Er ließ das Dach eines berühmten Tempels abdecken – eine Tat, von der man sich offiziell distanzierte und die von den ergrimmten Göttern bestraft wurde (MRR I 404). Daraus kann man natürlich nicht folgern, daß Fulvius' Haltung gegenüber den Unternehmern nachlässig war. – Wir müssen auch bedenken, daß im Jahre 169 ein anderer Krieg im Gange war, und das schon seit mehreren Jahren. Es könnte sein, daß dieser – wie der 2. Punische Krieg – einige Skandale ausgelöst hatte.

[39] Siehe die Standardwerke, z.B. [CAH VIII² 317f.]

[40] Es ist diese Senatsdebatte, aus der ich oben S. 1 Livius' Äußerung zitierte: „Dort, wo ein *publicanus* ist, gibt es kein wirksames öffentliches Recht und keine Freiheit für die Untertanen" (Liv. XLV 18,4).

[41] Tatsächlich hat der Befehlshaber (mit Zustimmung der Senatskommission) den Beschluß vor Ort dadurch leicht modifiziert, daß er die Inbetriebnahme der (weniger bedeutenden) Kupfer- und Eisenminen durch die Makedonen gestattete: Die Pacht, die sie dafür gezahlt hatten, wurde halbiert (Liv. XLV 29,11). Gold- und Silberminen in den Händen von Makedonen wurden ohne Zweifel als zu gefährlich angesehen (dies scheint Toynbee zu meinen [S. 360 mit Anmerkungen], allerdings in einer konfusen Erörterung). Der gleiche Beweggrund macht es fast sicher, daß die Bergbautätigkeit den *publicani* überlassen wurde, als sie wieder aufgenommen wurde: Weder das Mißtrauen gegenüber der Bevölkerung noch die Unfähigkeit des Staates, solche Dinge direkt zu regeln, hatten sich in diesen Jahren geändert. Das spanische Beispiel mußte sich zwangsläufig durchsetzen. (Toynbee hält es für sehr wahrscheinlich, daß die Minen an die Makedonen zurückgegeben wurden.) [P.S. Derow, CAH VIII² 318 m. Anm. 35 scheint dies zu akzeptieren, fügt aber hinzu, daß der Senat vielleicht gedacht habe, die Minen könnten nicht „ohne ... eine Art militärischer Präsenz betrieben werden". Wenn dem so war, was hatte sich bis zum Jahre 158 geändert, als, wie Derow weiß (ebenda), die Minen wieder geöffnet wurden? (s. Anm. 55 und Text, u.).]

[42] Pol. XVIII 35,4: s. Walbanks Anmerkung z. St. mit anderen Zahlen, die sich nicht alle auf dasselbe Ereignis beziehen.

[43] XLV 40,2f.

[44] Der 2. Makedonische Krieg war erst im Jahre 196 beendet worden.

[45] Da die Großzügigkeit des Senats ihm Rätsel aufgibt, glaubt Frank, daß die makedonischen Minen erschöpft gewesen sein mußten (S. 156). In Anbetracht der Einkünfte, die die Könige erhalten haben müssen, ist das schwer zu glauben. Wie dem auch sei, was besagt dies über die anderen Einnahmequellen, die nicht wahrgenommen wurden? Der Umstand, daß die Minen aufgegeben wurden, trägt dazu bei, Franks Meinung zu widerlegen, daß die spanischen Minen erst im Jahre 178 an die *publicani* übergeben worden waren: Der Senat kannte sicherlich keinen anderen praktikablen Weg, die Minen zu betreiben.

[46] Liv. XLIII 16,1f.

[47] Wenn wir die Verbindung, die Livius herstellt, akzeptieren, können wir sicherlich weiter vermuten, daß die besonders harte Behandlung, die der Stand der *equites* erfuhr (betont von Liv. a.a.O.), eng mit den Vergehen der *publicani* verknüpft war: Wahrscheinlich wurde einzelnen, die in irgendeinen aufgedeckten Skandal verwickelt waren, das Staatspferd entzogen.

[48] Plut. Paul. 38 (Ende).

[49] Liv. XXXIII 42,10; XXXV 10.11. Die Ansicht, es habe zu dieser Zeit keinen Pachtzins für die Verwendung dieses Landes gegeben, ist also irrig.

[50] Liv. XXVIII 46,4–5; XXXII 7,3. Frank (150f.), dem wiederum Toynbee (356) folgt, meint, daß das Staatsland nicht durch die *publicani* verwaltet worden sein kann. Der Alternativschluß ist wahrscheinlicher: Aus im Text skizzierten Gründen gelang es ihnen nicht, die Pacht einzuziehen.

[51] Liv. XLII 19,1f.

[52] Einige der führenden *publicani* können, da sie ja *equites* waren, natürlich selbst von diesem Versäumnis, die Pacht einzuziehen, profitiert haben. Dies hätte das Andauern des Zustandes begünstigt.

[53] Es scheint, daß etwas von dem Land, das illegal besetzt worden war, sogar zurückgekauft wurde, um Ärger zu vermeiden. Die Episode ist nicht klar (Gr. Lic. 8–9 C).

[54] Bei Cato, fr. 167 M, ist der Unwille der Senatoren über dieses Gesetz im Jahre 167 selbstverständlich, und die Auswirkung scheint noch aktuell zu sein. Das Datum des Gesetzes ist jedoch nicht bekannt.

(Toynbee 555f. hat recht mit der *prima facie*-Deutung, schmückt sie aber phantasievoll aus.) [Das Datum des Gesetzes, das die Begrenzung vorsah und das – unglaubwürdig – in vielen antiken Zeugnissen unter die *leges Liciniae Sextiae* des 4. Jahrhunderts (s. MRR I 108f.) gerechnet wird, hat eine endlose Diskussion ausgelöst. Die meisten (wenn auch nicht alle) Wissenschaftler sind sich einig, daß es irgendeine Art von Begrenzung schon zu dieser Zeit gegeben haben mag, daß aber die Zahl von 500 *iugera* viel zu hoch für eine Zeit ist, in der nicht viel an *ager publicus* insgesamt verfügbar war. Daraus folgt, daß zumindest die Obergrenze von 500 *iugera* erst nach dem ausgedehnten Zuwachs an *ager publicus*, der dem 2. Punischen Krieg zuzuschreiben war, eingeführt worden sein kann – wahrscheinlich nicht lange vor 167. Zu all diesem s. E. Gabba, CAH VIII² 197ff. (S.203 über dieses Gesetz). Die letzte Erörterung, die zu meiner Kenntnis gelangt ist, bei B. Forsén, Lex Licinia Sextia de modo agrorum – fiction or reality?, Societas Scientiarum Fennica, Commentationes Humanarum Litterarum 96 (1991), der nach einer erschöpfenden Untersuchung der Quellen im wesentlichen diese Deutung akzeptiert und stützt.]

55 Nur von Cassiodorus 616 M bezeugt.

56 Zum Zeitpunkt der Abfassung von Buch VI s. Walbank, Hist. Comm. I 636 (mit Hinweisen auf detaillierte Erörterungen).

57 Pol. VI 17.

58 Walbank, Hist. Comm. I 692f. (Er verläßt sich aber zu sehr auf Franks Interpretation.)

59 Walbank a.a.O.; Brunt 1965, 119 („Unter Volk versteht er natürlich die Equites" [gesperrt vom Verf.]).

60 Toynbee 343. Die Unternehmer selbst, wird uns im gleichen Atemzug mitgeteilt, „waren sich bewußt, daß sie es waren, die in dem ständigen 'Kalten Krieg' mit dem senatorischen Establishment [sic] die Oberhand hatten". Es ist schade, daß dieses umfangreiche Werk, das auf einem so intensiven Studium moderner Forschung beruht, mit gänzlich vorgefaßter Meinung und einer Auffassung, die sich mehr an gegenwärtigen als an römischen Bedingungen orientiert, an die Quellen herangeht.

61 Ich habe das Wort ἐργασία mit 'Geschäft' übersetzt – eine seiner gebräuchlichsten Bedeutungen. (Es bezeichnet 'Aktivitäten' von jeder – besonders von jeder gewinnbringenden – Art.) Walbank übersetzt, Mauersberger (Polybios-Lexikon, s.v.) folgend, 'Profit' und bezieht sich dabei auf IV 50,3 ('Gewinn' [Mauersberger]). Es ist aber nicht nötig

das Wort in dieser erfundenen Bedeutung zu verwenden, dort sowenig wie hier: 'Geschäft' oder, ganz allgemein, '(wirtschaftliche) Betätigung' ist dort so offenkundig am Platz wie hier. Auch der Umstand, daß das Wort im Plural steht, muß nicht zu einem grundlegenden Bedeutungswechsel zwingen. In V 100,4 meint es offensichtlich 'Arbeit'. Sowohl Shuckburgh als auch Paton geben das Wort in unserem Passus VI 17,3 mit 'work' wieder.

[62] Siehe den soweit überzeugenden Artikel von H.C. Boren, The urban side of the Gracchan economic crisis, AHR 63 (1957/58) 890f. Archäologische Funde scheinen das Aufblühen von Landstädten in Italien zu dieser Zeit zu bestätigen: ein in den Erörterungen um den Gegensatz Rom – „Land" leicht übersehener Punkt – z.B. im Aufsatz von Brunt, JRS 52 (1962), 69–86, der diesbezüglich der Berichtigung bedarf.

[[63] Der Index der 2. Auflage der CAH VIII (Rome and the Mediterranean to 133 B.C.) gibt genau drei Verweise auf die *publicani* an: a) einen kursorischen von J. Briscoe in seiner Darstellung des 2. Punischen Krieges (S.76); b) W.V. Harris' knappe Vermutungen über die *publicani* in Spanien (s. Anm. 22 oben: Der Index hat eine falsche Seitenangabe); c) Chr. Habichts Erwähnung (S.386) des Umstandes, daß „das Elend, das durch ... die *publicani* bewirkt wurde, wohlbekannt ist". Da der Index – von der irrtümlichen Angabe einer Seitenzahl abgesehen – es versäumt, Derows Verweis auf die *publicani* anzugeben (s. Anm. 41 oben), kann er offensichtlich nicht als ein genaues Register für Band VIII gelten. Doch scheint es jedenfalls offenkundig, daß der Band keine ernsthafte und in sich schlüssige Untersuchung dieses wichtigen Aspekts der römischen Sozial-, Wirtschafts- und Verwaltungsgeschichte enthält.]

Anmerkungen zu Kapitel III

[1] Val. Max. VI 9,8 (s. RE, s.v. Rupilius, Nr.5).

[2] Siehe A.E. Astin, Scipio Aemilianus (1967), 84, 88f.

[3] Frank 262.

[4] Toynbee 362.

[5] Diese Auffassung von den *equites*, bekannt geworden durch H. Hill, The Roman Middle Class (1952), wurde von Hills meisten Rezensenten verworfen. S. Wiseman, Historia 19 (1970) 77. Brunt, der zu Recht die Darstellung der *equites* als „Geschäftsleute" zurückweist

und ebenso richtig ihr Verlangen nach hohem Rang und hoher Anerkennung in der späten Republik betont, scheint ihre Ambitionen auf Ämter zu übertreiben (1965, 120) und deutet beinahe auf einen „Klassenkampf" hin, wie ihn sich Toynbee vorstellt.

[6] Diese Unterscheidung ist zu Recht von Nicolet in seinem monumentalen Werk über den *ordo equester* betont worden.

[7] In meinem Aufsatz ›Marius and the Nobles‹ (DUJ 25 (1963/4) 141f.) habe ich versucht, das Funktionieren dieses Systems zu erklären und die Rolle zu betonen, die es beim Verhindern der Herausbildung einer Kastengesellschaft spielte.

[8] Die Richtigkeit dieser Feststellung, die von sorgsam arbeitenden Wissenschaftlern schon lange anerkannt worden ist, wurde nun ausführlich und im Detail von Nicolet bewiesen. Sie trifft weniger für die späte als die frühere Republik zu, besitzt aber für jene noch großenteils Gültigkeit.

[9] Cic. off. I 151.

[10] Diod. XXXIV/XXXV 38.

[11] Plut. Mar. 3.

[12] Liv. XL 51,2.

[13] Siehe Kap. II, Anm. 61 und den Text.

[14] Nur ein indirekter Hinweis bei Plin. n.h. XXXIII 141.

[15] Frontin. aq. I 7; s. Astin, Scipio Aem. 108f.

[16] MRR I 474.

[17] Es wird bis zum Jahr 125 von keinem größeren Neubau berichtet mit Ausnahme von Callaicus' Marstempel, erbaut einige Jahre nach 138 (der Architekt war der berühmte Hermodoros: Nepos, fr. 20 P): s. Boren a.a.O. (Kap. II, Anm. 62). Ich würde die *navalia* desselben Hermodoros hinzufügen (Cic. de or. I 62).

[18] Zum Tribunat des Tiberius Gracchus, einer der meistbehandelten Episoden der römischen Geschichte, s. D.C. Earl, Tiberius Gracchus (1963), der die politischen und militärischen Motive auf Kosten der ökonomischen und philosophischen betont. Brunt, Gnomon 37 (1965) 189f., tadelt ihn deswegen und betont seinerseits die sozialen und ökonomischen Faktoren. Nicolet, REA 67 (1965) 142f. sucht nach den Einflüssen der griechischen Philosophie. [Vgl. meinen Aufsatz: Tiberius Gracchus and the Beginning of the Roman Revolution, ANRW I.1 (1972) 668–731, wo manches, was hier nur angedeutet werden konnte, ausführlicher besprochen ist.]

[19] The Failure of the Roman Republic (1955). Da dieses Werk zu einer Zeit erschien, als man dazu neigte, sozialen Zusammenhalt noch

mit Faschismus in Verbindung zu bringen, wurde es – aus heutiger Sicht – von seinen Kritikern auf unfaire Weise aufgenommen. Der Verlust von *concordia* in den modernen Gesellschaften wird vielleicht zu einer Neubewertung sowohl des Buches als auch des Problems führen. [Vgl. mein Argument in dem in Anm. 18 zitierten Aufsatz, wo das Scheitern der *concordia* im Jahre 133 als Anfangspunkt der „römischen Revolution" bezeichnet wird.]

20 Plut. Ti. Gr. 16. Wir brauchen die Frage nicht zu erörtern, ob die Versammlung, auf welcher er getötet wurde, eine Wahl- oder eine gesetzgebende war. (L.R. Taylor, Athenaeum 51 [1963] 51f. dachte an eine gesetzgebende; Earl, ebd. 53 [1965] 95 bestritt dies; Taylor erneuerte ebd. 54 [1966] ihre Behauptung.) Selbst wenn es sich um eine gesetzgebende Versammlung handelte, sind die Gesetze nicht notwendigerweise die, welche Plutarch angibt. Ich habe die Angelegenheit in meinem in Anm. 18 zitierten Aufsatz erörtert. [Jetzt würde ich hinzufügen, daß, wenn es (wie wahrscheinlich) eine gesetzgebende Versammlung war, diese nichts mit den von Plutarch angegebenen Gesetzen zu tun hatte. Die einfachste Interpretation ist, daß sie einberufen wurde, um Tiberius' Wiederwahl zum Tribunat, die ja strittig war und blieb, ausdrücklich zu erlauben.]

21 Plin. n.h. XXXIII 34, Dio XXIV fr. 83,7. Zu einem anderen Aspekt vgl. Vell. II 2.

22 Zit. bei Plut. Ti Gr. 8 (Ende).

23 Siehe fr. 17 M; vgl. 31,6; 47.

24 Cic. rep. IV 2.

25 Zu dieser ganzen Problematik s. Astin, Scipio Aem. 245 (mit Anm. 1).

26 In den Mél. Renard (1969), 55f. habe ich versucht, einen Fall zu untersuchen, über den wir verhältnismäßig gut informiert sind. [Vgl. G.V. Sumner, Orators in Cicero's Brutus, 1973, 161ff.]

27 Nicolet, L'Ordre éq., 513f. möchte das Gesetz bis in die Zeit nach der *lex repetundarum* hinabdatieren. Obgleich ich dem nicht zustimmen kann, gebührt Nicolet das Verdienst, der erste Wissenschaftler der jüngeren Forschung zu sein, der die Bedeutung dieses Gesetzes hervorhebt.

28 Vgl. rep. I 31 („Zwei Senate und beinahe schon zwei Völker") etc. Es wäre nicht damit getan zu sagen, daß er bloß Scipio als Helden haben wollte: Historische Wahrscheinlichkeit besaß Vorrang. (Vgl. Att. XIII 32, Ende: Das Thema kam zuerst, die Personen wurden nach der historischen Plausibilität zugeschnitten.)

[29] Der Konsul P. Mucius Scaevola, der sich weigerte, gegen Tiberius vorzugehen, verteidigte später Scipio Nasicas Vorgehen gegen ihn (Earl a.a.O. [Anm. 18] 117f.). Dies ist nicht unverzeihlich. [Es ist ein Beispiel der römischen Tradition der *concordia*.]

[30] Liv. per. LIX. Zur Besetzung der Kommission s. MRR I 495, 503.

[31] App. b.c. I 19, 78f.

[32] Cic. Mur. 40 (*restituit*, *restitutus*, in bezug auf das Gesetz, das dieses Privileg im Jahre 67 an die *equites* verlieh). Weitere Quellen: MRR II 145. Ich kann Wisemans Interpretation von Ciceros Worten und seiner Zurückweisung von Vell. II 32,2 (Historia 19 [1970] 80) nicht zustimmen.

[33] Senatoren hatten dieses Privileg seit 194 (s. Mommsen, Staatsr. III 519f.). Sicherlich mißbilligten nur konservative Senatoren dieses Zeichen von *dignitas* für die *equites*. Das Volk, das dies im Jahre 67 mißbilligte, war noch keine richtige politische Kraft, vor allem wenn der Schritt von einem *popularis* getan wurde. Aber es ist möglich, daß es doch einigen Konfliktstoff gab: Ein sehr schlecht erhaltenes Fragment von Obsequens (28a), das in die Jahre 129–127 zu setzen ist, erwähnt M. Fulvius Flaccus als *triumvir*, offensichtlich in Verbindung mit einer *dissensio in legibus ferendis*.

[34] Siehe For. Cl. 176f.

[35] Dies wird gelegentlich von denen bestritten, die glauben, Wendepunkte der Geschichte auslöschen zu können, indem sie die Ursprünge aufzeigen. Ursprünge sind interessant und wichtig, aber Wendepunkte existieren dennoch und sollten als solche anerkannt werden.

[36] Der Prozeß ist wahrscheinlich in die Zeit nach seinem Triumph, der im November 126 stattfand (MRR I 509), zu datieren, d.h. ins Jahr 125 oder 124, vielleicht erst 123.

[37] Dies geht völlig klar aus seinem Gesetz über die konsularischen Provinzen hervor – für jemanden, der an Gracchus' politischen Vorstellungen interessiert ist, ist es vielleicht der bezeichnendste Teil seiner Gesetzgebung. (Zu den Quellen s. MRR I 514.) C. Gracchus überließ dem Senat nicht nur die wichtigste administrative Entscheidung des römischen Jahres, er machte diese auch zur einzigen administrativen Handlung, gegen die es kein Vetorecht der Tribunen gab. [C. Gracchus als „Demokrat" ist eine Erfindung des 19. Jahrhunderts.]

[38] Ich hoffte, diesen Mythos in meinem Aufsatz AJP 75 (1954) 374f. endgültig aus der Welt geschafft zu haben. Er taucht aber immer wieder an versteckten Stellen auf, immer auf dieselbe Fehlinterpretation Plutarchs gestützt. S. u. Anm. 65.

[39] Siehe For. Cl. 216f., Gabba, PP XI (1956) 363f., ASNP, S. 2, 33 (1964) 1f. Zu Sulla s. meine Vorlesung: Lucius Sulla (Sydney 1970). [Veröffentlicht in: Essays in Roman Culture. The Todd Memorial Lectures (1976) 35–74.]

[40] Sherk, RDGE, Nr. 12.

[41] Zeile 21 zeigt, daß der Senatsbeschluß Ende Juni gefaßt wurde. Der andere Konsul von 129, C. Sempronius Tuditanus, war rechtzeitig in Rom zurück, um am 1. Oktober einen Triumph zu feiern (MRR I 504). Die Konsuln müssen bereit gewesen sein, nach dieser wichtigen Entscheidung Rom beinahe umgehend zu verlassen. [Vgl. aber unten Anm. 42.]

[42] Zeile 15 erwähnt die Einkünfte aus der Provinz Asia (vermutlich auf der Basis von Pachtverträgen, wie gewöhnlich ergänzt wird; es gibt aber keinen direkten Hinweis, ob sie in Rom oder vor Ort abgeschlossen worden waren). Da wir wissen, daß Ti. Gracchus diese Einkünfte für seine Agrarprogramme wollte (s. For. Cl. 174), braucht uns dies nicht zu überraschen: Die königlichen Besitzungen waren zum Eigentum des römischen Volkes geworden. Die Inschrift verschafft uns implizit die zusätzliche Erkenntnis, daß die Aufträge an *publicani* vergeben waren, also, wie es scheint, in Rom. Dennoch weigerten sich viele Wissenschaftler mit der Begründung, daß es erst C. Gracchus war, der den *publicani* den Weg in die Provinz Asia ebnete, lange Zeit, 129 als Datum zu akzeptieren! [Die Aktivität der *publicani* als solche in der Provinz ist für das Datum irrelevant.] Das Dekret sagt uns nicht aufs Wort genau, was in Rom verpachtet wurde. Sicherlich nicht die Steuern der Städte, die nach dem Willen des Königs unabhängig blieben. Cicero teilt uns mit (2 Verr. III 12), daß die *censoria locatio* für diese durch eine *lex Sempronia* eingerichtet wurde, die eines von den Gesetzen des C. Gracchus sein muß. (Vgl. App. b.c. V 4,17: M. Antonius behauptet, daß die Steuer anfangs nicht von Rom erhoben wurde, bis „Demagogen“ dies notwendig machten.) Daneben blieb noch eine Vielzahl von Steuern zu erheben, z.B. *scriptura* und *portoria* auf römischem Staatsland. In dem Streit ging es gerade um die Grenzen zwischen Stadtland und königlichem Land (Zeile 5f.), welches jetzt römisches Staatsland war.

[Das Datum des *SC de agro Pergameno* (Sherk, RDGE, Nr. 12) ist seit Veröffentlichung dieses Buches häufig erörtert worden. Ich habe es vorgezogen, den Text so zu belassen, wie ich ihn damals niederschrieb, und füge nun eine Anmerkung hinzu, die die Probleme aufzeigt und auf die Möglichkeit hinweist, daß das Datum, das ich für gesichert hielt, falsch sein könnte. David Magie hatte vor längerer Zeit die Behauptung aufgestellt, daß die Inschrift in das Jahr 101 zu datieren ist, seine Argumentation war aber nicht überzeugend, und es ergab sich allmählich ein Konsens für das Jahr 129. Die Frage wurde von H.B. Mattingly erneut aufgeworfen, der aus prosopographischen und stilistischen Gründen für 101 plädierte. Wenn diese auch nicht voll überzeugend sind, so gebührt Mattinglys Argumentation doch einiges Verdienst. Seit sein Aufsatz 1972 im AJP (93, 412ff.) erschien, ist es unmöglich geworden, das Datum 129 als gesichert zu betrachten. Die Schwierigkeit, mit formelhaften Wendungen zu argumentieren, besteht darin, daß diese nicht mit einem Male in die offizielle Sprache eingeführt und dann unverändert gebraucht werden. So exakt und konsequent waren die Römer (wie auch die Athener) nicht. Eine neue Wendung taugt nicht dazu, ein Datum schärfer als auf eine Generation genau zu bestimmen.

Mit der prosopographischen Methode kann man Mitglieder des *consilium* mit jedem der beiden Daten in Zusammenhang bringen, da die Namen römischer Aristokraten über mehrere Generationen hinweg immer wieder auftauchen. Es ist selten möglich, ein in einem Text erwähntes Mitglied einer Aristokratenfamilie zu identifizieren, wenn es keinen äußeren Beleg für das Datum dieses Textes gibt.

Im Jahr 1985 brachte Mattingly (LCM 10) weitere prosopographische Gründe vor, und bei Überprüfung der Zeugnisse fand ich ein Argument, welches das Datum genau auf 101 festzulegen schien, den Namen eines *homo novus*, C. Coelius C.f., welcher der Konsul von 94 gewesen sein müßte. Ich habe meine Meinung dazu in LCM 11 (1986) 15f. dargelegt. Der Name einer als *homo novus* bezeugten Person hat mehr Gewicht für die Datierung als der eines Aristokraten, da bei ersterem die Möglichkeit eines Vorgängers im Senat ausgeschlossen werden kann. C. Coelius C.f., falls er tatsächlich mit dem späteren Konsul identisch ist, hätte zu diesem Zeitpunkt sein Tribunat (107) schon sechs Jahre hinter sich. Wie ich ausführte, gibt es noch, lange vor Caldus, eine andere Familie von Coelii im Senat, die der Antipatri. Das erste bezeugte Mitglied mit dem *praenomen* Gaius ist aber ein im Jahre 82 getöteter Offizier. (Wir kennen seinen Vater nicht.)

Die prosopographisch-technischen Zeugnisse sprechen deshalb, auf der Grundlage unserer gegenwärtigen Kenntnisse, stark zugunsten des Jahres 101. Zur weiteren Erörterung und zur Bibliographie s. MRR III 23f. (der dort zitierte Aufsatz von De Martino trägt allerdings wenig zur Diskussion bei). Nichtsdestoweniger scheint es historisch sehr befremdlich, daß eine Angelegenheit wie die Abgrenzung des königlichen Landes (um welche es zweifellos geht) erst 25 oder mehr Jahre nach der Einrichtung der Provinz zur Sprache kam: Historisch scheint das Jahr 129, direkt im Anschluß an den ersten Zensus nach der formalen Annexion, weit plausibler. Das ist zur Zeit der Stand der Dinge. So schwer die von mir selbst entdeckten prosopographischen Zeugnisse auch wiegen, muß ich die Sache angesichts der dünn gesäten Belege für römische Familien noch in der Schwebe lassen. So neigt sich die Waage zum Jahr 101, aber bevor dieses als festes Datum anerkannt werden kann, muß seine historische Unglaubwürdigkeit erklärt werden. (Versuche, die darauf zielen, abzustreiten, daß es sich um die Abgrenzung des neuen *ager publicus* handelt, lassen sich als falsch abtun.) Mittlerweile läßt sich die Möglichkeit, daß das *praenomen* Gaius in der Familie der Antipatri schon seit Generationen benutzt wurde, bevor wir es zufällig bezeugt finden, nicht ausschließen. Es fällt nicht schwer, zu zeigen, wie wenig wir sogar über die anscheinend gut bezeugten Familien der römischen Aristokratie wissen. (S. meinen Aufsatz in PBSR 52 [1984] S.51–71.)]

[43] Der Pachtvertrag war bereits vergeben worden, und nur die Pachtgesellschaft konnte gewinnen oder verlieren. Aber natürlich nahm das Einfluß auf die Preise für die darauffolgenden Aufträge.

[44] Quellen bei Greenidge-Clay² 4f. Die Zahl von 1000 *iugera* (in der *periocha* des Livius und in dem Buch *de uiris illustribus*) beruht wahrscheinlich allein auf einer falschen Quellenangabe. Unsere zuverlässige Überlieferung hat einmütig 500 *iugera*, ungefähr 125 Hektar. Korrupte Zahlen sind in unseren Handschriften üblich und kamen sicherlich auch in denen vor, die den späten Autoren zur Verfügung standen. S. meine Erörterung a.a.O. (Anm. 18 oben).

[45] Wir kennen andere aus späterer Zeit. Zu Oropos s. S.127 oben.

[46] Vermutlich durch die *tribuni aerarii*; Mommsen verneint dies jedoch. S. Kap. I, Anm. 34. [S. Cl. Nicolet, Tributum, Antiquitas 5.1, Band 24 (Bonn 1976).]

[47] Plaut. Trin. 794; vgl. den *scripturarius* in Truc. 144f. (schuldig der illegalen Beschlagnahme). Indem er die Macht der *publicani* im frühen zweiten Jahrhundert zu zeigen versucht, mißdeutet Toynbee (362) Plautus' Hinweise auf *argentarii* für diesen Zweck. Diese Hinweise sind völlig belanglos.

[48] Men. 115f. Ein Zollbeamter kommt später auch bei Ter. Ph. 150 vor. Es muß erwähnt werden, daß wir nicht sicher wissen, wann Plautus' Stücke entstanden sind, da die Überlieferung über ihn verworren und unzuverlässig ist. Keines der erwähnten Stücke stammt

zwingend aus der Zeit vor 200. Es mag auch sein, daß der *portitor* amüsanter (und unerträglicher) war, weil er als Figur neu war.

49 De Laet, Portorium 55f. (mit Quellen) vermutet, daß es Zolltarife dort schon vorher gab; aber wenn dem so ist, dann kann es sich nur um lokal erhobene gehandelt haben. Dies ist der erste römische Zolltarif. Der Text (Liv. XXXII 7,3) nennt noch einen anderen Ort (Castri oder Castrum), der nicht identifiziert werden kann. Die neuen *portoria* scheinen Teil einer langsamen Neuorganisation der Staatsfinanzen nach der Katastrophe des 2. Punischen Krieges zu sein. [Livius' Text ist im einzelnen unsicher.]

50 Liv. XXXIV 45,1 (194 v.Chr.).

51 Liv. XL 51,8 (*portoria* und *uectigalia*). Dies erhöhte zweifellos erheblich die Summe, die den Zensoren für Bauten zur Verfügung stand, da sie die Verträge für die nächsten fünf Jahre selbst vergaben und (vermutlich) ein Fünftel des Pachtpreises ihren Projekten zuteilten.

52 Vell. II 6,3. Vgl. ORF^3, S.188; Cic. Tusc. disp. III 48.

53 Siehe de Laet, Kapitel III–V.

54 De Laet 97f.

55 Im Fall der Steuer für alle landwirtschaftlichen Produkte außer Getreide geschah es nach Cicero (2Verr. III 18) genau in dieser Weise. Die ursprüngliche *lex Hieronica* muß Bestimmungen für (einzelne) *portoria* enthalten haben. Über die *sex publica* bei Cic. 2Ver. III 167 ist schon häufig diskutiert worden. Sie müssen das *portorium* von Syrakus einschließen, denn der *pro magistro* Carpinatius arbeitete für eine Gesellschaft, die sowohl die *scriptura* als auch das *portorium* von Syrakus gepachtet hatte (2Verr. II 171). Daher ist es wahrscheinlich, daß die *sex publica* alle *portoria* waren. Rostovtzeff (391f.) vermutete beim Vergleich mit ähnlichen Wendungen, die sich in späterer Zeit in Africa und Illyricum finden lassen, daß es sechs Gebiete gab, die die Gesamtheit der *portoria* in Sizilien umfaßten. Scramuzza (ESAR III 340f.), der feststellt, daß Cicero acht sizilische Häfen erwähnt und auf andere verweist, glaubt, daß diese sechs *publica* nur sechs aus einer größeren Anzahl von *portoria* waren, die es damals gab, wobei sich die übrigen in anderen Händen befanden. Dies wird von de Laet (68f.) akzeptiert, der seinerseits vermutet, daß es sechs Häfen im früheren Königreich Syrakus gewesen sein müssen, während der alte karthagische Teil unter einer anderen Verwaltung stand (vgl. die zwei Quästoren in Sizilien). Calderone (Kokalos 10/11, 1964/5, 76f. = Helikon 6, 1966, 15f.: Die Aufsätze sind identisch) macht, im Gegensatz zu Ciceros ausdrücklicher Erklärung über die Steuerregelungen in Sizilien, die

sex publica zum Land von sechs Städten, das (nach einer Revolte) von Rom konfisziert und an die *publicani* in Rom verpachtet wurde. (Er ignoriert die Tatsache, daß der Hafen von Syrakus nachweislich eines von den sechs betroffenen *publica* ist.) Weitere Überlegungen zu Calderone sind nicht nötig. Zwischen Rostovtzeff und Scramuzza ist keine sichere Entscheidung möglich. Die Formulierung *sex publica* klingt aber (im Sinne Rostovtzeffs) sicherlich so, als ob es sich um einen feststehenden Rechtsterminus handelt und nicht um eine zufällige Zusammenstellung von Einzelverträgen für eine einmalige Verpachtung. Auch soll Ciceros Liste von acht Häfen (II 185) Verres' Möglichkeiten für „freien" Export betonen. Es wird damit kein Grundsatz des Verwaltungssystems angedeutet.

[56] Pol. VI 17, erörtert in Kap. II (Ende).

[57] Die Abschaffung bei Plut. Paul 38, Plin. n.h. XXXIII 56 und Cic. off. II 76. Toynbee (344) erörtert die größere Effizienz der Pachtgesellschaften im Vergleich mit der Regierung in Rom (wobei er hinzufügt, daß letztere bewußt eine ineffiziente Verfassung beibehielt, um die Macht des „Establishment" aufrechtzuerhalten). Er glaubt jedoch, daß die Regierung, indem sie den Gesellschaften das Einziehen der Steuern verpachtete, "a substantial margin of its revenue" verlor. Dies scheint auf nichts anderem zu beruhen als dem alten Trugschluß, über den schon in Kap. I gesprochen wurde, daß nämlich die staatliche Verwaltung zwangsläufig effektiver (oder zumindest nicht weniger effektiv) als eine private arbeitet. Diese naive Meinung hat sich in unserer modernen Welt als nur von begrenzter Gültigkeit erwiesen [und man ist in letzter Zeit weitgehend davon abgekommen. Vgl. auch Anm. 63]. Die merkwürdige Ansicht, daß die Römer nach 167 keine Steuern mehr zahlten, findet sich oft in der modernen Literatur, z.B. bei Chr. Meier, Res Publica Amissa, 68.

[58] Siehe oben S. 75.

[59] Ich habe die Bedeutung dieses Schrittes vom rein finanziellen Standpunkt aus anderswo erörtert: s. RISP 73f. mit Anmerkungen.

[60] Plut. Pomp. 45 (beruhend auf Pompeius' eigener Erklärung) gibt die Einkünfte aus den Provinzen vor Pompeius' Neuordnung an. Es war gerade zu dieser Zeit, daß Cicero (Manil. 14) die überwältigende Bedeutung der Provinz Asia betonte.

[61] Siehe Anm. 59.

[62] ORF³ S. 181–2.

[63] Es ist unwahrscheinlich, daß die Gewinnspanne der *publicani*, zumindest wie sie ursprünglich vorgesehen war, über die Beträge hin-

ausgegangen sein kann, die früher in den Taschen der römischen Magistrate und ihrer Untergebenen zu verschwinden pflegten. Es gibt keinen Grund anzunehmen, daß unter der Verwaltung der *publicani* die Provinzialen mehr zahlen mußten oder die Staatskasse weniger erhielt als unter irgendeinem anderen damals vorstellbaren System. Vgl. Kap. IV, Anm. 7.

64 R.J. Rowland, TAPA 96 (1965) 361f., äußert die Vermutung, daß C. Gracchus dabei versuchte, das von Polybios beschriebene „Verfassungsgleichgewicht“ (die „Mischverfassung“) wiederherzustellen, das ja als zusammengebrochen erscheinen konnte. Theorieeinflüsse auf C. Gracchus dürfen sicherlich nicht pauschal bezweifelt werden. Nicolet ist ihnen in verschiedenen Schriften gründlich nachgegangen.

65 Die Details des Gesetzes oder der Gesetze, mit denen er dies bewerkstelligte, sind häufig erörtert worden. S. u.a. meine Sicht in AJP 75 (1954) 374f. [und AJP 96 (1975) 67ff.], Brunt (1965) 141f., Gruen 80f., 293f. Gruen schreibt berechtigterweise, “the quest for novelty continues” (man kann hinzufügen: wie auf anderen Gebieten). Gruens eigene Meinung ist nicht zu akzeptieren, da er (S.296) die Zeugnisse Plutarchs und der *periocha* des Livius („zu konfus, um überhaupt für eine Rekonstruktion nützlich zu sein“ – d.h., es paßt auf keinen Fall in seine eigene!) einfach beiseite schiebt, ohne irgendeinen Versuch, sie zu erklären. Daß jedenfalls am Ende Senatoren durch *equites* (wie auch immer definiert) ersetzt wurden, ist viel zu gut bezeugt, um geleugnet werden zu können.

66 Daß die Inschrift, bezeichnet als die *lex repetundarum* (FIRA 7), das Gracchische Gesetz ist, ist weithin anerkannt. H.B. Mattinglys Versuch, das zu bestreiten (JRS 60 [1970] 154ff.), hat wenig Anklang gefunden. Vgl. A.N. Sherwin-White, JRS 62 (1972) 83ff. [Ein neuer Text jetzt in: Roman Statutes (hrsg. v. M.H. Crawford) I, 1996, Nr. 1. Alle älteren Texte sind überholt.]

67 Mommsen änderte seine Ansicht darüber, was zeigt, wie schwierig eine Entscheidung ist. Nicolet entschied sich mit Bestimmtheit für das Staatspferd. Wiseman, Historia 19 (1970) 78f. scheint ihm zu folgen.

68 Plin. n.h. XXXIII 34: *iudicum autem appellatione separare eum ordinem primi omnium instituere Gracchi ... mox debellata auctoritas nominis ... circa publicanos substitit ... M. Cicero demum stabiliuit equestre nomen* ... Das muß bedeuten, daß das, was später der *ordo equester* wurde, von den Gracchen zuerst als eine als „Richter“ betitelte Klasse eingerichtet wurde, daß dann der Name auf die *publicani* angewendet (die, wie wir sehen werden, den Haupteinfluß unter den Gracchischen

Richtern errangen) und schließlich durch Cicero in seiner endgültigen Form gebraucht wurde. Dagegen Wiseman, Historia 19 (1970) 80 (s. Kap. V, Anm. 1f. unten).

69 Siehe die letzte Anmerkung.

70 Freie Geburt muß ohne Zweifel verlangt worden sein. Wir dürfen auch sicher sein, daß gute Abstammung und Verwandtschaft mit den führenden senatorischen Familien weiterhin viel zählen mußten. Die grundsätzliche Definition der Zugehörigkeit zu dieser Klasse mußte aber mit der Zeit allein im Vermögen liegen.

71 Cic. leg. III 20.

72 Varro bei Non. Marc. 728 L.

Anmerkungen zu Kapitel IV

1 Frontin. aq. I 7. Einige Zahlenangaben für Reparaturarbeiten an Straßen der späten Republik in den ILLRP 464–466: 20 Meilen einer Apenninenfernstraße kosten 150000 Sesterzen, eine Straße in Rom kostet 100 Sesterzen pro Fuß.

2 RISR 116f.

3 Z.B. Ürögdi 1203f.

4 Siehe Kap. I, S.9f. oben.

5 ILLRP 518.

6 Die Summe ist nach dem ersten der fünf Namen genannt (Zeile 61f.). Es handelt sich vermutlich um die gesamte Pachtsumme, für die der zuerst genannte Mann als *praes* fungiert.

7 Festus (zitiert bei Paulus S. 137 L) leitet das Wort von dem Umstand ab, daß der *manceps* seine Hand hob, um zu bieten. Die Ableitung ist zwar falsch, aber dennoch interessant, da sie das Alter der Auktionspraxis zeigt. Er gibt weiterhin eine falsche Erklärung der Wendung *idem praes*, welche wir tatsächlich im Gesetz von Puteoli finden. Balsdon (JRS 52 [1962] 136) kennt dieses Zeugnis, wie überhaupt das Gros der Zeugnisse über die Pachtgesellschaften, nicht.

8 Er ist *idem praes* (Bürge wie Käufer), und er muß die *praedia* leisten, welche als in Italien gelegene Landbesitztümer beschrieben zu sein scheinen. (Das scheint sich aus Cic. Fl. 79f. ableiten zu lassen. Aber es ist überhaupt nicht sicher.) Es ist uninteressant, hier die verschiedenen Ansichten über die anderen vier Männer, die namentlich genannt sind, im Detail auszuführen. (Man hat sogar behauptet, daß sie lokale Magistrate seien [Kniep 343], eine aus der Verzweiflung gebo-

rene Annahme, da die lokalen Magistrate gerade in diesem Dokument als *duouiri* beschrieben werden!)

[9] Pol. VI 17.3 (s. Walbank z. St.). Polybios bemüht sich wohl, die römischen Gesetzesbegriffe *'praedes'* und *'cognitores'* wiederzugeben, die häufig in Verbindung mit Staatsaufträgen erwähnt werden. (Z.B. FIRA 24, Kapitel 63–65.) Es ist nicht sicher, wer diese *cognitores* waren, aber letztlich waren sie weitere Garanten für die Durchführung des Auftrages.

[10] Wir haben gesehen, daß eine Gesellschaft mit aller Wahrscheinlichkeit sich an Aufträgen sowohl für (staatliche) Einnahmen als auch für *ultro tributa* beteiligte, zumindest zur Zeit Catos (s. S. 39). Auf der anderen Seite nahmen die großen *publicani* (wie der Vater von Plancius: Cic. Planc. 32) eine führende Rolle in vielen *societates* ein.

[11] Gaius, zitiert in dig. III 4,1 pr.: *ut ecce uectigalium publicorum sociis permissum est corpus habere, uel aurifodinarum uel argentifodinarum ...*, d.h. augenscheinlich allen Gesellschaften der *publicani*. Wie Kniep ausführte, waren es offensichtlich nur die großen Gesellschaften, die von dieser Bewilligung Gebrauch machten. Da diese Gewährung eines *corpus* der Gesellschaft das Recht auf eigenen Besitz einräumte, sollte es für sie bei der Ersteigerung von Aufträgen möglich gewesen sein, Land als *praedia* anzubieten. So wäre sie praktisch zu einer Gesellschaft mit beschränkter Haftung geworden. Solche Fälle werden nicht erwähnt, und allgemein nimmt man an, daß es nicht möglich war. Vielleicht folgte die Gewährung eines *corpus* in jedem einzelnen Fall dem Abschluß der Vertragsvergabe, so daß die Gesellschaften als juristische Personen nicht fortdauerten. Diese Situation würde aber mit Sicherheit zu Schwierigkeiten mit den riesigen *familiae* und anderen Besitzungen, die ihnen gehörten, geführt haben. In jedem Fall scheint es kein einziges einschlägiges Zeugnis dafür zu geben.

[12] Siehe S. 35f. oben.

[13] Tac. ann. XIII 50. Ürögdi, der die Stelle rätselhaft findet, hält sie für einen Hinweis auf C. Gracchus. Es läßt sich jedoch schwer sehen, wie der Text dies aussagen kann: Sicherlich dachte Tacitus nicht, daß C. Gracchus Gesellschaften per Gesetz gründete.

[14] Siehe dig. XVII 2,59 pr.: nicht mit dem Tod eines *socius*, wenn es einen Erben gab. Es wird kein besonderer Status für Gesellschaften erwähnt, die als *corpus* anerkannt waren – allerdings ist an diese Möglichkeit hier nicht gedacht. Dies ist nur ein Beispiel für den verworrenen und unbefriedigenden Zustand unserer Quellen, der eine detaillierte juristische Untersuchung über weite Strecken unergiebig macht.

Der Umstand, daß der ältere Plancius *plurimarum (societatum) magister* (Planc. 32) gewesen war, deutet vielleicht darauf hin, daß Gesellschaften nur für die Dauer eines Einzelauftrages existierten.

[15] Liv. XLIII 16,2.

[16] Siehe Anm. 9 oben. Mit anderen Worten, die *adfines* können *cognitores* sein, genauso wie die *socii praedes* sind. Aber da diese letztere Gleichsetzung nicht zwingend ist, soweit wir wissen, braucht es die erstere auch nicht zu sein.

[17] Cic. 2Verr. I 143.

[18] Siehe Kap. II, Anm. 18.

[19] Cic. 2Verr. I 133: eine neue Anforderung von seiten des inspizierenden Magistrats, die denen der *lex* für den Auftrag hinzugefügt wurde. Dies war, wie es scheint, tatsächlich nicht unrechtmäßig.

[20] Cic. prov. cons. 12.

[21] Siehe Kapitel I, S. 10f. oben.

[22] Z.B. Brunt 1965, 123, 138. Wie wir schon bemerkt haben, darf man nicht von großen Kapitalinvestitionen oder großen Umsätzen auf große Gewinnspannen schließen. Allerdings scheinen, wie wir sehen werden, in den letzten Jahren der Republik die Gewinnspannen (mit dem stillschweigenden Einverständnis der römischen Magistrate) sich über das hinaus ausgeweitet zu haben, was die *lex censoria* zugestand. Für die Risiken des Geschäftes gibt uns Cic. Manil. 16 ein gutes Zeugnis: Alle großen Besitzungen der Gesellschaften mußten durch den Krieg gefährdet gewesen sein. Es gibt keinen Grund zu glauben, daß sie versichert waren. Wir erfahren nur, daß die Vertragssumme im Falle von Kriegseinwirkungen nicht bezahlt werden mußte. Auch gab es keine Versicherung gegen die bloße Panikreaktion, die Cicero so lebendig beschreibt und die – auch dort, wo keine wirkliche Kriegsaktion folgte – zu schweren Verlusten führen konnte. Darüber hinaus konnte der Wert der Anteile einer Gesellschaft (s. unten) aus verschiedenen Gründen drastisch sinken, genauso wie er nachweislich unter günstigen Umständen zu neuen Höhen aufsteigen konnte. Das in einer großen modernen Aktiengesellschaft investierte Kapital ist mit Gewißheit wohl um vieles sicherer, als das Kapital der *publicani* es war.

[23] Cic. fam. XIII 10. Brunt (1965, 123 Anm. 9) meint, daß Varros Verluste durch den Bürgerkrieg von 49/8 verursacht worden sein mögen. Dafür kann man eintreten, ich glaube jedoch nicht daran. Der Brief ist Anfang 46 geschrieben. Cicero schreibt, daß der junge Varro (jetzt Brutus' *quaestor*) sich Cicero anschloß, als er ins politische Leben eintrat (d.h. ungefähr im Alter von 17 Jahren), und daß er dann, sobald er

völlig erwachsen war *(ut se corroborauit)*, zwei Interessen pflegte, die Cicero am Herzen lagen: die Redekunst und die *publicani*. Er erlitt schwere Verluste bei seinen Investitionen und beschloß dann *uersatus in utrisque subselliis* ([Shackleton Bailey übersetzt das: "both as defender and prosecutor"]), *iam ante hanc commutationem rei publicae* sich für ein Amt zu bewerben. *His autem temporibus* überbrachte er einen Brief von Cicero an Caesar, als jener sich in Brundisium aufhielt. Cicero verließ nach einem Aufenthalt von über 10 Monaten Brundisium im September 47 (Cic. fam. XIV 12 und 20). Das *haec commutatio temporum* (aufgegriffen durch *his temporibus*) entspricht der Situation nach Pharsalos. Daher fiel Varros Amtsbewerbung (ein Militärtribunat?) in die Zeit vor Pharsalos, wahrscheinlich in das Jahr 48 (wenn nicht schon 49). Wenn er die Zeit gehabt hatte, schon vorher sein Vermögen durch eine Juristenkarriere wieder aufzubauen (genug, um sich für ein Amt zu bewerben), dann mußte er ein paar Jahre bei Gericht tätig gewesen sein. Deshalb scheint es mir ganz unmöglich, daß seine Verluste später als (sagen wir) um 52 zustande kamen. Tatsächlich handelt es sich wahrscheinlich eher um Crassus' Niederlage als um den Bürgerkrieg. Das aber war eines der *normalen* Risiken, die man eingehen mußte.

24 Siehe Ürögdi 1201.

25 Cic. 2Verr. II 172.

26 2Verr. III 166f. (*scribae* 168). Alle drei sind [wahrscheinlich] *equites*: s. die nächste Anmerkung.

27 Verres' eigener *scriba* ist ein gutes Beispiel (2Verr. III 185f. Der Passus läßt darauf schließen, daß der Vorgang selbst ganz gebräuchlich war.); vgl. ebd. den Passus 184, der zeigt, daß zumindest im weiteren Sinn des Begriffes die meisten, wenn nicht alle *scribae* beanspruchten, *equites* zu sein. Es gibt keinen Beleg darüber, ob die beiden *magistri* der sizilischen Pachtgesellschaft noch als *scribae* tätig waren, während sie diese Stelle innehatten. Falls sie es waren, gewinnen wir einen interessanten Einblick in das Ineinandergreifen von staatlicher Verwaltung und Privatwirtschaft im Dienste des Staates; weitere Spekulationen (z.B. wie verbreitet dies war) sind erlaubt. Sie können aber ebensogut als *scribae* zurückgetreten sein; nichts bei Cicero beantwortet die Frage oder sagt uns, ob *scribae* als solche nicht für Pachtgesellschaften tätig werden durften. In Anbetracht der Tatsache, daß die meisten Einschränkungen dieser Art nur Senatoren zu betreffen scheinen (damit sie das *honestum otium* des *ordo equester* nicht stören), sind wir vielleicht berechtigt zu folgern, daß die *scribae* nicht ausgeschlossen waren – und daß sie, vom

Standpunkt der Gesellschaften aus, bestimmt sehr wertvolle Mitglieder waren. [Wir wissen jedenfalls, daß *scribae* das Recht hatten, sich Urlaub zu nehmen und ihr Amt an Stellvertreter zu vermieten. Zu diesem charakteristischen Brauch (und zu *scribae* im allgemeinen) s. E. Badian, The *scribae* of the Roman Republic, Klio 71 (1989) 582–603 (zu Antistius und Servilius S. 584 u. 590; zu *uicarii* S. 602).]

28 2 Verr. II 182.

29 2 Verr. III 167.

30 2 Verr. II 182. Eine deduktive Rekonstruktion dieser sizilischen Pachtgesellschaft (die weder auf Ciceros Zeugnissen noch auf irgendwelchen anderen gründet) bei J.P.V.D. Balsdon, JRS 52 (1962) 135f.

31 2 Verr. II 172f. und III 166 (dieselbe Gruppe von Personen).

32 2 Verr. II 31 malt Cicero ein schönes Bild des *decumanus* (und es ist deutlich, daß dieser der eigentliche Pächter, nicht nur ein kleiner Vertreter ist) als *squaloris plenus ac pulueris*. Der sizilische *decumanus* war unter dem System der *lex Hieronica* offensichtlich recht häufig (selbst wenn Cicero übertrieb) ein kleiner Geschäftsmann, der die Schmutzarbeit selbst erledigte.

33 2 Verr. III 166 läßt darauf schließen, daß es ihre Entscheidung war, der zufolge die Akten der *publicani* (d.h. der Pachtgesellschaft) vernichtet wurden. Aber das mag wie vieles andere in der Rede eher eine geraffte als eine ausführliche, technisch korrekte Beschreibung der Situation sein. Vgl. Passus II 177 *(decreto sociorum)*, der darauf schließen läßt, daß eine ordnungsgemäße Abstimmung in der Hauptversammlung der Pachtgesellschaft folgte.

34 Verweise und Erörterung bei Nicolet 333.

35 2 Verr. II 175: *principes et quasi senatores publicanorum; ... homines honestissimos ac locupletissimos, istos ipsos principes equestris ordinis, quorum splendore ...*

36 Zum *ordo publicanorum* s. Cic. Planc. 23, fam. XIII 9,2. In verschiedenen anderen Fällen könnte behauptet werden, daß der *ordo equester* gemeint ist. In Anbetracht der zitierten Passagen (bei denen es keine Zweideutigkeit gibt) scheint mir aber eine Deutung als *ordo publicanorum* bei Q. fr. I 1,32 35; fam. I 9,26; Att. II 1,8; Manil. 17 vorzuziehen zu sein.

37 Vgl. die Beschlüsse der *publicani* über Ciceros Verbannung und seine Rückberufung (Pis. 41, Sest. 32 u.a.). Wenn Cicero *omnes societates* sagt, läßt dies offensichtlich auf Koordination schließen, wenngleich jede Gesellschaft vermutlich ihre eigene Stimme abgab. Dies wäre die eindruckvollste Art, die Abstimmung zu organisieren – wie

eine an die Kongreßmitglieder gerichtete Briefkampagne in den Vereinigten Staaten.

[38] 2Verr. II 186f. zu den *tabulae* der Pachtgesellschaft. Carpinatius konnte sie nicht verbergen, und so versuchte er an den Eintragungen herumzupfuschen. Er mußte Cicero eine detaillierte Überprüfung gestatten. Zu den Akten vgl. die Geschichte der beseitigten Korrespondenz. Selbst ein sich querstellender Statthalter aus einer hochadligen Familie scheute vor der Möglichkeit zurück, sich eine Anklage durch Cicero einzuhandeln, er beachte dessen gesetzmäßige Rechte nicht: s. 2Verr. IV 149 (offenbar wahr, zumindest in groben Zügen) zu Ciceros erfolgreichen Drohungen. Der kleine, nicht oft zur Kenntnis genommene Vorfall trägt dazu bei, daß wir sicher sein können, daß Cicero über gute Verbindungen verfügte, die ein Mann wie L. Metellus ernst nehmen mußte. Ein Spiegelbild davon bei Plut. Cic. 8 Anf.: Ciceros Sorge, die Freunde von Verres nicht zum Äußersten zu treiben, und seine Zustimmung zu einer niedrigen *litis aestimatio* für Verres. Zusammengenommen geben die beiden Passagen ein instruktives Beispiel dafür, wie in Rom Politik auf persönlicher Ebene betrieben wurde.

[39] 2Verr. II 187, 189f.

[40] Es kann kaum ein Zweifel daran bestehen, daß die Strenge des Gesetzes, die Metellus einschüchterte, benutzt werden konnte, den *publicani* zu drohen. Aber Cicero war eng mit ihnen verbunden (2Verr. II 181 zeigt, daß er ihnen den größeren Teil seiner frühen Gerichtskarriere über ergeben war, ohne Zweifel, um sich ihre Dankbarkeit zu erwerben) und behandelte den Vorfall mit beispielhaftem Takt.

[41] D.h. Männer mit den Kompetenzen eines *magister* (vgl. *'pro consule'* und ähnliche Wendungen). Unsere Überlieferung beschränkt sich auf steuerpachtende Gesellschaften, die zur Zeit Ciceros die einzigen von Bedeutung waren. Wir haben keine Zeugnisse für Konzessionen (z.B. im Bergbau) oder für *ultro tributa* (z.B. Heereslieferungen). Vermutlich war im Fall einer großen Pachtgesellschaft die Struktur ähnlich.

[42] So wird P. Terentius Hispo – keineswegs ein unbedeutender Mann, wie wir noch sehen werden – als jemand beschrieben, *qui operas in scriptura pro magistro dat* (fam. XIII 65,1). L. Canuleius, *qui in portu Syracusis operas dabat* (Cic. 2Verr. II 171; vgl. 176), wird nicht direkt als *pro magistro* bezeichnet, aber angesichts der Tatsache, daß er unmittelbar an die Zentrale der Gesellschaft in Rom schreibt (s. die angegebenen Stellen: außerdem ebd. 182), genau wie es Carpinatius

tut, der mit diesem Titel bezeichnet wird, können wir mit Sicherheit annehmen, daß es sich um einen Inhaber dieses Amtes handelt. Balsdons imaginäre Pachtgesellschaft (JRS 1962, 136) – die wie alle Pachtgesellschaften sein soll – hat einen örtlichen *pro magistro* und niedere Beamte. Balsdon scheint nicht zu wissen, daß *'operas dare'* auf den *pro magistro* angewendet werden kann.

[43] 2 Verr. II 171. Der *portus* von Syrakus war Teil der *sex publica* Siziliens. Zu diesen s. Kap. II, Anm. 55.

[44] Beide zusammen bei 2 Verr. II 170f. Canuleius trägt den Namen einer plebejischen Familie von altem Ansehen. Aber es ist unwahrscheinlich, daß er direkt mit dieser Familie verwandt war. Der Name ist nicht ungewöhnlich. Der Name „Carpinatius" dagegen ist sehr selten: Er erscheint in keiner einzigen literarischen Quelle und nur einmal im gesamten CIL (VI 14414).

[45] Cicero gebraucht das Wort niemals für eine Person, die ein römischer Senator oder *eques* kennen mußte: Es besagt eindeutig, daß die betreffende Person in höheren Kreisen unbekannt war.

[46] Cic. fam. XIII 65,1f.

[47] Cic. Att. XI 10,1. Vielleicht trat er wegen des Bürgerkrieges und Caesars Aktivitäten im Osten zurück.

[48] Münzer, RE, s.v. Terentius (49). (Dabei geht Münzer fehl, wenn er eine Verwandtschaft mit Ciceros Frau annimmt: s. Shackleton Baileys Anmerkung zu Att. a.a.O. Tatsächlich hätte eine solche Beziehung, die eine direkte *adfinitas* mit Cicero selbst hergestellt hätte, in einem solchen Empfehlungsschreiben erwähnt werden müssen.) Ciceros Freund Ser. Sulpicius, Konsul 51, war Sohn eines Quintus und kann durchaus mit Hispos Frau verwandt gewesen sein, freilich nicht eng (d.h. ihr Bruder), da Cicero dies wiederum in einem 51 geschriebenen Brief hätte erwähnen müssen.

[49] Angesichts unseres extremen Informationsmangels wäre es interessant, den genauen Status von P. Cuspius zu kennen. Cicero (fam. XIII 6–6a) bemüht sich offensichtlich besonders, diesem Mann gefällig zu sein, gibt aber keine allzu genauen Einzelheiten, da sein Adressat gewußt zu haben scheint, wer der Mann war. Cicero sagt nur, daß er in hochwichtigen Angelegenheiten einer Pachtgesellschaft zweimal in der Provinz Africa war. Das kann bedeuten, daß er zwei Arbeitsperioden lang als *pro magistro* tätig gewesen war. Es kann jedoch ebenso bedeuten (und ich halte dies für wahrscheinlicher), daß er zweimal als *magister* einer Pachtgesellschaft mit Interessen in Africa diese Provinz wegen besonders wichtiger Geschäfte besuchte. Eine

sinnvolle Vermutung, welcher Art diese Geschäfte gewesen sein mögen, läßt sich nicht anstellen.

[50] Häufig bei Cicero, z.B. Att. V 15, Ende; 16 Anf.

[51] 2 Verr. III 165f. Calderone, Kokalos 10/11, (1964/65) 76f. zieht diese Regelung offenbar heran, um seine abstruse These über die *sex publica* zu stützen (s. Kap. III Anm. 55.). Tatsächlich sagt die Regelung natürlich nichts über das genaue Spektrum der Aktivitäten dieser Pachtgesellschaft aus. Sie kam allein wegen der Größe und Bedeutung der Gesellschaft zustande.

[52] 2 Verr. III 168.

[53] Ebd. 167.

[54] Siehe insbesondere Catulls Verwünschungen eines weniger entgegenkommenden Statthalters: Cat. 10 und 28. Zu Ciceros eigener Erfahrung s. Att. VII 1,6.

[55] Ebd., dazu fam. II 17,4. Gerechterweise muß man hinzufügen, daß die eine Million Sesterzen übrig blieb, nachdem die geschätzten Ausgaben für das Amtsjahr des Quästors beiseite gelegt worden waren, der von Cicero die Provinz übernahm. (Dies wurde sicherlich – obwohl wir nichts darüber erfahren, da es als selbstverständlich galt – bei den *publicani* auf einem Sonderkonto hinterlegt). Es ist ungewiß, was Cicero mit dem Erlös aus dem Verkauf seiner Kriegsgefangenen machte. (Att. V 20,5. Die Summe selbst ist ganz ungewiß, obgleich die Zahl, die Shackleton Bailey [z. St.] vorschlägt, die einleuchtendste zu sein scheint: 120000 HS.) In seinem Brief, in dem er Atticus über sein Vorhaben für die Deponierung des Überschusses berichtet (s. letzte Anmerkung), sagt Cicero, daß der Überschuß aus seiner jährlichen Aufwandsentschädigung stammt. In dem Brief, in dem er seinen Plan erwähnt, den Überschuß in der Provinz zu hinterlegen (fam. a.a.O.), schreibt er, daß niemand seine Beute anrühren werde „mit Ausnahme der Stadtquästoren". Wenn man dies wörtlich nimmt, plante er, das Geld nach Rom zu bringen – was nicht glaubhaft ist, da die Argumente, die er gegenüber Atticus gegen einen Seetransport von Geld anführt, wohl noch galten. Vielleicht muß man die Summe zu dem hinzuzählen, was er in der Provinz aus seiner Aufwandsentschädigung deponierte. (Wenn dem so ist, ist es aber sonderbar, daß er es gegenüber Atticus nicht erwähnt.) Alle seine Verweise auf diesen Überschuß sind vage und scheinen ein bißchen zwielichtig zu sein. S. die nächste Anmerkung.

[56] Zu diesem, wie er betont, legalen Gewinn s. Att. XI 1,2 (vgl. 2,1); fam. V 20,9. (Es ist nicht klar, was am Ende mit diesem Geld geschah.

Es sieht aber so aus, als ob Cicero in seinen Äußerungen über das ganze Geschäft nicht ganz offen ist.)

57 Cic. Pis. 86 (18 Millionen Sesterzen). Wenn dies stimmt (und es ist keineswegs unglaubhaft), kann es nur so sein, daß Piso aus irgendeinem Grund nicht Verres' Methode nachahmen konnte. Investitionen, die der Statthalter in seiner eigenen Provinz tätigte – wo er verlangen konnte, was er wollte, und sicherstellen konnte, daß es auch gezahlt wurde –, waren offensichtlich gewinnbringender. Piso (müssen wir gestehen) stand nicht auf gutem Fuß mit den *publicani*. Es mag aber auch sein, daß die makedonischen *societates* nicht mit diesen großen Summen umgehen konnten.

58 Cic. 2 Verr. III 20.

59 Ebd. 25f. – es wird ausdrücklich erklärt, daß diese Regelung für alle Provinzen gilt (S. 27). Daß Verres gegen diese Praxis handelte, verdient (ungeachtet moderner Versuche der Schönfärberei) den vollen Abscheu, den Cicero hier zeigt.

60 Ebd. 44 *(nihil istius simile facturum)*.

61 Cic. Att. V 13,1. Im nächsten Brief (14,1) scheint er zwei ebenso erfreuliche Nachrichten gefunden zu haben, nämlich daß die Parther nicht angriffen und daß es seinem Vorgänger gelungen war, eine Meuterei in der Armee zu unterdrücken. Dies wirft Licht auf die Bedeutung der *pactiones*.

62 Cic. Att. V 13,1.

63 Cic. fam. XIII 65,1.

64 Siehe den in Anm. 63 zitierten Brief; außerdem z.B. XIII 6,4.

65 2 Verr. III 28f.

66 Q. fr. I 1: 60 v. Chr. (Die Zitate stammen aus den Passus 32–35.) Zu Quintus' eigenen, schon jetzt erkennbaren Ambitionen s. Wiseman, JRS 56 (1966) 110.

67 2 Verr. III 181–184. Ciceros Entrüstung erschwert uns ein Urteil darüber, inwieweit diese Gebühren auch anderswo erhoben wurden. Wir können nur Vermutungen anstellen. Die Umwechslungsgebühr *(collybus)* scheint auch anderswo eingezogen worden zu sein, da Cicero nur deswegen darüber empört ist, weil Sizilien eine einheitliche Währung besaß. Die Gebühr von vier Prozent für den *scriba* war sicher ziemlich verbreitet und trug dazu bei, Wohlstand und Status jener Klasse zu begründen. (Vgl. Anm. 27 oben.) Natürlich waren dies vom Statthalter erpreßte Abgaben. Es ist aber nur allzu wahrscheinlich, daß sich die *publicani* ermutigt fühlen mußten, sein Beispiel nachzuahmen. Eine der von Verres erhobenen Zusatzabgaben wird rundweg

als rechtswidrig gebrandmarkt, und wir müssen das gelten lassen: die Barzahlung für den Zuschlag des Zehnten auf der Versteigerung. Diese Ausgabe mußte offensichtlich an den „Kunden" weitergereicht werden. Die Geschichte zeigt, wie vernünftig C. Gracchus' System der *censoria locatio* im wesentlichen war.

[68] Zu den vom Statthalter verlangten Gebühren, die man (gegebenenfalls) weitergeben konnte und deren Beispiel sicherlich zur Nachahmung einladen mußte, s. die letzte Anmerkung. Eine einprozentige „Einzugsgebühr" ist bei Cic. Rab. Post. 30 bezeugt (s. auch die „Genehmigungsgebühr" 2Verr. III 73). Wir wissen nicht, ob die *lex censoria* dies inzwischen förmlich berücksichtigt hatte oder ob dies einer der Fälle war, bei denen es ratsamer war, nicht auf seinen Rechten zu bestehen. Die Art und Weise, in der ein Statthalter mit scheinbar legalen Mitteln unerträglichen Druck ausüben konnte, zeigen wiederum Verres' Edikte. (S. 2Verr. III 35f., wo sich deutlich zeigt, warum es selbst für einen *eques Romanus* in der Provinz klüger sein konnte, nicht auf seinen Rechten zu beharren!) Eintreibung von Abgaben über das hinaus, was man schuldete, hat eine lange Tradition – vielleicht bis in die Zeit, bevor *publicani* die Steuer einzogen. Ciceros Verweis auf die guten alten Zeiten, als die Einheimischen den Weizen in Mengen über der vorgeschriebenen Höhe aufzuhäufen pflegten, allein aus gutem Willen gegenüber einem redlichen Einnehmer (2Verr. III 118), mag in der Tat eine Zeit (im zweiten Jahrhundert) in Erinnerung rufen, als diese Art „freiwilliger" und „spontaner" Beisteuer die einzige außergesetzliche Eintreibung darstellte.

[69] 2Verr. II 186 – ganz zu schweigen von der Habgier des Apronius und anderer, an die er die Steuern verkaufte und an deren Gewinn er teilhatte. Von Carpinatius behauptet Cicero, daß er im Bund mit Verres stand. Es ist aber anzunehmen, daß ein großer Teil der Gewinne, die Carpinatius machte, eigentlich an die Pachtgesellschaft kam. Aus der Reaktion ihrer *magistri* auf Verres' anfänglichen Versuch, sie zu betrügen, wird deutlich, daß sie scharfblickende Geschäftsleute waren, die man nicht leicht hinters Licht führen konnte. Ihre Entscheidung, nicht nur Verres zu ehren, sondern auch das Risiko auf sich zu nehmen, belastendes Material gegen ihn zu unterdrücken, besaß wohl eine stabilere Sachgrundlage als ein oder zwei Lobesbriefe aus den Händen des Carpinatius. Wir müssen erneut feststellen, wie geschickt es Cicero aus politischer Rücksichtnahme vermeidet, die *publicani* in Rom zu verletzen. In diesem Fall muß der *pro magistro* als Einzeltäter dargestellt werden.

[70] Brunt 1965, 125, Anm. 2 verweist auf die *lex Antonia de Termessibus* (FIRA 11 gg. Ende). Er behauptet, daß die Bestimmungen „nicht ganz passend für eine Stadt im Landesinnern" sind und daß sie eine „Standardformulierung darstellen" müssen. Er gibt keine Begründung für seine Ansicht oder seine Schlußfolgerungen auf Handelstransporte. [*Portoria* sind nicht nur Hafenzölle.] Der letzte (fragmentarische) Satz läßt uns vermuten, daß die Freistellung von örtlichen *portoria*, die man römischen *publicani* gewährte, nur galt, wenn sie ihre „offiziellen" Funktionen ausübten. In dieser Eigenschaft mußte eine große Pachtgesellschaft in der Tat größere Mengen von Waren verschiedenster Art zusätzlich zu dem Tributgetreide selbst transportieren. Der Paragraph liefert keinen Beleg für Handelsaktivitäten. *

[71] Siehe Cic. Att. II 16,4f.

Anmerkungen zu Kapitel V

[1] Einige Vermutungen bei Brunt 1965, 141f.

[2] Wir wissen nicht genau, welche vor der Zeit Sullas eingerichtet wurden; einige können aber mit Wahrscheinlichkeit erschlossen werden, und zumindest einer (der *maiestas*-Geschworenenhof) ist gesichert. S. Historia 11 (1962) 207f.

[3] Siehe MRR I 537 (Vestalinnen); 546 (Mamilius); Gruen 127f., 140f.

[4] Die Tatsache, daß dies geschehen konnte, ohne grundlegend die auf Landbesitz beruhende wirtschaftliche Basis des *ordo equester* in seiner Gesamtheit zu beeinflussen, ist kurz und genial von Brunt entwickelt.

[5] Plinius' Hauptaussage ist in Kap. III, Anm. 68, mit einer kurzen Erörterung zitiert.

[6] MRR II 126f. Über die Bedeutung dieses Jahres 70 habe ich bereits in: Lucius Sulla, Essays on Roman Culture, ed. A.J. Dunston (1976) 35–74 einiges vorgetragen, mit Neubewertung im Anschluß an U. Laffis Beitrag (Athenaeum 55 (1967) 113f., 255f.

[7] Zufällig ist dies in einer berühmten Anekdote über Pompeius sicher bezeugt (Plut. Pomp. 22).

[8] Siehe Nicolet 190f.

[9] MRR II 145. Wisemans gegenteiliges Argument (Historia 19 [1970] 72) hat mich nicht überzeugt. Es beruht auf der mutmaßlichen Anzahl von Sitzen in der modernen Restaurierung des Pompeius-Theaters. Ebenso kann ich mich nicht von seinem Verweis auf eine feste Anzahl

von Sitzreihen in der *lex Roscia* überzeugen lassen: In derselben Weise könnte man mit der Sitzordnung im britischen Unterhaus argumentieren, wo, wenn sich einmal alle Abgeordneten zur gleichen Zeit einfänden, für viele von ihnen kein Platz wäre. Wir wissen nicht, wie viele Sitze für *equites* (im strengen Sinn des Wortes) reserviert waren, bevor sie dieses Privileg verloren. In jedem Fall mußte die römische Rechtsauffassung eine festgelegte Anzahl vorziehen (vgl. das Beharren auf *certa pecunia*). Unter den wirtschaftlichen Bedingungen der Antike kann man mit beträchtlicher Stabilität in der Zahl der Sitzberechtigten rechnen, wie hoch auch immer sie zu dieser Zeit war. (*Equites* aus der Provinz spielen hier schwerlich eine Rolle.) Auch kann ich mich nicht der Meinung anschließen, Cicero sei beim Gebrauch des Begriffes '*equites*' ein Purist und Reaktionär gewesen. (Dabei muß Wiseman selbst [Anm. 74] bei Cicero Verwirrung annehmen; es ist aber einfacher, diese Hypothese fallenzulassen.) S. auch die nächste Anmerkung. Der Aufsatz enthält jedoch eine exzellente Zusammenfassung der komplexen Quellenlage.

[10] Cic. Mur. 40 – wo er seiner Freude in überschwenglicher Weise Ausdruck gibt. Wenn (wie Wiseman vermutet – s. die letzte Anmerkung) Cicero sich hier reaktionär gebärdete und ein Gesetz lobte, das diese Ehre nur an *equites* im strengen Sinn des Wortes verlieh und diejenigen ausschloß, die sich selbst mit diesem Titel bezeichneten (und die sich offenbar darüber ärgern mußten, ausgeschlossen zu sein), dann hätte man bei ihm in seiner Rolle als Rechtsanwalt mehr Vernunft erwarten müssen, als einem Drittel der Geschworenen auf Kosten einer tiefen Verletzung eines anderen Drittels zu gefallen. Die so Verletzten wären aber gerade die *tribuni aerarii* – nach Wiseman genau die Leute, gegen die das Gesetz gerichtet war. Dies würde gegen all die rhetorischen Prinzipien verstoßen, die Cicero ständig praktiziert und predigt. Zur Unzufriedenheit der *plebs* über dieses Gesetz s. Plut. Cic. 13. (Soviel von dieser Anekdote kann man ohne Zweifel glauben: vgl. Plin. n.h. VII 117. Das wirft ein interessantes Licht auf Ciceros Behauptung, das Gesetz habe sich allgemeiner Beliebtheit erfreut [Mur. a.a.O.; Asc. 78f.].)

[11] Dies ist Wisemans (o. zit.) eigene Vermutung: Er argumentiert plausibel, daß der Titel die Wiederbelebung eines veralteten Begriffes gewesen sein mag, da die wahren *tribuni aerarii* nach 167 v.Chr. nicht mehr benötigt wurden. Möglicherweise hatten sie jedoch seitdem nominell weiterexistiert: Römische Institutionen hielten sich mit zähem Konservatismus am Leben. Jedenfalls geht aus unseren Zeugnissen

(s. Wisemans Zusammenstellung der Quellen) klar hervor, daß sie von Cicero *equites* genannt werden konnten, wenn ihm dies zupaß kam.

[12] Dies ist, besonders in den letzten dreißig Jahren, oft festgestellt worden. Gruen (124) formulierte treffend: „Man darf sich die Klasse der *equites* nicht als einen geschlossenen Block vorstellen, der mit einer Stimme auf alle Fragen zu antworten neigte." (Er führt jedoch weiterhin aus, daß „Einmischung in Geschäftsinteressen in der Provinz eine einmütige Feindseligkeit hervorrufen konnte". Ich kann keinerlei Grund für eine solche Ausnahme sehen.)

[13] Alle *domi nobiles* müssen zumindest in größeren Städten *equites* im weiteren Sinn des Begriffes gewesen sein (obwohl nicht, worauf Nicolet zu Recht besteht, in dem strengen Sinn, daß sie auf der zensorischen Liste der *equites* geführt wurden). Viele von ihnen werden natürlich an geschäftlichen Unternehmungen, insbesondere an den Pachtgesellschaften, beteiligt gewesen sein. Grundsätzlich waren sie aber Land- und Gutsbesitzer. Das Leben in diesen Kreisen war nicht immer idyllisch. Die Vorgänge, von denen Cicero in seiner Rede ›Pro Cluentio‹ berichtet, erinnern an die Romanwelt der englischen Schriftstellerin Ivy Compton-Burnett.

[14] Plin. n.h. XXXIII 34. Damit rechtfertigt Hill, daß er sie als „Mittelklasse" definiert (s. sein Vorwort zu: The Roman Middle Class [1952]).

[15] MRR I 553. Marius hatte versprochen, im Falle seiner Wahl den Krieg schnell zu beenden. Aber das Jahr 107 und der größte Teil des Jahres 106 vergingen ohne wesentliche Änderung der Lage. (Die bei Sall. Jug. 97f. erwähnten Kämpfe kommen erst Ende des Jahres, als sich Marius in die Winterquartiere begibt.)

[16] Cic. de or. I 225; vgl. Brut. 164 (s. besonders: *eripite ex faucibus eorum quorum crudelitas nostro sanguine non potest expleri; nolite sinere nos cuiquam seruire nisi uobis* [d.h. dem Volk] *uniuersis, quibus et possumus et debemus*). Zur rhetorischen Praxis, Exil mit dem Bild eines blutigen Massakers zu beschreiben, s. E. Wistrand, Sallust and Judicial Murders in Rome (1968).

[17] Siehe Gruens Erörterung, vor allem in seinem Kapitel VI.

[18] Cic. Brut. 128.

[19] Siehe Earl, Latomus 24 (1965) 532f.

[20] Siehe meine Analyse in Historia 18 (1969) 447f. Der Durchschnittsbürger empfand zumindest zur Zeit Ciceros wenig Liebe für den Steuereinnehmer, besonders den *portitor*: s. Cic. Q. fr. I 1,33 zu ihren *iniuriae* sogar in Italien.

[21] Siehe die interessanten und anregenden Überlegungen über

Reichtum in Rom – untermauert durch das gesamte Material, von dem ich Kenntnis habe – bei Wiseman, Historia 19 (1970) 76f. (Anders Meier 66f. mit wenig konkreten Zeugnissen.) Männer mit dem Vermögen eines *eques* wiederum – auch wenn sie in den Augen eines Senators tief unter ihm stehen mochten – waren rar und stellten eine Elite dar. Wiseman vermutet, daß diejenigen mit dem bloßem Vermögen eines *eques*, die sich gern selbst als *equites* bezeichneten, vergleichsweise wenige waren im Verhältnis zu denen, die von den Zensoren in diese Klasse eingeschrieben waren. Zum Gesetz Glaucias, das die Gerichtshöfe an die *equites* zurückgab (104, 101 oder 100), s. Greenidge-Clay² 100f. Vgl. MRR I 571f.

[22] Q. Mucius Scaevola, der Augur (nicht zu verwechseln mit seinem Vetter, dem Pontifex. Zu diesem s.u.): MRR I 523f. Vgl. C. Cichorius, Untersuchungen zu Lucilius (1908) 237f.

[23] C. Cato. S. Gruen 127. Alle bekannten Fälle sind bei ihm im Appendix E aufgelistet (S. 305–308). [Vgl. Historia 42 (1993) 203ff.] Meier (70f., besonders 77f.) – hier glänzend in seinem einfühlsamen Verständnis für die römische Sozialstruktur – schreibt vielleicht seine besten Passagen über diese Jahrzehnte im allgemeinen.

[24] Siehe Anm. 22 und 23. Der einzige in Frage kommende Beweis für politische Justiz ist das Sondergericht, das den Konsul Q. Caepio verurteilte, der das Gesetz hatte verabschieden lassen, die Gerichtshöfe der völligen Kontrolle der *equites* zu entziehen. Dazu Gruen 162f. Caepio wurde wegen der Entwendung des in Tolosa erbeuteten Goldes verurteilt, und tatsächlich mag er dieses Vergehens schuldig gewesen sein. (Gruen meint, daß die Anklage wegen Unterschlagung „zwar stark angedeutet ist, aber nicht ausdrücklich erwähnt wird". In seinem Zitat aus Orosius in Anmerkung 29 fehlt die ausdrückliche Feststellung dieses Autors: *Caepio ... cuncta per scelus furatus fuisse narratur.*)

[25] Vgl. den Fall des M' Aquillius um das Jahr 95 v. Chr. (Quellen bei Greenidge-Clay² 116. Vgl. MRR II 2f.).

[26] Cic. 1 Verr. 38.

[27] Diod. XXXVI 3, Anf. Vgl. RISR 82.

[28] Cic. Att. V 21, 10f., VI 1,4f., 2,7f., 3,5f. Vgl. RISR 117f.

[29] Ptolemaios Alexander I – s. RM 110 (1967) 178f. Wir wissen nicht, welche Sicherheit Ariobarzanes von Kappadokien gegeben hatte. Der Senatsbeschluß (Diod. a.a.O.) spricht nicht von ungesetzlichem Sklavenhandel.

[30] Rostovtzeff SEHHW II 782, der nicht verstehen kann, wie die *publicani* selbst Sklavenraubzüge organisierten, glaubt, daß sie Sklaven

kauften, die von wilden Nachbarstämmen verschleppt worden waren! Genau im selben Zusammenhang erkennt er jedoch, daß Nikomedes seine Untertanen (außerhalb der Städte) als sein persönliches Eigentum betrachtete und keinerlei Hemmungen hatte, sie im Falle von Schulden oder aus irgendeinem anderen ehrbaren Grund zu versklaven. Er behauptet sogar (aufgrund von Zeugnissen von Delphi, ohne Bezug auf diesen Vorfall), daß Nikomedes „sicherlich ein aktiver Sklavenhändler war".

Es überrascht, daß die Vorurteile gegen die *publicani* (denen er allein aufgrund dieses Zeugnisses – es gibt keine anderen – die Organisation des Sklavenhandels unterstellt) ihn blind für eine Wahrheit gemacht haben, auf die er zufällig beinahe gestoßen wäre. (Es gibt natürlich keinerlei Zweifel, daß die *publicani* Geldverleiher waren: Sie mußten die großen Summen, die sie einnahmen, auch investieren.) Nach einer bekannten Passage bei Strabon (XIV 5,2) konnte der Hauptmarkt auf Delos Zehntausende von Sklaven am Tag umsetzen – die offensichtlich nicht alle auch zur selben Zeit auf der Insel physisch präsent waren. Dies belegt die hochentwickelte internationale Organisation des Sklavenhandels (der nicht den kilikischen Piraten zugeschrieben werden darf). Es ist unwahrscheinlich, daß die *publicani* ihn als einen Nebenerwerb betrieben hätten, ohne daß wir davon hören würden. Selbstverständlich können aber einzelne *publicani* durchaus in beiden Geschäftsbereichen tätig gewesen sein.

31 Tatsächlich berichtet Diodor weiterhin, wie die überstürzte Reaktion des Senats indirekt zum großen Sklavenkrieg auf Sizilien führte. Der Schock war offenbar echt. Neben anderen Gründen zeigt diese Geschichte, daß man Ciceros rhetorische Pointe über die Macht der *equites* zu dieser Zeit (2Verr. III 94f.) nicht allzu ernst nehmen darf.

32 RISR, besonders Kap. VI.

33 Zum Auftrag des Scaevola s. Athenaeum 44 (1956) 102f.; Studies 170f. Zu Rutilius s. RE, s. v. Rutilius (34): Er wurde nicht später als 158 geboren. Die Streitigkeiten in Asia lagen wahrscheinlich am Fehlen einer geeigneten Kontrolle sowohl durch die römischen wie die einheimischen Magistrate. [Über das Datum des Prokonsulats gibt es noch immer zwei verschiedene Meinungen. Für ein früheres Datum, nach Scaevolas Prätur, s. MRR III 145f., mit Verweis (bes.) auf Marshall. Doch sprechen die bekannten Tatsachen bezüglich der *legati* von konsularischem Rang eindeutig dagegen. S. meine kurzen Bemerkungen Historia 42 (1993) 205–206, mit vollständigem Quellenmaterial in Anm. 6.]

34 Zu *dioeceses* s. Magie, Roman Rule in Asia Minor (1950) I 171f.; II

1059f. (Anm. 41–44). Das System war keine Fortsetzung hellenistischer Einrichtungen, und seine Existenz läßt sich erst nach Sulla sicher nachweisen. Angesichts dessen, was wir von Scaevolas Umgestaltung wissen, muß man in ihm mit größter Wahrscheinlichkeit den Initiator sehen. Sizilien während der (von Rom modifizierten) *lex Hieronica* mag als Vorbild gedient haben. Trotz mancher Behauptungen und Andeutungen gibt es kein klares Zeugnis dafür, daß das System der *conuentus* (der lateinische Begriff für *dioeceses*) selbst zu Zeiten Ciceros in irgendeiner nicht-griechischen Provinz in Kraft war. – Es ist möglich, daß Scaevola auch mit der Einrichtung des Provinziallandtags von Asia (*koinon* oder *commune*) zu tun hat (oder zumindest ihrer Anerkennung durch Rom); s. Magie a.a.O. 174 (mit Anmerkungen) und vgl. J. Deininger, Die Provinziallandtage (1965) 14f. Zu Scaevolas Anerkennung der griechischen Gerichte und mithin des griechischen Rechts, dem Cicero später in Cilicia folgte, s. Cic. Att. VI 1,15. (Ich halte diese Deutung der Termini für richtig. S. auch Shackleton Bailey z. St.)

[35] Siehe RISR 50f. (mit Anmerkungen). Ptolemaios Apion starb 96.

[36] Es war das Jahr 94, in dem der Senat einen Beschluß faßte, Geldverleih in den Provinzen irgendwie zu begrenzen. Wir kennen keine Einzelheiten, da wir hiervon nur beiläufig in einem ganz anderen und späteren Zusammenhang hören (Asc. 57 [jetzt mit Marshalls Commentary 217f.]). Der Beschluß ist aber sicherlich mit den Ereignissen aus diesem Zeitraum verknüpft, die wir erörtert haben. Zu damaligen Bemühungen, die Lage in Sizilien zu verbessern, s. Diod. XXXVII 8.

[37] Siehe Gruen 308, unter den Jahren 97 und 95 v. Chr.

[38] Cic. fam. I 9,26.

[39] Warum er nicht angegriffen wurde, ist ein größeres Rätsel, als viele Historiker zugeben wollen. Ich habe die Vermutung geäußert (Studies 44, 58), daß Marius, der vor kurzem ein *adfinis* seines Vetters geworden war, ihn rettete, und ich denke immer noch, daß dies als Antwort taugt. Scaevola kämpfte (anders als die meisten führenden *nobiles*) im Jahre 87 nicht gegen Marius und Cinna und entging ihrer Vergeltung. Er blieb dann in Rom, um Cinnas Regime Autorität zu verleihen.

[40] Asc. 15 (mit meinen Bemerkungen in: Athenaeum 1956, 106). Balsdon, CR LI (1937) 8f. befindet sich im Irrtum.

[41] Zu den Quellen über den Prozeß s. Greenidge-Clay^2 125f. Vgl. MRR II 8. Marius' Rolle in der Affäre bei Dio XXVIII 97,3.

Rutilius war Metellus' Legat in Africa gewesen und war ihm gegenüber loyal geblieben – anders als Marius, der seine analoge Position dazu benutzt hatte, um gegen ihn zu intrigieren. Als Konsul von 105 beanspruchte Rutilius (soweit wir sehen können, mit einiger Berechtigung) Anerkennung für den Aufbau einer „new model army", die Marius später gegen die Germanen führte (Val. Max. II 3,2, dazu Front. str. IV 2,2). Festus 316–317 s.v. Rufuli bekräftigt dies.

42 Man beachte seine *lex de prouinciis consularibus* (Greenidge-Clay² 37f.; vgl. Kap. III Anm. 37).

43 Cic. bei Asc. 21.

44 Asc. a.a.O. S. Athenaeum 1956, 120f.; Gruen 206 (mit weiteren Details).

45 M. Drusus kann hier nicht eingehend behandelt werden. Quellen bei Greenidge-Clay² 128f. Zu meiner Ansicht siehe meine Erörterungen in: For. Cl. 215f. und Studies 40f. Seine maßgeblichsten Förderer waren M. Scaurus und L. Crassus.

46 Crassus war (zusammen mit Scaevola) der Urheber des Gesetzes von 95, das viele Italiker in die Verzweiflung trieb (s. Historia 1969, 489), und seine Zensur im Jahre 92 mußte das Problem für sie akut erscheinen lassen. Zur Haltung des M. Scaurus siehe seine berühmte Bemerkung, die als eine der Hauptgründe für dieses strenge Gesetz galt (s. Cic. or. II 257, erläutert von P. Fraccaro, Opuscula II [1957] 132f.). Gruen will nicht zugeben, daß Politiker auch ihre Meinung ändern können („Crassus wäre der letzte gewesen, der eine Politik der Einbürgerung unterstützt hätte" [S.212] – eine Behauptung, die auf keinem erkennbaren Grund fußt, außer daß Crassus zu einem früheren Zeitpunkt einer solchen Politik entgegentrat); Gruen sucht dies zusätzlich mit der falschen Angabe zu belegen, daß im Jahre 92 Crassus und sein Kollege im Zensorenamt ein Edikt erließen, die lateinischen Rhetoriklehrer auszuweisen (S.203 – zu den Tatsachen s. Historia 1969, 488f.: Es gab keine Ausweisung). Crassus' Haltung im Jahre 91 wird durch seinen „Schwanengesang" im Senat deutlich, mit dem er den Senat (der Drusus' Pläne inklusive des Einbürgerungsvorschlages, unterstützte) gegen die Attacke des gegnerischen Konsuls L. Philippus verteidigte. (Die Episode, für die er eine Erklärung zu finden versucht, wird von Gruen angeführt.)

Chr. Meier (S.212) nennt Ciceros Ansicht, daß Drusus versuchte, die Kontrolle des Senats über den Staat wieder außer Zweifel zu stellen, und daß seine Gesetzgebung über die Bundesgenossen Teil dieses Planes war, „durchaus unwahrscheinlich" und bringt vor, daß es um den Senat nicht so schlecht bestellt war, als daß er dies nötig gehabt haben sollte.

Ich hoffe, klargemacht zu haben, daß Cicero und unsere anderen Quellen deutlich zeigen, daß ihre Version in der Hauptsache korrekt ist. Meier schlägt eine Alternative vor: Vielleicht war der Versuch, die *equites* „zu spalten“, eine notwendige Voraussetzung, um die Aufnahme der Italiker ins Bürgerrecht sicherzustellen! Um diese Behauptung zu stützen, muß Meier sich eine ausgefeilte Geschichte von der Opposition der *equites* gegen die Einbürgerung der Italiker ausdenken, die in den Quellen in keiner Weise bezeugt ist. Unverantwortliche Ablehnung wohlfundierter Quellen führt oft zu historischer Fiktion.

47 Brunt (1965, 120f.) scheint mir dies genau in den richtigen Kontext zu stellen. (Seine Liste [Anm. 3] der *noui homines* kurz vor 100 v.Chr. ist jedoch ungenau: Cn. Aufidius ist zu streichen; zumindest T. Albucius, C. Coelius Caldus [einer der wichtigsten überhaupt, der bis zum Konsulat aufstieg] und Vibius [MRR I 563] müssen hinzugefügt werden.)

48 Für das Geschworenenkollegium waren nach der *lex Acilia* 450 Richter vorgesehen (FIRA 7, 12f.); inzwischen waren mehrere ständige Gerichtshöfe hinzugekommen, und noch mehr – wie Sulla später feststellte – wurden benötigt. Der Senat hatte zu dieser Zeit um die 300 Mitglieder. Zu den Senatsdebatten s. RE, s.v. Senatus, Suppl. VI, Sp. 705f. Es wird niemals erwähnt, daß jemand vom Rang eines Quästoriers gesprochen hat, und es ist unwahrscheinlich, daß es irgendeiner jemals tat. (Cato sprach in der Debatte um die Catilinarier in seiner Eigenschaft als designierter Tribun. In jedem Fall war es eine einmalige Angelegenheit.) Selbst Tribunizier hatten normalerweise keine Möglichkeit zu sprechen.

49 Cic. Cluent. 153.

50 Zu Titinius s. RE, s.v.; zu Maecenas s. Sall. hist. III 83 M.

51 Siehe Kap. IV Anm. 27.

52 Cic. a.a.O. (Anm. 49); vgl. Rab. Post. 16. Natürlich gab es e i n i g e ehrgeizige Männer (s. Brunt 1965, 120, der vielleicht ein wenig übertreibt): Es hatte immer einige gegeben, und einige hatten es immer verstanden, ihren Aufstieg sicherzustellen.

53 Cic. de or. III (Anf.)

54 Ich habe dies eingehend in Historia 1969, 447f. erläutert.

55 Cic. Rosc. Am. 140. Von Meier 219 (mit Vorbehalt) hauptsächlich aus dem seltsamen Grund akzeptiert, daß das, „was wir über den Kreis der von Sulla Proscribierten hören, dieses Zeugnis vollauf bestätigt“. Es ist wohl angemessen zu fragen, ob dieses „Zeugnis“ nicht erfunden wurde, um zu rechtfertigen, was während der Proskriptionen geschah. S. Studies 206f., besonders 222f.

[56] Siehe z.B. Cic. 2Verr. I 35. Vgl. Studies a.a.O.

[57] Gabba, ASNP Ser. 2, 33 (1964) 1f.

[58] Siehe E. Badian, Lucius Sulla, in: Essays on Roman Culture, ed. A.J. Dunston (1976) 35–74.

[59] Es sollen 1600 *equites* proskribiert worden sein (App. b.c. I 95, 442; Flor. II 9,25 deutet auf eine höhere Zahl). Wie zahlreiche Anekdoten in den Quellen vermuten lassen, mag der Reichtum der *equites* dabei eine ebenso große Rolle gespielt haben wie ihre politische Aktivität. Sullas *odium in equestrem ordinem* (Cic. Cluent. 151) gehört zur Gerichtsrhetorik und wird von Sullas Regelungen Lügen gestraft. Tatsache ist aber, daß *equites* (wie in jüngeren Perioden der Geschichte zeitweise Juden) zugleich reich und hilflos waren. Es lohnte sich, einige von ihnen zu Feinden zu stempeln.

[60] Dies ist gelegentlich von modernen Gelehrten vermutet worden (z.B. Hill 147 mit Hinweisen); es trifft aber kaum für den reich gewordenen Zenturio Fufidius zu (Sall. hist. I 55,22 M)!

[61] Dies ist in Anmerkung 9 (oben) und im Text erörtert.

[62] Siehe Brunt, Latomus 15 (1956) 17f.: Es gibt kein stichhaltiges Zeugnis für eine solche Ansicht. Um genau zu sein, es gibt andererseits auch keines für die Beibehaltung des Systems. Aber im Falle einer weitreichenden und kurzlebigen Reform, über deren Rückgängigmachung wir nichts hören, liegt die Beweislast bei denen, die auf der Reform bestehen möchten.

[63] Cic. 2Verr. III 18.

[64] Siehe Kap. III, Anm. 40f. und Text.

[65] Siehe Sherk, RDGE, Nr. 23.

[66] Sall. hist. II 43 M. Vgl. RISP 58f.

[67] Siehe Badian, Lucius Sulla, in: Essays on Roman Culture, ed. A.J. Dunston (1976) 35–74.

[68] Siehe Anm. 6 oben. Quellen zur *lex Aurelia* in: MRR II 127. Zu den *tribuni aerarii* s. Anm. 11 oben.

[69] Cic. Mur. 69.

[70] Cic. 2Verr. III 168: *certe huic homini spes nulla salutis esset si publicani, hoc est si equites Romani, iudicarent.* Dies bedeutet nicht (wie oft behauptet wird), daß Cicero *equites* mit *publicani* identifizierte, so wie es scheinen könnte, wenn die Formulierung *publicani, hoc est … equites Romani* so aus dem Zusammenhang gerissen wird. (So z.B. RE, Suppl. XI, 1196.)

[71] Siehe E. Gabba, Le origini della guerra sociale e la vita politica romana dopo l' 89 a.C. (1954). (Dieser Teil seiner Argumentation bleibt

unangefochten.) Meier 66f. gibt eine ausgezeichnete Kurzdarstellung der Beziehungen zwischen den beiden Teilen der Klasse der *equites*.

[72] Cic. l. Man. 17f.

[73] Cic. Planc. 23f., 32f.

[74] Siehe Kap. III Anm. 1f. und Text.

[75] Val. Max. VI 9,7.

[76] [Ein Cn. Aufidius war 170 Volkstribun (MRR I 420).] S. Sherk, RDGE, Nr. 4, 18 (circa [140] v.Chr.): T. Aufidius M. f. als Zeuge für einen Senatsbeschluß; Cn. Aufidius T. f. (SIG^3 715 [spätes 2. Jahrhundert v.Chr.]) ist wahrscheinlich sein Sohn.

[77] Cic. Pis. 41: *equites Romanos in prouincia, ... publicanos nobiscum et uoluntate et dignitate coniunctos.*

[78] Cic. Planc. 23. Den Gedanken wiederholt er oft.

[79] Obwohl selbst Cicero nicht von allen sagen kann, daß sie, wie zu seiner Jugendzeit C. Curtius, Reichtum allein deswegen gesucht haben, um Gutes zu tun (Rab. Post. 3).

[80] Brunt 1965, 121 zeigt mit Recht, daß die Stimmabgabe der Geschworenen, soweit die Zahlen überliefert sind, nicht darauf schließen läßt, daß die Abteilungen en bloc abstimmten.

[81] Brunt 1965, 148f. betont dies mit Recht.

[82] Plut. Luc. 20.

[83] Siehe RISR, Kap. VI.

[84] Dokumentiert bei Brunt a.a.O. Ich kann nicht glauben, daß allein eine ehrliche Kritik an einem Kommando, das über mehr als vier Jahre (mit einigen der größten Siege in der römischen Geschichte) erfolgreich geführt worden war, dazu führte, Lucullus den Oberbefehl über Asia zu entziehen, und zwar ausgerechnet im Jahre 69 (s. MRR II 133), bei der ersten Gelegenheit nach seiner Neuordnung in Asia.

[85] Cic. 2Verr. III 12. Genaugenommen gibt er keine direkten Informationen über Sardinien, Macedonia, Gallien und Kyrene. Wir können aus seinen Worten nur folgern, daß das dortige System nicht dem in Sizilien entsprach. Denkbar ist, daß in Kyrene die *censoria locatio* eingeführt worden war, als man die Einnahmen aus diesem Gebiet im Jahre 75/4 organisiert hatte. Für die anderen Provinzen ist das eher unwahrscheinlich: Im Falle Galliens hätte man erwarten können, davon etwa in der Rede *pro Fonteio* zu erfahren; in den anderen beiden Fällen hätte dies einen Akt gezielter Neuordnung bedeutet – und selbst wenn es in Macedonia oder Sardinia dazu kam, dann wäre zu fragen, warum nicht auch in Africa, das weit gewinnbringender war? (Zu Macedonia s. auch Anm. 89 und den Text.)

86 Siehe RISR 108.
87 Cic. fam. XIII 9.
88 Cic. prov. cons. 10.
89 Cic. Pis. 87.
90 MRR II 187f., 190 (Vatinius).
91 Cic. Att. I 17,9. [Die Zensoren (s. Dio XXXVII 46,4) waren wahrscheinlich L. Iulius Caesar (cos. 64) und C. Scribonius Curio (cos. 76). S. jetzt MRR III 110 und 186.] Sie vergrößerten den Senat durch großzügige *adlectio*. Es gab kein *lustrum*. Balsdon (JRS 52 [1962] 136) offenbart eine sonderbare Unkenntnis des historischen und ökonomischen Hintergrunds, verwirft aber mit Recht Schol. Bob. 157f. als eine reine Vermutung.
92 Cic. a.a.O. Dies war zumindest der Betrag, den ihnen Caesar später zugestand (Dio XXXVIII 7,4; App. b.c. II 13; Suet. Jul. 20, mit einer väterlichen Warnung). Balsdon a.a.O. fragt, warum die im Jahre 61 erfolglosen Gesellschaften nicht protestierten, findet aber keine Antwort. Es liegt aber eine auf der Hand: Sie besaßen nun in Pompeius' neuen Provinzen alle wünschenswerten Geschäftsmöglichkeiten!
93 Cic. Q. fr. I 1,32f. (Beachte zu Q. Ciceros Problemen: *hic te ita uersari ut et publicanis satisfacias, praesertim publicis male redemptis, ac socios perire non sinas, diuinae cuiusdam uirtutis esse uidetur.* Es ist vielleicht nicht überraschend, daß Quintus niemals zum Konsulat aufstieg.) Vgl. Att. I 17,9f. (Beachte: *ut illi auderent hoc postulare, Crassus eos impulit.*)
94 Cic. 2Verr. III 130, 140 u.a.
95 Decimus Brutus (cos. 77): Cic. 2Verr. I 144, 150.
96 Kap. I, Anm. 16. Soweit wir wissen, betraf der einzige Sakralvertrag, der später hinzukam, den Tempel des Mars Ultor (Dio LV 10,5): offensichtlich, um ihm besonderes Prestige zu verleihen.
97 Zur Eingabe s.o.: M. Crassus tritt nicht als *socius* in Erscheinung. Zu Gabinius s. z.B. Q. fr. II 13,2.
98 Cic. Vat. 29; vgl. die Ausgabe von Pocock, Appendix IV c, der daraus folgert, daß Vatinius aktiv an der Verabschiedung von Caesars Gesetzen beteiligt gewesen sein muß.
99 Staatspacht 372f. Zur vierten Wendung *(particula)* s. Anm. 101; hier ist der Ursprung noch weniger verläßlich. Ürögdi übernimmt die Erklärung.
100 Cic. Rab. Post. 4.
101 Val. Max. VI 9,7. (Dies muß die Quelle von Rostovtzeffs „Börsen-

jargon"-Begriff *particula* gewesen sein. Unnötig zu sagen, daß Valerius diese Bedeutung des Wortes wahrscheinlich selbst erfunden hat.) Wenn Aufidius nicht als *socius* in dem Register gestanden hätte, dann wäre der Umstand, daß er einer war, vermutlich nicht so allgemein bekannt gewesen, daß man ihm das später zum Vorwurf machen konnte. Das Halten nicht eingetragener Anteile galt inzwischen nicht mehr als unehrenhaft, wenn Caesar es so offen praktizieren konnte.

102 Cic. Vat. 13, 15 u.a.

103 Siehe Anm. 93 mit dem Text. Auch nicht einmal (können wir hinzufügen), um nur politischen Unfug zu treiben: Wie ich an anderen Fällen (RISR, Kap. VI) gezeigt habe, waren persönliche, politische und ökonomische Motive in der späten Republik untrennbar miteinander verflochten.

104 Es ist nicht auszuschließen, daß im Einzelfall ein Senator schon damals – über einen Freigelassenen – an einer Gesellschaft beteiligt gewesen sein konnte, genau wie der ältere Cato am Handel interessiert war (Plut. Cat. Mai. 21). Aber vermutlich war dies wohl (wie im Falle von Catos Geschäften) selten und stieß auf Mißbilligung. Auch ist es erwähnenswert, daß Cato (wie wir gesehen haben) *publica* als eine Einkommensquelle nicht einmal in Betracht zog (de agr. praef.). Wir dürfen uns nicht vorstellen, daß es vor der Zeit von C. Gracchus phantastische Gewinne gab.

105 Wieder finden wir alle Arten von Interessen eng miteinander verflochten. Die Passage Cic. fam. XIII 9, die seine engen Verbindungen mit der bithynischen Pachtgesellschaft betont, hat vielleicht eine tiefere Bedeutung. Man beachte z.B. auch die taktvollen Formulierungen in solchen Passagen wie fam. XIII 65,2: *ex huius obseruantia gratissimi hominis et ex sociorum gratia hominum amplissimorum maximum fructum capies.*

106 Siehe RISR, 118ff.

107 Von Bedeutung hierfür sind die Zahlen aus Pompeius' eigener Aufstellung bei Plut. Pomp. 45. Man könnte der Ansicht sein, daß es insgesamt zum Vorteil der Provinzialen war, wenn es in Rom keine ungewöhnlich scharfe Konkurrenz um Steuerpachtverträge gab. Wie auch immer es mit der Theorie steht, aus unseren hier behandelten Zeugnissen geht ganz deutlich hervor, daß ein extrem hohes Gebot der Pachtgesellschaft in der Tat auch extrem hohe Belastungen bedeuten mußte, die zwangsläufig den Provinzialen aufgebürdet wurden.

108 Dio XXXVII 51,3 (in den Einzelheiten unklar); Cic. Att. II 16,2. Es

handelte sich unzweifelhaft um einen Versuch, Popularität zu gewinnen, vielleicht (wie Carcopino vermutete) mit Unterstützung des Pompeius (vgl. Cic. a.a.O.: Pompeius scheint sich in der Tat gerühmt zu haben, daß seine neuen, in Übersee erhobenen *uectigalia* ausreichen würden, um die Staatsausgaben zu finanzieren). Im Jahre 63/2 war Metellus ein überzeugter Anhänger des Pompeius gewesen (s. MRR II 174: Er war sogar aus Rom zu Pompeius geflohen, um ihm so – hätte dieser es gewünscht, wie Caesar es später tat – einen Vorwand für eine bewaffnete Intervention zu liefern). Obwohl sein Bruder Celer als Konsul die Opposition gegen Pompeius anführte (Dio XXXVII 49,3f.: Er handelte aus Verärgerung über Pompeius' Scheidung von seiner Kusine oder Schwester Mucia), wird Metellus Nepos im Jahre 60 nicht in diesem Zusammenhang erwähnt. Er zog es wahrscheinlich vor, sich Pompeius' Freundschaft nicht zu verscherzen, zumindest, bis er sein Konsulat erreicht hatte. Dio XXXVII 51,3 läßt darauf schließen, daß Metellus' eigener Bruder gegen dieses Gesetz opponierte. Dies zeigt, daß die beiden Brüder nicht unbedingt denselben Kurs zur selben Zeit verfolgten, und läßt auch vermuten, daß Pompeius ein Interesse an dem Gesetz gehabt haben kann. Diese Zollgebühren waren sehr unbeliebt gewesen (Cic. Q. fr. I 1,33), und ihre Abschaffung war vielleicht der kleine Preis, den Pompeius (um seines politischen Ansehens willen) von den *publicani* im Gegenzug für ihre stark angewachsenen Geschäfte verlangte. Es fehlte ihnen von nun an sicher nicht an Investitionsmöglichkeiten.

[109] Die Verzögerung war, wie wir sahen, ein großes Unglück für die Steuerzahler in der Provinz.

[110] Siehe Cic. Vat. (Anm. 98 und Text).

[111] Cic. Att. V 15.3. (Über *dioeceses* im allgemeinen s. Anm. 34 oben.)

[112] Zu dieser Neuorganisation s. Syme, Buckler Studies (1939). 301f., zu *nostrarum dioecesium* in diesem Sinne s. Att. V 21,7. Aber Cilicia hatte auch *dioeceses* (Att. VI 2,4).

[113] Att. V 16,1.

[114] Es ist interessant, daß nur die *scriptura* und das *portorium* der *dioeceses* erwähnt werden (V 15,3). Wir können über die Gründe für diese Beschränkung nur spekulieren, die Cicero aber in jedem Fall beabsichtigt haben muß. Es mag einen sehr einfachen Grund geben, z.B. daß *scriptura* und *portorium* eine weit umfangreichere Korrespondenz mit Rom verlangten (vgl. die Information, die wir aus den Verrinen bekommen) als die *decuma*, die über viele Monate des Jahres ein ziemlich ruhiges Geschäft gewesen sein muß. Jedenfalls be-

zieht sich Cicero hier auf die Schnelligkeit und die Häufigkeit des Postverkehrs.

[115] Cic. fam. XIII 9,2: *constat enim ex ceteris societatibus*. Ich sehe nicht, wie das lateinische Zitat in irgendeinem anderen Sinn verstanden werden kann: Es gibt keine eindeutigere Aussage im gesamten Werk Ciceros. Wir müssen sie so deuten, wie sie dort steht.

[116] Cic. Fl. 11; vgl. 2Verr. III 94 (offenkundig unwahr, soweit es *equites* in ihrer Gesamtheit betraf, aber wahrscheinlich für die *publicani* zutreffend).

[117] Dies scheint das zu sein, was Fonteius in Gallien tat (Cic. Font. 19f. (leider unvollständig)), ganz abgesehen von einigen zwielichtigen Geschäften mit Straßenbauaufträgen, die an Verres erinnern (a.a.O. 17f.).

[118] Verres hatte das Zensorenamt in den Städten verkauft und ließ die Zensoren sich dann an den Bürgern schadlos halten (2Verr. II 131f., besonders 138). Appius hatte in Cilicia den Reichen in den Städten jede Art von Unterschlagung und die Unterdrückung ihrer Mitbürger nachgesehen (Cic. Att. VI 2,5; vgl. a.a.O. 1,2).

[119] MRR II 247. Die Karriere von C. Verres wäre wohl ähnlich verlaufen, hätte er mehr Glück mit seinem Ankläger gehabt.

[120] Kap. IV, Anm. 57 und Text.

[121] Cic. prov. cons. 5.

[122] Cic. Pis. 87.

[123] Cic. prov. cons. und Pis. passim.

[124] MRR II 203. Die Verweigerung zeigt, daß in Rom mächtige Interessengruppen gegen ihn arbeiteten.

[125] MRR II 218.

[126] Siehe MRR a.a.O.

[127] Siehe Lucius Sulla, in: Essays on Roman Culture, ed. A.J. Dunston (1976) 35–74. Zur Zahl der Senatoren s. Gabbas Erörterung, in: Appiani Bellorum Ciuilium Liber Primus, S. 343f. Die Zahlen für die getöteten Senatoren werden unterschiedlich hoch angegeben und sind im Detail unzuverlässig. Anders verhält es sich mit der Tatsache, daß der Senat vor Sulla eine nominelle Stärke von 300 (App. b.c. I 35, 158 [mit Anmerkung Gabbas]; Plut. C. Gr. 5; Liv. per LX) und später von 600 (Gabba a.a.O. mit Quellenverweisen) besaß. Glaubwürdig ist weiterhin, daß der letzte Zensus im Jahr 86 gewesen war, so daß ein natürlicher Schwund von (vielleicht) 50 Senatoren angenommen werden muß. Außerdem kann man akzeptieren, daß Morde (App. b.c. I 88, 403), Proskriptionen (ebd. 95, 442) und Kämpfe ohne Zweifel dem Senatoren-

stand wie auch anderen schwere Verluste zugefügt hatten. Diese Fakten verdeutlichen, daß weitaus mehr als die 300 *equites*, die Appian b.c. I 100, 468 nennt, neu in den Senat aufgenommen worden sein müssen, selbst wenn (wie Gabba richtig beobachtet) Männer aus senatorischen Familien mit auch nur der Andeutung eines Anspruchs auf einen Senatssitz den Vorzug erhalten haben mögen. Appians Zahl (ca. 300) darf wahrscheinlich nicht sehr ernst genommen werden: Man könnte leicht darauf kommen, indem man einfach die 300 Senatoren des Senats vor Sulla von den 600 des Senats nach Sulla abzieht, und ich vermute, daß Appians Quelle vielleicht keine bessere Grundlage für diese Zahl hatte.

[128] Siehe Cic. Cluent. 153 und vgl. Anm. 49 und Text (oben). Obgleich man einräumen muß, daß der ältere Plancius zumindest in einem Fall wie ein Überbleibsel aus dieser Generation handelte (Planc. 33f.).

[129] Der ältere Plancius unterstützt die Kandidatur seines Sohnes, und Cicero läßt darauf schließen, daß dies ein Normalfall war (Planc. 24). L. Aelius Lamia (RE, s.v. Aelius [Nr. 75]) und C. Rabirius Postumus (RE, s.v. Rabirius [Nr.6]) traten in den Senat ein. Ciceros Freund Atticus war in vielerlei Hinsicht eine Ausnahme. Gleichwohl müssen wir natürlich weiterhin davon ausgehen, daß die überwältigende Mehrheit der „Geschäftsleute" unter den *equites* keine politischen Ambitionen hegte, weder für sich noch für ihre Familien – ein Phänomen, das tatsächlich für alle Gesellschaften und zu allen Zeiten gilt (s. Anm. 157 unten).

[130] Siehe RILR 62f.

[131] Hauptquellen sind Cic. Att. I 17,9; Planc. 34f. mit Schol. Bob. 157f. (St.). Der Scholiast behauptet, detaillierte Informationen zu besitzen, von denen aber nicht alle glaubhaft sind: Er neigt dazu, auszuschmücken, was er aus dem ihm vorliegenden Text erschlossen hat. (Daß es eine *hostilis incursio* im Jahre 61 in Asia gegeben hatte, die der Grund für das Ersuchen war, wird von Cicero nicht erwähnt, der sie aber schwerlich übergangen hätte, vor allem wenn man bedenkt, daß sein Bruder zu dieser Zeit Statthalter war!) Zu einem besonders schlimmen Fall von Ausschmückung durch den Scholiasten s. S.129 (St.) über die *lex Licinia Mucia* [und vgl. E. Badian, JRS 63 (1973) 127ff.].

[132] Sest. 21; vgl. Planc. 50: Ein *nobilis*, der sich ernsthaft einsetzt, kann nie eine Wahl verlieren.

[133] Zu den Einzelheiten s. Sall. Cat. 52f. Catos moralische Vortreff-

lichkeit (von Sallust betont) sei einmal zugestanden. Dennoch ist die Sache ohne Beispiel.

134 L. Aelius Lamia (Anm. 129 oben).

135 Siehe Kap. IV Anm. 37.

136 Siehe RISR, Kap. VI.

137 Zu Gabinius s. S. 148 (oben): Es war der Vorwurf der Erpressung von Untertanen, der ihn zu Fall brachte. Eine Debatte über Gabinius im Senat führte zu einem Zusammenprall zwischen den Vertretern der *publicani* und dem streitbaren *nobilis* L. Domitius (Cic. Q. fr. II 13,2).

138 Cic. Q. fr. 1.1.

139 RE, s.v. Sergius (23); MRR II 155.

140 Zu Appius s. die Quellen in: MRR II 229 (besonders Cic. Att. V 16,2; VI 1,2). Es ist Mode geworden, Cicero ohne Beweis des Gegenteils zu mißtrauen. Es gibt aber keinen Grund, an dem Sachverhalt zu zweifeln, den er angibt. Zu Lentulus s. MRR II 210, 218. (Vgl. die nächste Anmerkung.)

141 Cic. Att. V 21,7 – und das (worauf ich in RISR 123f. hingewiesen habe), nachdem Cato gerade einen Kronschatz von 7000 Talenten abtransportiert hatte!

142 Siehe RISR 119ff.

143 Cic. Att. VI 1,16.

144 Siehe Cic. Att. V 16,2 mit Shackleton Baileys klarstellender Anmerkung (S. 218). Vgl. Cic. fam. III 7,3; 8,5.

145 Es ist nicht klar, inwieweit die verschiedenen Vorschriften gegen Wucher für diese *pactiones* galten; wie es sicherlich in der Praxis war, so mag auch nach dem Gesetz die Regelung gänzlich dem Statthalter überlassen worden sein.

146 Cicero erwähnt überrascht P. Servilius Vatia (cos. 78).

147 Cic. Att. VI 2,5; fam. II 13,3.

148 Cic. Att. VI 2,5; zu Verres s. 2 Verr. II 131f.

149 Cic. Att. VI 1,16. Zu Brutus s. ebd. 5f.

150 Att. VI 1 ist im Februar 50 geschrieben, nach gerade der Hälfte seiner einjährigen Amtszeit.

151 Cic. Att. V 21,11.

152 Cic. Att. VI 1,16: *habeo in deliciis, obsequor, uerbis laudo, orno, efficio ne cui molesti sint… illa iam habent plena modio* [ein Hinweis auf das gehäufte Maß bei der Abgabe des Getreidezehnten? – s. Kap. IV, Anm. 68]: *uerborum honorem, inuitationem crebram.*

153 Vgl. die Bemerkungen von „einigen" zu Scaptius' Weigerung, 12 Prozent Zinsen zu akzeptieren: Att. V 21,12 (Ende).

[154] Gabinius scheint von syrischen Gesandten unterstützt worden zu sein (Cic. Q. fr. II 13,2f.), offenbar Angehörigen der Oberschicht. Dies ist angesichts dessen, was wir über die Verhältnisse in Verres' Sizilien und Appius' Cilicia wissen, natürlich verdächtig. Nebenbei ist zu erwähnen, daß Appius Konsul war, als die Gesandten in Rom eintrafen: So mag er einiges erfahren haben, was für ihn von Nutzen war, wenn er es überhaupt nötig hatte. (Obgleich er auch Diskretion bei der Verwendung solcher Informationen gelernt haben muß.)

[155] Cic. fam. III 7,5.

[156] Die Auseinandersetzung bei Cic. Q. fr. a.a.O. (Anm. 154): Domitius besaß die Unverschämtheit, die *equites* der Korruption zu beschuldigen. Der Skandal bei Cic. Att. IV 15,7; 17,2 u.a.

[157] Brunt 1965, 120: „ihre Sehnsucht nach *gratia, auctoritas* und sogar *honores*." Wir sollten vielleicht unterscheiden: *Gratia* und *auctoritas* konnten erwartet werden, und jeder *eques Romanus* konnte sie in bestimmtem Ausmaß besitzen und stolz darauf sein. Aber obgleich (wie wir gesehen haben) der Eintritt in den nachsullanischen Senat weniger Opfer verlangte, strebte die große Mehrheit der Klasse der *equites* nicht nach einem öffentlichen Amt: Sie dachte gar nicht daran, ihr Geld für Wahlkampagnen und Amtskosten zu verschwenden oder ihr *otium* aufzugeben. Natürlich hören wir meist von denen, die tatsächlich ehrgeizig waren; aber ein Blick selbst in die einfachste Prosopographie der *equites* in der späten römischen Republik zeigt schnell, daß wir eine riesige Gruppe von *equites* kennen, die keine politischen Ambitionen hegten; und zu ihnen müssen wir all diejenigen hinzurechnen, die wir gar nicht kennen.

[158] Cic. Att. VI 1,15 (leider von Shackleton Bailey nicht behandelt). Der springende Punkt scheint zu sein, daß sich Bibulus' Formulierung (wie die Passage der Digesten, die Shackleton Bailey z. St. zitiert) auf *mala fides* oder Täuschung oder Ungesetzlichkeit beim Vertragsabschluß bezog. Dies war eine Unterstellung, die sich an die Adresse der römischen Finanziers richtete. Ciceros Version (mit der er dem Edikt des gewandten Scaevola folgte) bezieht sich auf den Verstoß gegen das Prinzip des guten Glaubens bei der Ausführung (oder Anerkennung) des Übereinkommens – was denen, die den Vertrag abschließen, keine Absichten unterstellt.

[159] Siehe Ürögdi 1201. Crassus' Bemerkung vielleicht am genauesten bei Plin. n.h. XXXIII 134.

[160] Cicero betont in seiner Rede für das Gesetz des Manilius das Anlagekapital. Tatsächlich mußten Privatbürger, die die Bankeinrich-

tungen der *publicani* benutzten (und dies muß gebräuchlicher gewesen sein, als es unsere Zeugnisse belegen), die Verluste mittragen. Cicero war einer von ihnen (Quellen: Kap. IV, Anm. 55 und 56).

161 Dio XLII 6,3; vgl. App. b.c. V 4,19.

162 App. a.a.O.; Plut. Caes. 48 (Anf.).

163 In der dem Antonius zugeschriebenen Rede sicherlich als Propaganda gebraucht (App. a.a.O.). Der Sachverhalt ist nicht so einfach, wie die Handbücher, die diese Information wiedergeben, zu glauben scheinen. Caesar setzte ein festes *tributum* an die Stelle des variablen Zehnten. Es wird gar nicht behauptet, daß dieses auf zwei Drittel des durchschnittlichen Zehnten berechnet war, d.h. auf 6²/₃ Prozent. Behauptet wird vielmehr, daß die Städte ein Drittel weniger bezahlen mußten, als sie bezahlt hatten. Caesar hat diese Zahl vielleicht den Rechnungsbüchern der *publicani* in der Provinz entnommen. Die letzten Rechnungen unterschieden sich aber wohl stark von den üblichen, da sie die Verluste widerspiegelten, die die *publicani* durch den Bürgerkrieg erlitten hatten, und deren darauffolgenden Versuche, diese Verluste wieder wettzumachen. Es fällt schwer zu glauben, daß Caesar dies gewissenhaft berücksichtigte; es ist eher denkbar, daß er ein Drittel der in letzter Zeit aufgeblähten Summen nachließ – ohne tatsächlichen Verlust für die Staatskasse. Es wäre hilfreich, genau zu wissen, wann dies geschah. Leider widersprechen sich die Quellen, und wir können nicht sicher sein, ob dies vor oder nach dem ägyptischen Feldzug war (wahrscheinlich aber danach).

164 Cic. Q. fr. I 1,33. (Keine ganz redliche Argumentation; aber der Hauptpunkt muß beachtet werden.)

165 Siehe Rostovtzeff, Kap. III–VIII; O. Hirschfeld, Die kaiserlichen Verwaltungsbeamten ²1905, 86f.; de Laet II.

166 Dio XLII 35,5. Vielleicht hat er als Entschädigung (sowohl für die Staatskasse wie für die *publicani*) die *portoria* in Italien wieder eingeführt, die erst kurz vorher im Jahre 60 v.Chr. (Suet. Jul. 43; vgl. de Laet 60f.) abgeschafft worden waren.

167 So hatte Cicero über den älteren Plancius (Planc. 32) gesagt. Zu den *equites* in Diensten Caesars s. Syme, Roman Revolution (1939), Kap. V (speziell 71f.).

168 Siehe MRR II 188.

169 Die Geschichte der *equites* als Verwaltungsbeamte wird in allen Standardwerken erzählt.

170 Professor Sir Ronald Syme und Professor G.V. Sumner lasen freundlicherweise das Manuskript der Originalausgabe und Dr. Chri-

stopher Ehrhardt half bei der Korrektur der Druckfahnen. Insbesondere dank Professor Sumners Aufmerksamkeit ist die Zahl der in jedem Fall noch zutagetretenden Irrtümer wesentlich kleiner geworden. Die hier vertretenen Thesen müssen nicht mit der Meinung der genannten Wissenschaftler übereinstimmen. Ich danke auch dem Lecture Committee und der University of Otago Press, daß sie mir gestatteten, die Vorlesungen um erhebliche Zusätze zu erweitern und sie mit Anmerkungen zu versehen. [Außerdem danke ich der University of Otago Press dafür, daß sie mir die Rechte an diesem Buch zurückgab.]

Bibliographie und Abkürzungen zur englischen Originalausgabe

Antike Autoren werden im allgemeinen nach den Teubner-Ausgaben zitiert, es sei denn eine andere Edition ist angegeben (z.B. die Asconius-Ausgabe von Clark). Die bibliographischen Angaben zu den meisten modernen Werken sind so detailliert, daß sie hier nicht wiederholt zu werden brauchen. Einige oft erwähnte Bücher und Aufsätze werden jedoch, zumindest nach ihrer ersten Erwähnung, entweder nur mit dem Namen des Autors oder mit einer Abkürzung des Titels zitiert. Zur besseren Übersicht sind sie im folgenden aufgeführt.

Badian, E., Foreign Clientelae (264–70 B.C.), 1958 = For. Cl.

–, Roman Imperialism in the Late Republic, ²1968 [zitiert hier nach der dt. Übersetzung von G. Wirth: Römischer Imperialismus in der Späten Republik, Stuttgart 1980 = RISP].

–, Studies in Greek and Roman History (1964) = Studies.

Brunt, P. A., 'The Equites in the Late Republic', Second International Conference on Economic History, 1962 (1965), 117ff.

De Laet, S. J., Portorium, 1949.

Frank, Tenney, Economic Survey of Ancient Rome, Bd. I, 1933.

Greenidge, A. H. J., and Clay, A. M., Sources for Roman History, 133–70 B.C., Second edition, revised by E. W. Gray, 1960 = Greenidge-Clay².

Gruen, E. S., Roman Politics and the Criminal Courts, 149–78 B.C., 1968.

Kniep, F., Societas Publicanorum, Bd. I, 1896 (mehr nicht erschienen).

Meier, Chr., Res Publica Amissa, 1966 (Neuausgabe 1980).

Mommsen, Th., Römisches Staatsrecht, I³, II³, III, 1887 = Staatsrecht.

Nicolet, Cl., L'Ordre équestre à l'époque républicaine, Bd.I, 1966.

Rostowzew (= Rostovtzeff), M. I., Geschichte der Staatspacht, Philologus, Suppl. IX 3, 1902 = Rostovtzeff.

Shackleton Bailey, D. R., Cicero's Letters to Atticus, 7 Bde., 1965–1970.

Toynbee, A. J., Hannibal's Legacy, 2 Bde., 1965 (alle Verweise beziehen sich auf Bd. II).

Ürögdi, G., „Publicani", RE Suppl. XI, 1968, 1846ff.

Walbank, F. W., Historical Commentary on Polybius, Bd. I, 1957: (Buch I–VI); Bd II, 1967 (Buch VII–XVIII).

Die Zeitschriften werden, mit kleinen Modifikationen, wie in der ›L'Année philologique‹ abgekürzt, Standardwerke in der üblichen Weise mit ihren Anfangsbuchstaben zitiert. Folgende sind besonders zu beachten:

CAH	Cambridge Ancient History
CIL	Corpus Inscriptionum Latinarum
ESAR	Economic Survey of Ancient Rome, 6 Bde., 1933–40, hrsg. v. T. Frank
FIRA	Fontes Iuris Romani Anteiustiniani, ^{2}1941, hrsg. v. S. Riccobono
ILLRP	Inscriptiones Latinae Liberae Rei Publicae, Bd. I ^{2}1965, Bd. II, 1963, hrsg. v. A. Degrassi
MRR	T. R. S. Broughton, The Magistrates of the Roman Republic, Bd. I, 1951, Bd. II, 1952, Supplement 1960
RDGE	Roman Documents from the Greek East, 1969, hrsg. v. R. K. Sherk
RE	Pauly-Wissowa, Real-Encyclopädie der classischen Altertumswissenschaft
SEHHW	M. I. Rostovtzeff, Social and Economic History of the Hellenistic World, 3 Bde., 1941
SIG	Sylloge Inscriptionum Graecarum, hrsg. v. W. Dittenberger. 3. Aufl., 4 Bde. 1915–24, hrsg. v. F. Hiller v. Gaertringen

Anhang*

1. Die einzige Gesamtdarstellung, die sich ausschließlich den *publicani* widmet, ist das Buch von M. R. Cimma, Ricerche sulle società di publicani, von 1981. Ich habe es im Gnomon 56, 1984, 45–48 besprochen und fand es, was die Zeit der römischen Republik betrifft, leider enttäuschend. Wie ich feststellen mußte, ist „ihre Darstellung der republikanischen Ära gespickt mit Fehlern" (von denen ich verschiedene Beispiele gab). Sie gehen großenteils auf die Ausbildung der Autorin als Juristin zurück (was wiederum ihre Darstellung der rechtlichen Lage der *publicani* im Kaiserreich sehr nützlich macht), ihre mangelnden Kenntnisse der lateinischen Sprache und Literatur oder der römischen Geschichte, sowie nach meinem Eindruck zum Teil auch darauf, daß die Verfasserin Zettelkästen mit Zitaten antiker Autoren benutzt und nicht mit dem zusammenhängenden Text arbeitet. Zu einem wichtigen Aufsatz von Cl. Nicolet siehe meine Bibliographie von 1983.

2. Eine wichtige Entdeckung der letzten Jahre ist natürlich die *Lex portorii Asiae* (wie die Herausgeber sie richtig nennen), von welcher größere Fragmente in Ephesos gefunden und durch H. Engelmann und D. Knibbe veröffentlicht wurden (Das Zollgesetz der Provinz Asia. Eine neue Inschrift aus Ephesos, EA 14, 1989). Man kann von einer kommentierten Erstpublikation einer solch großen Inschrift nicht erwarten, daß sie bis ins Detail perfekt ist, aber wir schulden den Herausgebern Dank für

* Wie in meinem Vorwort erwähnt, kann dieser Anhang [im Haupttext Hinweis durch Asteriskus am Rand] nur einige der wichtigeren, für das Thema bedeutsamen Arbeiten aufnehmen, die seit der Erstveröffentlichung dieses Buches erschienen sind. – Anmerkungen s. S. 244–248.

ihre umfängliche und sorgfältige Arbeit an Text und Kommentar. Es gibt schon unzählige Erörterungen zum Text und seiner Bedeutung, von denen nur wenige hier erwähnt werden können. Zum Text der Inschrift lieferten H. Solin und O. Salomies, ZPE 86, 1991, 183–186 einen größeren Beitrag. Alle ihre Verbesserungen (einige von ihnen beziehen sich auch auf die Zeit der Republik) scheinen mir zuzutreffen. Cl. Nicolet, der viele Überlegungen zum Text (zu einigen von ihnen s. unten) angestellt hat, hat eine neue Fassung dieses Textes angekündigt, die sicherlich von Bedeutung sein wird.

Wie die Herausgeber feststellen (S.6), scheint sich die Übersetzung aus dem Lateinischen eng an die lateinischen Spracheigentümlichkeiten gehalten zu haben (was niemanden, der mit griechischen Übersetzungen offizieller römischer Urkunden vertraut ist, überraschen wird), so daß unsere Vertrautheit mit der römischen Rechtssprache es uns ermöglicht, „das lateinische Gesetz praktisch wortgetreu wiedergewinnen zu können.“[1] Solche Vertrautheit (ja, Vertrautheit mit dem Lateinischen überhaupt) darf nicht für selbstverständlich gehalten werden, was, wie wir sehen, keineswegs auf ein Absinken unter das frühere Niveau der Sprachbeherrschung zurückzuführen ist. Die Herausgeber sind, abgesehen von einem erschreckenden Fehler (S.102 ein Partizip *circumientes*!), ihrem Versprechen gerecht geworden. Wo sie den Text mißverstanden zu haben scheinen, geht das nicht auf einen Mangel an sprachlicher Fertigkeit zurück, sondern, wie ich schon sagte, auf die Unmöglichkeit, bereits mit der Erstveröffentlichung eine erschöpfende Deutung erreichen zu können. Wir alle kennen Erstpublikationen wichtiger Urkunden, selbst aus jüngster Zeit, die weit unter dem hier erreichten Niveau liegen.

Die erste und dringendste Frage, die sich uns stellt, lautet: Was davon ist für die römische Republik von Bedeutung? Bei der *lex* selbst handelt es sich um einen Text, der von einer Kommission unter Nero zusammengestellt und im Jahre 62 n.Chr. veröffentlicht wurde. Es gibt nur zwei Verweise auf die Zeit der Republik, auf die Konsuln von 75 v.Chr., sicherlich von größerer Bedeutung, und die Konsuln von 72 v.Chr., L. Gellius (dem die Herausgeber das *cognomen* „Publicola" zuschreiben, das vor dem „Chronographen von 354" keine antike Quelle kennt) und Cn. Cornelius Lentulus Clodianus. Beide Verweise beziehen sich auf Bestimmungen, die unter den Namen der betreffenden Konsuln standen. So muß die erste Frage lauten: Wie sollen wir, angefangen beim Titel, den gesamten übrigen Text interpretieren, der nicht zugeordnet oder datiert ist?

Darüber ist viel diskutiert worden. Die Herausgeber glaubten, daß der Haupttext (er enthält als Zusätze erkennbare Passagen späteren Datums) tatsächlich auf die Konsuln von 75 v.Chr., L. Octavius und C. Aurelius Cotta, zurückgeht, die in einer Zeit ungeheurer finanzieller Schwierigkeiten für die Republik (s. bes. Sall. hist. II 47,6f. M [die Rede Cottas] und einige Hinweise Ciceros auf dieses Jahr) versuchten, verschiedene Verfahren der Tributeinziehung effizienter zu machen sowie die Voraussetzungen für die Annexion und Ausbeutung von Kyrene zu schaffen, das knapp 20 Jahre vorher von seinen letzten Königen Rom vermacht worden war.[2] Natürlich sind auch andere Auffassungen vertreten worden. Der nicht zugewiesene Haupttext kann grundsätzlich auch einer hypothetischen *lex tralaticia* aus der Zeit lange vor 75 v.Chr. (so Nicolet: s. unten) oder der endgültigen Redaktion vom Jahr 62 n.Chr. zugeschrieben werden, die sicherlich zumindest teilweise zeitgenössische Elemente einschloß.

Mit all der Vorsicht, die im gegenwärtigen Stadium der Diskussion vonnöten ist, neige ich dazu, prinzipiell den Herausgebern darin zuzustimmen, daß das Gesetz in seinen Grundzügen auf die Konsuln von 75 v.Chr. zurückgeht. Ich möchte hier ihren Ausführungen einen weiteren Punkt hinzufügen. Ein wichtiger Verweis auf die Tätigkeit dieser Konsuln findet sich in § 33, Zeilen 74–78, wonach das persönliche und zur Ausübung ihres Berufes nötige Eigentum der *publicani* von dem Zoll befreit wird, dessen Erhebung diese Konsuln verpachteten. Es folgt daraus, daß es im Jahre 75 keine solche Ausnahme gab. Leider sagt uns der Text nicht, wann die Befreiung eingeführt wurde: eine Warnung, daß nicht alle Zusätze eindeutig ihren

Verfassern zugeordnet sind, wie es bei einigen der Fall ist. Aber der Vertrag von 75 wurde anscheinend als Grundlage betrachtet: Es gibt keinen Hinweis auf irgendwelche früheren Verträge, und wir können mit Recht davon ausgehen, daß keine zur Zeit der Publikation des Textes bekannt waren. Wenn die Konsuln von 75 nur ein schon bestehendes Gesetz übernommen hätten, dann wäre es wirklich ganz überraschend, wenn eine solche Befreiung für die *publicani* nicht schon vorher existiert hätte, zumal in der Zeit ihrer Machtentfaltung um ca. 100–90 v.Chr. Wenn die Zollfreiheit aber schon früher bestand, dann ist es sehr unwahrscheinlich, daß die Konsuln von 75 sie einfach gestrichen haben sollen. Obwohl die Macht der *publicani* durch Sulla eingeschränkt worden war, durfte man sie nicht ohne weiteres verärgern, erst recht nicht zu einer Zeit, in der ihre Dienste für eine effektive Einziehung der *publica populi Romani* besonders gebraucht wurden. Die Tatsache, daß diese Zollfreiheit nicht bewilligt wurde, erklärt sich am besten als Versehen in den Bestimmungen des allerersten Vertrages.[3] Leider kennen wir das Datum der Änderung nicht, aber sie muß ohne Zweifel sehr bald vorgenommen worden sein. (Nicolet MEFR 105, 1993, 957 glaubt, daß sie «forcément» früher als 72 stattfand, und vermutet eine Verbindung mit der *lex Terentia Cassia* von 73.) Es muß hinzugefügt werden, daß, wie die Herausgeber feststellen, alle Zusätze zur ursprünglichen *lex*, bei denen deren Verfasser namentlich genannt sind (was, wie gesagt, nicht immer der Fall ist), von einer Formel wie „Die Konsuln X und Y fügten hinzu" eingeleitet werden. Die Verweise auf die Konsuln von 75 besagen aber nicht, daß diese irgendwelche Zusätze anfügten. Nicolet (a.a.O.) übersieht diesen Unterschied.

Wenn die *lex* von 75 nicht die erste war, müssen wir uns fragen, welche *lex* es dann war und aus welcher Zeit sie stammt. Nicolet (a.a.O.) glaubt, daß der Haupttext auf die überlieferte *lex censoria* aus „den frühen Anfängen der Provinz" zurückgeht: Er soll auf der ersten *lex censoria* basieren, die C.Gracchus' Gesetz über Asia in staatliche Verordnungen umsetzte. Um seine Vermutung zu stützen, zitiert er Cic. 2 Verr. III 12: *aut censoria locatio constituta est, ut Asiae lege Sempronia.* Velleius Paterculus kann ebenfalls herangezogen werden (II 6,3: C. Gracchus *noua constituebat portoria*).

Dies alles zeigt uns die Gefahr, mit Auszügen zu arbeiten, die aus ihrem Zusammenhang gerissen sind. Was Cicero tatsächlich sagt, ist folgendes: *inter Siciliam et alias prouincias in agrorum uectigalium* [Sperrung von mir] *ratione hoc interest ut aut ... aut — Sempronia* (wie bei Nicolet). Die Begrenzung auf Bodensteuer (sagen wir *decuma*) wird ausdrücklich festgehalten. Jeglicher Verweis auf *portoria* im Gesetz des Gracchus ist ausdrücklich ausgeschlossen. Bei Velleius stammt der Hinweis auf *portoria* aus einer rhetorischen Invektive gegen C. Gracchus, vor allem wegen dessen Aktivitäten in Italien. Wenn daran überhaupt etwas wahr ist, dann bezieht es sich sicher auch auf Italien selbst. Velleius hätte die Einführung von *portoria* in Asia keineswegs tadelnswert gefunden.

Wir können auf Ciceros Glaubwürdigkeit vertrauen und sicher sein, daß die *lex censoria* über *portoria* nicht auf C. Gracchus zurückgeht, geschweige denn aus „den frühen Anfängen der Provinz" stammt, die noch weiter zurücklagen. Dies heißt natürlich keineswegs, daß *portoria* in Asia nicht von Anfang an eingezogen wurden oder daß sie nicht von den römischen *publicani* eingezogen worden sind. Diese Gebühren müssen zu den Hauptstützen von Attalos' Wirtschaftssystem gehört haben, so wie sie es unseres Wissens auch bei den Ptolemaiern waren. Wie die Herausgeber sofort erkannten, ist eine der ältesten Schichten unseres Textes die Bestimmung, einige von Attalos' Zollstationen zu übernehmen (Z. 67ff.). Es erfordert nicht sehr viel Scharfblick, zu sehen, daß die Römer genau wie sie im Syrakusanischen Sizilien die *lex Hieronica* – ein viel ausgeklügelteres und einträglicheres System nach hellenistischem Vorbild, als sie für ihre Zwecke hätten entwickeln können – schon vorfanden und einfach übernahmen, in Asia natürlich die „lex Attalica" (wie wir sie nennen können) beibehielten, ohne Zweifel von Anfang an sowohl für die *decuma* wie für die *portoria*.[4] Es dauerte nicht lange, bis C. Gracchus ein System zur Einziehung der *decuma* fand, das größere Einkünfte für das römische Volk versprach (die Gründe dafür sind in diesem Buch skizziert). Er tat sicherlich nichts, um die Einziehung der *portoria* zu verändern, geschweige denn um neue einzurichten, was, wie uns auch die neue Inschrift zeigt, kaum notwendig oder auch nur möglich gewesen wäre. Ein Unterschied zwischen den zwei Steuerarten läßt sich erschließen: Die *portoria* wurden in barem Geld eingezogen, das direkt nach Rom weitergeleitet wurde. Die *decuma* war eine Naturalsteuer und mußte deshalb vom römischen Befehlshaber eingezogen werden, der einen Teil davon für sich selbst und seine Truppen verwendete, teilweise ohne Zweifel auch zu seiner eigenen Bereicherung – und dies sogar schon fünfzig Jahre vor C. Verres. Der einzige gangbare Weg, solches zu vermeiden, war, die Einziehung der *decuma* ganz den *publicani* anzuvertrauen und ihre *societates* so groß zu machen, daß sie in der Lage waren, die Abgaben zu transportieren und zu lagern, ohne daß sich der Statthalter einschalten mußte. Dies war eine der Auswirkungen – und, so glaube ich nun, eines der Ziele – der *censoria locatio*.

Wie wir gesehen haben, ist es wahrscheinlich, daß das System der fünfjährlichen *locatio* in Rom erst im Jahre 75 auf die *portoria* in Asia ausgeweitet wurde. Wie Sulla selbst, so war auch die herrschende Clique, die in Rom während des folgenden Jahrzehnts die Macht ausübte, nicht bereit, Zensoren zu ernennen. So mußten deren Aufgaben von den Konsuln übernommen werden. Im Jahre 80 hatten die Konsuln L. Sulla und Q. Metellus öffentliche Aufträge vergeben (s. Cic. 2 Verr. I 130); vermutlich handelt es sich hier um alle Verträge, die seit der letzten Zensur von 86–85 verlängert werden mußten.[5]

Nun war ein weiteres Quinquennium verstrichen, und die Verträge mußten wieder verlängert werden. Nicolet (a.a.O.) glaubt, daß der Senat und das Volk die Konsuln beauftragten, alle *locationes* in Rom zusammenzulegen: «nous savons certes ... que les deux consuls de 75 ont reçu du peuple et du sénat la mission de faire à Rome même les *locationes*, et même, par exemple, celles des dîmes mineures de Sicile ...» Er fügt hinzu (S.958), daß der Senat und das Volk die Konsuln beauftragten, die vorher in Sizilien durchgeführten Verpachtungen nun in Rom durchzuführen. Dies ist aus zwei Aussagen bei Cicero 2 Verr. III 18–19 herausgelesen worden, die wir jetzt näher betrachten müssen. (Im folgenden Zitat ist nichts Wesentliches ausgelassen.)

(18) L. Octavio et C. Cottae consulibus senatus permisit ut uini et olei decumas et frugum minutarum, quas antea quaestores in Sicilia uendere consuessent, Romae uenderent ...

(19) prudentissimi uiri ... quibus senatus legum dicendarum in locandis uectigalibus omnem potestatem permiserat populusque Romanus idem iusserat ... nomen Hieronicae legis mutare noluerunt.

Daraus geht nur hervor, daß laut Ciceros Aussage die Konsuln im Falle der *uectigalia*, die sie in Rom verpachten mußten, von Senat und Volk jegliche Vollmacht erhielten, ihre eigenen *leges* zu erlassen, und daß allein der Senat dies dann so auslegte, als schließe die Vollmacht die Vergabe der kleineren sizilischen Aufträge in Rom ein. Kein Wort läßt darauf schließen, daß die bisher nicht in Rom verpachteten Abgaben jetzt dort von den Konsuln verpachtet werden sollten; die sizilischen Abgaben, weit davon entfernt, ein „Beispiel" für den Auftrag an die Konsuln zu sein, mußten diesem hinzugefügt werden, anscheinend aufgrund der anerkannten Definitionskompetenz des Senats.[6] Ciceros Aussage kann nicht dazu herangezogen werden, irgendeine Zentralisierung bei der Vergabe der Aufträge zu belegen, mit Ausnahme des speziellen Falles von Sizilien, und das *ex senatus consulto*. Das schließt natürlich nicht die Möglichkeit aus, daß die Versteigerung anderer Aufträge auch nach Rom verlegt wurde und diese vielleicht (wie die *portoria* von Asia) dort auf eine fünfjährige Laufzeit umgestellt wurden. Wir besitzen aber keine literarische Quelle, die solch eine Transaktion eindeutig belegt. Wir haben nur unsere Inschrift, die aus ihrem eigenen Wortlaut erklärt werden muß.

Nicolet hat uns mit einer sorgfältigen Analyse bestimmter Passagen der Inschrift wertvolle Erkenntnisse zum Text und seinem Verständnis geliefert. Insbesondere (um mich hier auf das für unser Thema Wichtigste zu beschränken) hat er die eigentliche Titelzeile der *lex* abgetrennt, die in Zeile 7 steht (CRAI 1990, 677ff.), und die Einheit der Urkunde wiederhergestellt; sie bezieht sich nur auf die *portoria* in Asia und nicht, wie die Herausgeber glaubten, auf *V publica Asiae* (a.a.O. 689ff.). Darüber hinaus hat er durch die Korrektur einer Lesart in Zeile 73 und einer in Zeile 74 einen angeblichen Verweis auf die Einziehung der *decuma* von Asia durch die *publicani* beseitigt, den die Herausgeber für unvereinbar mit Appians Aussage über Caesars Abschaffung der Steuerpacht für die Provinz hielten (BCH 115, 1991, 465ff.). Diese Punkte bedürfen keiner weiteren Diskussion mehr. Nicolet geht wiederholt auf sie ein.

Zu Zeile 8 verdanken wir H. Wankel (ZPE 85, 1991, 40) die Erkenntnis, daß sich der Verweis auf eine Reihe römischer Zollstationen entlang der Provinzgrenzen bezieht. Nicolet hat sehr plausibel gemacht (MEFR 105, 1993, 8f.), daß andere Gebiete von Kleinasien (in geographischem Sinn) in der dies betreffenden Textlücke ebenfalls erwähnt worden sein müssen.

Er glaubt, daß dieser Teil der Inschrift die Situation des Jahres 62 n.Chr. widerspiegelt, des Zeitpunktes ihrer Redaktion. Das ist eine mögliche, aber keine zwingende Schlußfolgerung, da die Namen dieser Gebiete natürlich schon im Jahre 75 v.Chr. bekannt waren. Ob Klientelkönige „überredet" wurden, römische Zollstationen in ihrem Gebiet längs der Grenze zur römischen Provinz zu gestatten, ist eine Frage, die wir nicht mit Sicherheit beantworten können.

Vielleicht besitzt diese Frage Relevanz für das allerschwierigste Problem unseres Textes, nämlich den Umstand, daß er nach der förmlichen Präambel praktisch mit Regelungen für Zölle auf beiden Seiten des Hellespont, zu Wasser und zu Lande, beginnt (Z. 8ff.). Die Herausgeber bezeichneten dies als einen „bithynischen Vorspann" (S.161). Zu Recht verwarfen sie die (nun wieder von R. Merkelbach, ZPE 81, 1990, 97ff. in etwas anderer Form geäußerte) Vermutung, daß der Tod des Nikomedes schon vor Ende des Jahres 75 in Rom bekannt gewesen sein müsse, und zwar so zeitig, daß dieser Teil noch in die *lex* dieses Jahres aufgenommen werden konnte. Es ist zwar möglich, daß der König gegen Ende des Jahres 75 starb, es gibt aber bis weit in das Jahr 74 keinen Beleg für irgendeine römische Reaktion auf seinen Tod.

Auf der anderen Seite gibt es nichts spezifisch „Bithynisches" an diesem Abschnitt und den späteren Verweisen auf ihn. Es gibt nur den Zoll an der Mündung des Bosporos, und die Formulierung der Klausel, die sich auf ein *senatus consultum* oder Gesetz oder *plebiscitum* bezieht (die Herausgeber übersetzen die notwendige Ergänzung richtig, aber schreiben das falsche griechische Wort), das die Verpachtung dieser Zölle vorsah, zeigt, daß die Zölle in der Tat schon seit geraumer Zeit erhoben worden waren und nicht erst neu eingerichtet wurden. Sie datieren offensichtlich aus einer Zeit einige Jahre vor dem Tod des Nikomedes. Wir müssen überlegen – wenn wir einer Vermutung der Herausgeber folgen –, ob der König von Bithynien, der die Kontrolle über Kalchedon ausübte, „überredet" worden sein kann, den Römern im Gegenzug für seine Wiedereinsetzung im ersten Mithridatischen Krieg solche lukrativen Einnahmen zu überlassen. Es ist jedoch keineswegs sicher, daß Nikomedes Kalchedon kontrollierte. Einer doppeldeutigen Textstelle bei Strabon (XII 3,2, 541) zufolge teilten sich Mithridates Eupator und der bithynische König die Küste des Schwarzen Meeres auf, und zwar so, daß der erstere das ganze Küstenland von Kolchis „bis nach" (μέχρι) Herakleia beherrschte und der letztere die übrige Küste „bis zur" Mündung (des Schwarzen Meeres) und Kalchedon. Ist die präpositionale Wendung inklusive oder exklusive zu verstehen? Darüber ist keine Sicherheit zu erlangen. Tatsächlich gehörte Herakleia nicht zum Herrschaftsbereich des Mithridates: Memnon zufolge standen während des Bundesgenossenkrieges und des Mithridatischen Krieges nicht nur einige von dessen Schiffen im Dienste der Römer, Herakleia rettete auch einige Bewohner von Chios vor Mithridates. Wenn Strabon die Fakten kannte, würde daraus folgen, daß Kalchedon ebenfalls unabhängig war. Was sich in Strabons Text anschließt, läßt vermuten, daß er sie sehr wohl kannte: Die Römer, so sagt er, behielten die alten Grenzen bei, ὥστε τὴν Ἡράκλειαν προσκεῖσθαι τῷ Πόντῳ. Dies würde bedeuten, daß sie Herakleia zu Pontos rechneten. Andererseits scheinen keine Tetradrachmen aus Kalchedon aus der Zeit nach der Mitte des 2. Jahrhunderts bekannt zu sein,[7] und wir bekommen keine Sicherheit.

Byzanz, das ein treuer Verbündeter in den größeren Kriegen des Ostens gewesen war, ließ sich jedoch dazu verleiten, Andriskos anzuerkennen und mit offenen Armen aufzunehmen (Diod. XXXII 15,6): Dafür wurde es, wie wir erfahren, später von den Römern bestraft. So geschah es, daß Byzanz nun einen Vertrag mit Rom abschloß, unzweifelhaft zu ungünstigen Bedingungen.[8] Die Unterstützung im Krieg gegen Aristonikos, die sicher zwangsläufig geleistet wurde, als große römische Armeen durch die Stadt nach Asia zogen, mag dazu beigetragen haben, die Bedingungen zu verbessern. Die irreführende Darstellung seitens der Byzantiner bei Tacitus hilft uns nicht weiter. Aber irgend etwas lief wieder falsch, als Mithridates die Hoffnung auf ein Loskommen von Rom nährte.

Es wurde schon vor längerer Zeit angemerkt, daß eine nicht näher datierbare Tetradrachme aus Byzanz den traditionellen „Herakles“ mit den Gesichtszügen des Mithridates Eupator zeigt.[9] Price ordnet sie unsinnigerweise in eine Zeit „während oder kurz vor dem 2. Mithridatischen Krieg“ ein und legt sich dann auf die Jahre zwischen ca. 75–70 v. Chr. fest! In einer erneuten Erörterung in Zusammenhang mit einer größeren Problematik stellte Margaret Thompson aus rein numismatischen Gründen fest, daß die Münze in die Jahre „89–84 v. Chr. und wahrscheinlich in die früheren Jahre dieses Zeitraums“ gehören muß.[10] Wenn wir auf den historischen Zusammenhang achten, den diese Numismatiker nicht im Auge hatten, so ist es offensichtlich, daß die Münze, die die Unterstützung für Mithridates deutlich macht, in die Jahre 89–87 gehören muß, d.h. entweder in die Zeit unmittelbar vor dem Krieg oder in jene Zeit, während der die Stadt von den Truppen des Königs besetzt war. Die Cambridge Ancient History (1. Aufl.), Tafelband IV, S.4, bildet zwei goldene Statere ab, einen aus Byzanz und einen aus Kalchedon mit denselben Gesichtszügen des Mithridates.[11]

Wenn der numismatische Beweis stichhaltig ist, zeigt er deutlich, daß Byzanz und Kalchedon (wie gewöhnlich eng miteinander verbunden) Mithridates um die Zeit des Ausbruchs des 1. Mithridatischen Krieges unterstützten – ob aus freien Stücken oder unter Zwang, können wir nicht sagen. Sicherlich waren aber beide nicht unter den Städten, die Mithridates Widerstand zu leisten versuchten und von Sulla dafür belohnt wurden. Byzanz und Kalchedon, wenn es tatsächlich unabhängig war, werden ihre Eigenständigkeit im Gefolge von Sullas Neuordnung verloren haben. Das Ausbleiben von Widerstand reichte wahrscheinlich aus, um die Schuld einer Stadt zu erweisen. Im Jahre 70 war die Frage, ob Byzanz in einen Status der Unabhängigkeit zurückkehren sollte, eines der drei außenpolitischen Themen, die in Rom diskutiert wurden (alle drei potentiell mit großen Gewinnen verbunden, wie Cicero anzudeuten scheint), und im Jahre 56 war die Stadt tatsächlich unabhängig, und Cicero konnte ein grelles Bild ihrer Leiden während der Mithridatischen Kriege malen – ohne daß er aber behauptet hätte, Byzanz sei ein Rom treu ergebener Bundesgenosse gewesen.[12] Wir hören nichts weiter von Kalchedon. Vermutlich wurde es in die Provinz Bithynia eingegliedert.

Wir können jetzt eine Vermutung anstellen, wie Senat und Volk von Rom zu der Anordnung kamen, am Hellespont Zölle zu Wasser und zu Land (auf beiden Seiten) erheben zu lassen. Die Maßnahme muß unmittelbar nach der Ratifikation der Neuordnungen Sullas im Jahre 81 erfolgt sein. Vermutlich entwarfen Sulla und Metellus als Konsuln von 80 die *lex* zur Verpachtung dieser Steuer. Im Jahre 75 mußte sie sicherlich erneuert werden, und die Konsuln nutzten die Gelegenheit, sie der neuen *lex* über die *portoria* von Asia anzugliedern; man dachte offenbar noch nicht an die Provinz Bithynia, mit der die *lex* zu verknüpfen wohl vernünftiger gewesen wäre. Nachdem die Verbindung mit Asia einmal hergestellt worden war, zogen es die Römer, konservativ wie immer, vor, die Bestimmungen über die Hellespontzölle dort zu belassen, wo sie im Jahre 75 verankert worden waren. Ein Grund könnte durchaus gewesen sein, daß die bithynische *lex* nicht mit der von Asia abgestimmt worden war und eine Umstellung technisch schwer gewesen wäre.

M. Heil hat in einem aufschlußreichen Aufsatz (EA 17, 1991, 7ff.) einige der nicht plausiblen Ergänzungen verbessert, die später auch von Nicolet geändert wurden. Man kann freilich Heils These nicht folgen, der zufolge die „Zollbezirke" über die Grenzen der Provinzen und insbesondere der Provinz Asia hinausreichten. Zu einigen Argumenten gegen diese Annahme s. Nicolet, MEFR 105, 1993, 941 ff. Einem großen Teil von Heils Argumentation liegt seine Vermutung zugrunde, *provincia* könne zu dieser Zeit jedes „Gebiet unter römischer Herrschaft" bedeuten. Es scheint schwierig zu sein, sich von diesem Mißverständnis zu lösen, das jetzt wieder in ›Roman Statutes‹ (hrsg. v. M. H. Crawford, 1996) S.261 auftaucht, wo der Herausgeber sich eine komplizierte Erklärung ausdenkt, nach der das Wort „auf zwei Ebenen" funktioniert, die gleichzeitig den Verwendern des Wortes wie auch ihren Zuhörern oder Lesern bewußt gewesen sein sollen. Die zweite von ihnen ("to describe something which was palpably [*sic*] an area") ist frei erfunden und stiftet nur Verwirrung. Dort wie auch anderswo in der Amtssprache der Republik bezeichnet das Wort, ganz streng genommen, einen Handlungsraum, der einem Magistrat (oder Promagistrat) zugewiesen wurde, und sonst nichts: Die Existenz der *prouinciae urbana* und *peregrina* für die zwei höheren Prätoren stellte sicher, daß der Begriff richtig benutzt und verstanden wurde. Wie wir gesehen haben, hat die Einbeziehung der Hellespontzölle in diese *lex* (und zwar ganz am

Anfang des Textes, da diese Zollbestimmung ja älter war als alles, was folgte) nichts mit erweiterten „Zollbezirken" zu tun, genauso wenig wie mit der Provinz Bithynia, welche damals noch nicht bestanden haben kann.

3. Leider beharrt Nicolet auf seiner Interpretation der Laufbahn des P. Terentius Hispo und seiner Deutung der bithynischen *societas* in der ausgehenden Republik. Leider ist es auch offenkundig, daß er sich seinerseits nicht über alle englischen Arbeiten auf dem laufenden hält, obgleich er selbst einer Gelehrten vorwirft, sie schreibe über dieses Thema ohne die nötige Kenntnis der neueren französischen Arbeiten (MEFR 105, 1993, 932). Insbesondere kennt er meine Behandlung seiner Ansichten in meiner Bibliographie zu diesem Buch aus dem Jahre 1983 (S.160) nicht, sondern wiederholt nur, beinahe 'totidem verbis', seine dort von mir widerlegten Aussagen in AEHE IV, 1975, 373. Im übrigen entwickelt die Gelehrte, die er rügt (H. Cotton, Latomus 45, 1986, 367–373), die aus ihrer Phantasie gesponnene Vorstellung, daß Ciceros Brief an Silius, den Statthalter von Bithynia, eigentlich nicht an Silius adressiert gewesen sei, sondern an Q. Thermus, den Statthalter von Asia – ein bequemer Weg, mit einer Quelle umzugehen, welche die eigene Theorie stört. Nicolet weist Cottons Annahme mit Recht zurück. Seine eigene Art und Weise, mit einem störenden Faktum umzugehen, von dem Cicero berichtet, nämlich daß die *societas Bithynica* sich aus sämtlichen anderen *societates* zusammensetzte, ist aber nicht weniger phantasievoll. Es geht dabei im Kern um die Bedeutung einfachen Lateins, das er, wie Hannah Cotton, hier nicht zu verstehen scheint, weswegen er dann Argumentation durch Rhetorik ersetzt (z.B. «Wall Street à Rome»: S.932). Am Beginn seiner Erörterung wird hochtrabend angekündigt (a.a.O.): «L'histoire des sociétés de publicains ... est encombrée, depuis presque un siècle, par une sorte de fantôme qui renaît périodiquement de ses cendres: le fameux 'cartel' ...» Es wird nun erforderlich sein, teilweise der Geschichte der Debatte über die *societas Bithynica* durch die von Nicolet er-

wähnten Stationen nachzugehen: ein Schritt, den ich in diesem Buch vermeiden wollte.[13]

Die Geschichte beginnt mit einem jungen französischen Gelehrten, M. R. Laurent-Vibert, der in MEFR 28, 1908, 171–184 eine Theorie von großen Steuerbezirken entwickelt, ähnlich der von Heil aus jüngerer Zeit (siehe oben). Er glaubt (und dies findet sich jetzt bei Hannah Cotton [siehe oben]), daß Cicero P. Silius bittet, zugunsten von Hispo in Ephesos zu intervenieren, was – wie wir sehen werden – offenkundig falsch ist. Laurent-Vibert besitzt jedoch das große Verdienst, als erster auf den hier in Anm. 7 zitierten Satz über die bithynische *societas* aufmerksam gemacht zu haben (»*ceteris* ... indique le groupement de *toutes* les autres sociétés»). (Dazu entwickelt er aber die seltsame Vorstellung, daß die bithynische *societas* vielleicht die Initiative bei dieser „Fusion" ergriffen hatte.)

Der nächste größere Beitrag stammt von V. Ivanov, einem russischen Schüler Mommsens, und zwar in einer Publikation, die wahrscheinlich seine Doktorarbeit war, mit dem Titel ›De Societatibus Vectigalibus Publicorum Populi Romani‹ (St. Petersburg 1910). Wir brauchen hier auf seine Ansichten nicht im Detail einzugehen. Uns interessiert nur seine Erörterung der Formulierung *ceteris societatibus* (S.25f.), die er so deutet, als ob sich die bithynische *societas*, auf die sich Cicero bezieht, aus allen anderen bithynischen *societates* zusammensetzte („compositam igitur esse societatem Bithynicam ex variis eiusdem prouinciae societatibus").

Die Unkenntnis des Lateinischen, die sich dabei offenbart, wurde sofort von seinem Doktorvater Mommsen höflich beanstandet, dessen Korrektur er S.26 Anm. 137 zitiert: „evidenter apparet ceteras societates Bithynicae opponi ... ad formandam societatem eam societatum vetustiorum ... principes omnes coiisse novo eo quaestu cupide arrepto ..." Mommsen beherrschte natürlich sein Latein, während sein russischer Schüler die Sprache nicht gründlich gelernt hatte. Aber Ivanov ließ sich nicht von seiner These abschrecken und hielt an seinem eigenen Urteil gegen das Mommsens fest, wie es nicht viele besser Ausgebildete gewagt hätten.

Dies belegt, daß der Niedergang in der Kenntnis der lateinischen Sprache keineswegs jüngeren Datums ist. Wie ich in meinem Kommentar zu Nicolet ausführte (S. 161), den dieser nicht las, kann 'ceteri'… nicht bedeuten 'alle die verschiedenen Bestandteile einer Einheit', sondern muß bedeuten 'alle anderen Einheiten derselben Art', in diesem Fall *societates* anderer Provinzen. Jedes Wörterbuch wird dies denjenigen bestätigen, die es nicht wissen; ich zitiere Georges, Handwörterbuch ⁸1913: ceteri, die andern, übrigen alle. (Man kann für die, die das noch in Frage stellen, hinzufügen: consto II A 1 [mit ex], aus etw. bestehen.)

Leider wiederholt Nicolet seine frühere Vorstellung, daß Ivanovs Übersetzung richtig gewesen sei; es gäbe keine «Wall Street à Rome», sondern nur ein periodisch aus der Asche aufsteigendes Phantom (siehe oben). Nicolets „Phantom" ist Mommsens offensichtlich korrekte Auslegung von Ciceros lateinischer Wendung, und kein rhetorischer Höhenflug kann dies aus der Welt schaffen. Die Interpretation, die in diesem Buch akzeptiert und weiterentwickelt wurde, läßt sich durch keinerlei Falschauslegung Ciceros widerlegen. Ich überlasse das Urteil zuversichtlich dem Leser, falls erforderlich, mit Hilfe eines einfachen Wörterbuches. Es ist Zeit, das eigentliche (von Ivanov geschaffene) „Phantom" zu beerdigen.

Gleichermaßen falsch ist, wie ich hinzufügen muß, Nicolets Vorstellung, die auch von Hannah Cotton und anderen geteilt wird, daß nämlich die *pactiones*, oder zumindest die meisten von ihnen, für die Silius' Hilfe erbeten wird, in Ephesos abgeschlossen werden sollten. Erstens sind immer noch einige *pactiones* (*reliquis*) abzuschließen, sicherlich in ihren jeweiligen Städten. Wie ich es als Antwort auf Nicolet formulierte (ich muß dies wiederholen, da er seine Feststellung wiederholt hat): „Die Aussage [Ephesos betreffend] ist ein höfliches Mittel, Silius' Gesicht zu wahren, falls es diesem nicht gelingen sollte, Hispo in seiner Provinz zu unterstützen (oder auch eine vorsorgliche Ausrede für den Fall, daß Silius sich weigerte, es zu versuchen).“ Für jeden, der Ciceros Charakter kennt, ist es sicherlich höchst unwahrscheinlich, daß dieser glauben und dann öffentlich kundgeben konnte, Silius könne sich genau dort Erfolg versprechen, wo er gescheitert war! Der abschließende Verweis darauf, daß die *pactiones* sich auf Silius' *prouincia* und *imperium* beziehen (letzteres, wie schon andere feststellten, ein höflicher und leiser Hinweis auf den Druck, den ein römischer Kommandeur in seiner Provinz ausüben konnte), ist schwer wegzuerklären. Nicolet ist zu der Annahme gezwungen, daß Cicero hier die Hilfe, die er für Hispo erbeten hat, dem, was Silius in seiner eigenen Provinz und unter seinem eigenen *imperium* tun konnte, gegenüberstellt.

Hier muß ich wieder auf eine englische Arbeit verweisen, die Nicolet anscheinend nicht bekannt war. In seiner kommentierten Edition der Briefe ›Ad familiares‹ verweist Shackleton Bailey zur Stelle (fam. XIII 65,2) auf XIII 55,2 (an Q. Minucius Thermus, Proprätor von Asia) und XIII 79 (an A. Allienus, Prokonsul von Sizilien), wo Cicero fast wortwörtlich dieselbe Floskel gebraucht. In beiden Fällen bezieht sie sich eindeutig auf die Provinz des Adressaten. (Ich zitiere die Quellen in Anm. 13.) Wiederum muß man das Urteil dem Leser überlassen.

Es ist wirklich bedauerlich, daß sich Nicolet an diese fixe Idee klammert. Dies sollte aber auf keinen Fall die immensen Fortschritte vergessen lassen, zu denen Nicolet allen an diesen Problemen interessierten Forschern mit seiner Deutung des Zollgesetzes von Asia verholfen hat.

4. P. A. Brunts wichtiges Buch ›The Fall of the Roman Republic‹ (1988) enthält eine Abhandlung über die *equites* (Kap. 3). Es ist eine überarbeitete Version eines früheren Aufsatzes, auf den ich mich im vorliegenden Buch häufig bezogen habe, aber da, wie Brunt S. 144 Anm. sagt, in der Neufassung „die Hauptthese dieselbe bleibt“, folgen die Verweise in diesem Buch nicht der neuen Fassung.

Brunts wesentlicher Beitrag (gegen alle herkömmliche Meinung, als er ihn zum ersten Mal vorlegte, und seither weitgehend akzeptiert) war es, zu zeigen, daß die wirtschaftliche Basis der Senatoren und *equites* sehr ähnlich war: in erster Linie Land, dazu das, was die Römer *negotia* nannten, ein Begriff, den Brunt hilfreich im Detail erörtert. Leider hat er in dieser Überarbeitung einige Veröffentlichungen, die seit der Erstauflage seines Buches erschienen sind, nicht berücksichtigt, darunter gerade auch mein Buch ›Publicans and Sinners‹. Er lobt es, wenn er sich darauf bezieht, aber er hat viele meiner dortigen Argumente nicht zur Kenntnis genommen. Da Brunts Buch mit Recht als maßgeblich zitiert wird, muß ich zumindest auf einige dieser Punkte nochmals eingehen.[14]

Brunt glaubt (S. 165) aus dem Umstand, daß ein „großer und erfahrener Personalapparat" für viele Operationen der *publicani* (am besten in Asia bezeugt) erforderlich war, schließen zu können, daß normalerweise kein großer Wettbewerb um die Verträge bestand und die gleiche Pachtgesellschaft im Besitz derselben Aufträge für viele *lustra* blieb. Siehe dazu aber im vorliegenden Buch die Seiten 38–42. In seiner Anmerkung 68 gesteht er selbst zu, daß der Wettbewerb gut bezeugt ist, und die technische Schwierigkeit, die er feststellt, erklärt sich aus einem unpräzisen Modell der Arbeitsweise der Pachtgesellschaften.

S. 169f. Anm. 90 sieht Brunt einen Beleg für den Handel durch die *publicani* in der *lex Antonia de Termessibus*: Gemäß dieser *lex*, so glaubt er, „sind die *publicani* von den örtlichen Zöllen auf Waren ('commodities'!) befreit, die durch das Territorium [der Einwohner von Termessos] befördert werden". Magie teilt diese Interpretation und verallgemeinert sie sogar zu einer generellen Regelung für Roms Geschäfte mit freien Städten. Brunt entwickelt die Idee von den *publicani* als Händlern weiter (S. 178). Er zitiert aber keine weiteren Belege für diese Handelsaktivität, und ich glaube immer noch, daß ich recht hatte, die Existenz solcher Quellen in Abrede zu stellen. Während die Beweise für die Beschäftigung der *publicani* mit Geldverleih reichlich vorhanden sind, dürfen wir wahrscheinlich darauf schließen, daß sie (außer vielleicht in ganz seltenen Fällen) nicht im Handel aktiv wurden. Brunt ist sich in der Tat sehr wohl bewußt, daß auf jeden Fall die Interessen der Pächter der *portoria* leicht mit denen der Händler in Konflikt geraten konnten, wie es bei Cicero in einer bekannten Angelegenheit bezeugt ist (s. Brunts Anm. 97). Zu meiner Interpretation des unvollständigen letzten Teils der *lex Antonia* siehe dieses Buch S. 197 Anm. 70.[15]

J. L. Ferrary ist in seiner maßgeblichen Abhandlung zur *lex Antonia* (Athenaeum N.S. 63, 1985, 456) auch der Meinung, daß *publicani* nur «dans l'exercice de leurs fonctions officielles» von Zöllen befreit waren. Crawford sagt in seiner Erörterung der *lex* in ›Roman Statutes‹ (I 340), daß sie „Zollfreiheit nur für *publicani* gewährleistet". Er scheint Brunt gegen Ferrarys und meine Position zuzustimmen, aber er behandelt diesen wichtigen Punkt nicht weiter. Als einen Parallelfall direkt auf römischem Gebiet können wir nun dazu die *lex portorii Asiae* (Z. 74ff.) vergleichen.

In einem anderen wichtigen Punkt habe ich meine Meinung im Lichte einer besseren Kenntnis der Quelle geändert. Brunt (S. 178) folgt Liv. XXXVIII 44,4, wenn er feststellt, daß Rom im Jahre 187 darauf bestand, daß Ambrakia alle italischen Händler von seinen Zöllen befreien müsse – eine Bestimmung, „so selten wie unerklärlich". Ich gebe zu, daß ich in ›Foreign Clientelae‹ (S. 89 und 152) ohne weiteren Gedanken oder Kommentar an die Richtigkeit der Bestimmung geglaubt habe. Inzwischen meine ich jedoch, daß wir sie nicht gelten lassen können. Ich bin heute weniger leichtgläubig bei der Lektüre von Livius. Man darf nicht einfach darauf vertrauen, daß er bei der Wiedergabe von Urkunden den genauen Wortlaut zitiert. Zwei Beispiele von vielen liefern den sicheren Beweis. Erstens unterscheidet sich sein Bericht vom Senatsbeschluß über die Bacchanalien (XXXIX 14,7: er benützt einleuchtend eine nach Rechtstext klingende Sprache, die den Leser täuschen kann) *toto caelo* von der Urkunde, die sich zufällig erhalten hat. Zweitens ist sein Bericht über Laevinus' Vertrag mit den Aitolern (XXVI 22,8–13) nicht besser, obwohl wir nur einen kleinen Teil des Originaldokuments besitzen, mit dem wir einen Vergleich anstellen können. Ich möchte jetzt annehmen, daß Livius auch bei der Wiedergabe des Beschlusses über Ambrakia nicht genauer war und daß die Ausnahmeregelung, die den Ambrakioten (und wahrscheinlich anderen Städten) auferlegt wurde, nicht für Handelsgüter galt, sondern für das persönliche Eigentum von Römern und Italikern. Hier zeigt wieder die *lex portorii Asiae* Parallelen zu dieser Art der Befreiung von Roms eigenen *portoria*, freilich zu einem viel späteren Zeitpunkt.

Brunt scheint auch zu irren, wenn er (S. 146) behauptet, daß „die zweite Klasse [der Richter nach der *lex Aurelia*] sich zweifellos nur aus Besitzern des Staatspferdes zusammensetzte (Cic. Phil. I 20)". Cicero sagt dies nicht. Was er sagt, ist *qui equo meruisset*: eine ganz andere Definition. Tatsächlich schafft Brunt hier wenig Klarheit über die Erweiterung des Begriffes *equites* in der späten Republik und kann nicht überzeugen. Er glaubt immer noch, daß der Begriff nicht nur auf die Besitzer des Staatspferdes (andere haben sogar dies in Frage gestellt!) beschränkt war, daß es aber „durchaus möglich war, daß der Ehrenname 'eques Romanus' für *an individual* nur im engeren Sinne benutzt wurde" (Betonung von Brunt). Es fällt schwer, diesen Kompromißversuch zu akzeptieren.

Vielleicht überzeichnet Brunt etwas die Ressentiments der *equites* gegen den Standesdünkel der Nobilität: Möglicherweise schimmert hier bei ihm noch ein Rest der alten Vorstellung von den *equites* als Mittelklasse durch, die über ihren Ausschluß von den Staatsämtern verärgert war (eine Vorstellung, die Brunt als solche gänzlich zurückweisen würde). Er betont jedoch mit Recht, daß dies als Quelle für Reibereien nur eine untergeordnete Rolle spielte und daß, nachdem einmal die Frage der Gerichtshöfe im Jahr 70 gelöst war, „es keinen hartnäckig andauernden Streit zwischen den Ständen gab" (S. 160), und er akzeptiert die Realität von Ciceros *concordia ordinum*. Sein Beharren auf diesem Befund, der auf einer Analyse basiert, die gründlicher ist als die aller anderen Gelehrten, ist Brunts dauerhafter Beitrag.

5. Ein wichtiger Aufsatz eines jungen holländischen Forschers, Paul Erdkamp, erschien glücklicherweise noch so rechtzeitig, daß ich an dieser Stelle auf ihn eingehen kann.[16] Der Verfasser untersucht die Getreideversorgung der römischen Armeen während der Zeit der Republik und stellt (keineswegs überraschend) fest, daß ein großer Teil des Getreides von den römischen Verbündeten und von den besiegten Feinden stammte. Grundsätzlich ist dies natürlich schon immer bekannt gewesen. So schreibt Brunt (a.a.O. 149): „Vertragsabschlüsse über Versorgungslieferungen für das Heer ... müssen schon immer bestanden haben, außer dort, wo die Truppen durch Requirierungen bei den Untertanen oder durch Plünderungen in Feindesgebiet ernährt werden konnten." In Anm. 16 fügt er hinzu, daß spätestens seit dem ersten Jahrhundert „Versorgungsgüter größtenteils ... in den Provinzen oder im feindlichen Territorium beschafft worden sein mögen". Ich selbst behandelte in meinem Buch die *publicani*, nicht die Versorgung der römischen Armeen oder der jeweiligen Zivilbevölkerung, und hatte daher keine Veranlassung, auf diese Requirierungen einzugehen. Erdkamp nun kritisiert mich wegen meiner Feststellung, daß im Jahre 215 „die Vergabe von Aufträgen der einzige damals bekannte Weg war, die Güter zu besorgen, und daß solche Geschäfte schon in ein System mit festen Formen gebracht worden waren" (siehe S. 10 dieses Buches). Aus der Situation, wie sie Livius schildert, geht aber ganz offensichtlich hervor, daß der Senat oder die Magistrate auf keinen anderen Gedanken verfielen, als eine Volksversammlung einzuberufen und sich auf das Wohlwollen derer zu verlassen, die bereit waren, die benötigten Versorgungsgüter auf Kredit zu beschaffen. Die Römer hatten bis dahin offenbar schon von Zeit zu Zeit Getreidegeschenke von Hieron erhalten. Aber solche Geschenke kamen aufs Geratewohl, und wenn sie kamen, waren sie von äußerst geringer Wirkung – wie Erd-

kamp sehr wohl weiß. Wenn er glaubt, es sei „unmöglich, auf der Grundlage dieser Geschichte zu erkennen, ob Unternehmer sich regelmäßig und üblicherweise mit der Besorgung von Getreide beschäftigten“ (S. 169), so war es (da er – anders als ich – explizit den Versuch unternommen hatte, die Getreideversorgung zu untersuchen) an ihm, Vermutungen darüber anzustellen, was die Römer ansonsten in dieser Situation hätten unternehmen können und warum die gewählte Methode die einzige war, an die sie dachten. Er schweigt jedoch dazu.

Weiterhin schreibt er mir anscheinend die „noch gewagtere“ Schlußfolgerung zu, daß die „römische Regierung bei der Getreideversorgung für die Armeen nur auf Großunternehmer zurückgriff“. Nirgends in meinem Buch ist eine solche grundsätzliche Aussage zu finden und nirgends sind *publicani* als „Großunternehmer“ definiert. Im Gegenteil, ich betone, daß kleine Aufträge ebenso einen Bestandteil ihrer Tätigkeit bilden. Erdkamp baut sich einen Popanz auf, um ihn dann zu demontieren.

Es folgt Schlimmeres. Zuerst geht Erdkamp von der Tatsache aus (die ich als erster darlegte und die noch nicht allgemein erkannt wird: siehe oben), daß der politische Hintergrund hier nach dem Modell der späten Republik gezeichnet wird; er schließt daraus, daß die Grundstruktur ebenfalls unglaubwürdig ist, und kommt dann zu der seltsamen Idee, daß ein „späterer unwissender römischer Autor“, der römische Aufträge für andere Heereslieferungen kennt, „leicht in den Fehler verfallen konnte, die Getreideversorgung dazuzufügen“. Glücklicherweise erkennt Erdkamp sofort, daß dies unwahrscheinlich ist: Er behauptet daraufhin, die Vermutung nur angestellt zu haben, „um auf die Gefahr hinzuweisen, sich angesichts viel besserer Beweise auf solch dürftige Quellen zu verlassen“ – Beweise, die zu liefern er freilich völlig versäumt und von denen ich selbst keine Kenntnis habe. Man kann sicher sein, daß es gar keine gibt.

Leider wurde Erdkamp auch von einem Fehler in die Irre geführt, den ich in meiner Darstellung beging und den ich schon zu korrigieren beabsichtigte: kein wichtiger Fehler an sich, aber auch ein kleiner Irrtum kann offenbar unvorhergesehene Konsequenzen haben, wenn andere ihm gedankenlos folgen. Mein Fehler war es, anzunehmen, daß die zwei unredlichen Unternehmer, die im Jahre 212 bestraft wurden, zwei der neunzehn Unternehmer waren, die den patriotischen Vertrag von 215 eingegangen waren. Das ist zweifellos nicht der Fall. Mein Versäumnis bestand darin, Livius nicht mit der gebotenen Sorgfalt gelesen zu haben, und ich muß meine Kritik an seiner Arbeitsweise zurücknehmen (siehe dieses Buch S. 11 mit Anm. 19). Man kann Livius in diesem Fall nur vorwerfen, daß er sich nicht genügend klar ausgedrückt hat.[17]

Tatsache ist, daß die beiden unredlichen Unternehmer von 212 ihren Betrug nicht in Zusammenhang mit dem Vertrag von 215 (dem patriotischen Vertrag bei Liv. XXIII 48–49) begingen. Ich hätte dadurch gewarnt sein müssen, daß die drei Jahre von 215–212 wohl eine zu lange Zeit waren, wenn man bedenkt, daß der Betrug gerade erst entdeckt wurde. Tatsache ist, daß Livius seine Geschichte des patriotischen Vertrages mit dem Bericht von der sicheren Ankunft der Versorgungsgüter in Spanien (XXIII 49,5) beschließt: Offenbar war keines dieser Schiffe gesunken. Was Livius uns hätte sagen können (was ihm aber nicht wichtig genug dünkte, um es deutlicher zu erklären), war, daß solche Aufträge nach dem Muster des ersten dieser Art von Zeit zu Zeit zu denselben Bedingungen vergeben wurden und daß es einer der späteren, erst kürzlich vergebenen Aufträge war, bei dem der Betrug begangen worden war.[18] Dieser Umstand, den ich leider übersehen habe, zeigt nicht nur, daß die Aufträge weiterhin erteilt und weiterhin als selbstverständlich betrachtet wurden, sondern er entzieht Erdkamps Argumentation auch den Boden.

Was folgt, ist noch unwahrscheinlicher. Erdkamp behauptet, daß Livius' Bericht, dem zufolge Cato in Spanien den Unternehmern verbot, Korn zu liefern, und sie nach Hause schickte (*redemptoribus uetitis frumentum parare ac Romam dimissis* ... XXXIV 9,12), etwas anderes aussagt, als er auszusagen scheint. Mit geschickter Benutzung eines Wörterbuches kann er feststellen, daß *redemptor* nicht immer 'contractor' (Unternehmer/Lieferant) bedeutet (was richtig ist; aber dasselbe Wörterbuch zeigt auch, daß es diese Bedeutung am häufigsten hat und andere selten sind) und daß man auch *parare* anders deuten kann. Erdkamp macht andere Übersetzungsvorschläge. Der erste ist etwas unwahrscheinlich, der zweite absurd: „Cato verbot den (Klein)Händlern (tradesmen), das Getreide bereitzustellen (to furnish the grain) ..." Es ist selbstverständlich und allgemein bekannt, daß viele Wörter im alltäglichen Gebrauch mehr als eine Bedeutung besitzen und daß in solchen Fällen die in einem bestimmten Zusammenhang gewünschte Bedeutung von denen, die mit der Sprache vertraut sind, aus diesem Zusammenhang erschlossen wird. Daß *redemptor* 'tradesman' (Kleinhändler oder Handwerker) bedeuten kann, ist keine allgemein bekannte Tatsache. Analog könnte, wenn Cicero über Catilina ausruft: *O tempora, o mores*, dies nach Erdkamps Übersetzungsprinzipien bedeuten: „O Schläfen, o Moden!" (s. Georges, Handlexicon, s. vv.).

Wenn der Leser aber an dieser Stelle die Lust verlieren sollte und nicht weiterliest, würde er einen großen Fehler begehen. Der darstellende Teil des Aufsatzes ist interessant und wichtig. Erdkamp führt die in den Quellen bezeugten, von Rom erwarteten und oft auch geforderten Geschenke der Verbündeten auf – eine beeindruckende Gesamtzahl, obgleich klein im Vergleich mit Roms Bedarf (wie Erdkamp erkennt) – und stellt eine Liste gelegentlicher kleiner Einkäufe in Italien während des 2. Punischen Krieges, deren Hergang wir nicht kennen, zusammen. Der Autor sammelt und interpretiert nutzbringend all die spärlichen Belege für den Getreidezehnten in Sizilien und Sardinien im zweiten Jahrhundert, der sowohl für die Ernährung Roms als auch für die Versorgung der römischen Armeen gebraucht wurde. Er weiß, daß all dies nicht ausreichte, um einen großen Krieg wie den gegen Antiochos führen zu können, und daß Rom „teilweise auf andere, für die römische Regierung verfügbare Mittel der Getreidebeschaffung" zurückgreifen mußte (S. 180: Er kann sich aber nicht dazu entschließen, solche naheliegende „andere Mittel" wie die Lieferverträge von 215 in Betracht zu ziehen!). Es wäre nützlich gewesen, wenn Erdkamp alle bekannten Beispiele von Getreidebeschaffung durch Verbündete in der Nähe der Kriegsschauplätze und durch besiegte Feinde gesammelt hätte. (Er führt einige auf, aber eher unsystematisch.) Erdkamp hat wahrscheinlich das gesamte Material zusammengetragen, und wir müssen hoffen, daß er uns in absehbarer Zeit einen vollständigen Katalog in chronologischer Ordnung erstellt. Die Belege sind zwar offenbar lückenhaft, aber auf diesem Gebiet meistens zuverlässig, und könnten zu wichtigen Schlüssen über die Entwicklung der römischen Politik in dieser Frage führen, die zu erörtern Erdkamp selbst am besten geeignet wäre. Schon jetzt zeigt er in aller Klarheit, daß Rom während des zweiten Jahrhunderts dazu überging, sich in wachsendem Maße auf Weizen zu stützen, der „freiwillig gegeben" oder requiriert wurde, und der Staatskasse (die durch die fortgesetzten Kriege wie auch die Bauaktivität in Italien stets stark belastet war) die Kosten dieses größeren Postens weitgehend zu ersparen. Im Laufe der Entwicklung, auf jeden Fall in der späten Republik, waren die im Feld stehenden Kommandeure, die zweifellos zu diesem Zweck über Gelder verfügten, dazu ermächtigt worden, Getreide an Ort und Stelle zu kaufen, wenn es erhältlich war. Es wäre interessant, herauszufinden, wann diese sinnvolle Übertragung der Vollmacht eingeführt wurde. Möglicherweise werden die Quellen uns darauf keine Antwort geben. Erdkamp kann aber seine These gründlich belegen (um welche die in diesem Buch geführte Diskussion erweitert werden muß), daß die Rolle der *publicani* bei der Versorgung der Armeen mit der Zeit abnahm, als der Senat billigere und weniger schwerfällige Methoden entdeckte, die erforderlichen Güter zu beschaffen. In der Tat belegt Erdkamp sogar Anweisungen an die örtliche Bevölkerung, Soldaten mit Kleidung zu versorgen (in einem Fall, der sicherlich nicht ohne weiteres glaubhaft ist, soll nach Appian ein spanischer Stamm beauftragt worden sein, 10000 *saga* zu liefern: ein Teil der Legende von Scipio Aemilianus?). Erdkamps Feststellungen müssen aber immer in allen Einzelheiten überprüft werden, da er einige seiner Deutungen aus seiner Grundthese ableitet. Wenn beispielsweise (S. 189) Kleidung von Sizilien und Sardinien in andere Gebiete, in denen sie benötigt wird, versandt wird, wissen wir einfach nicht, ob diese auf den beiden Inseln gesammelt wurde oder ob sie aus dem Bekleidungsbestand stammte, den die Kommandeure aus Rom mitgebracht hatten oder der von Rom aus an sie geliefert worden war; ferner ist Erdkamps Feststellung, daß nur die Verschiffung von Kleidern und Pferden, nicht aber die Art, wie sie beschafft wurden, für das Jahr 169 (Liv. XLIV 16,4) bezeugt sei, zumindest irreführend: Es wird klar gesagt, daß die Versorgungsgüter in Rom aufgetrieben werden mußten, bevor sie verschifft wurden, obgleich Livius sich nicht die Mühe macht, die verschiedenen Aufträge zu erwähnen, die für ihre jeweilige Beschaffung erforderlich waren. Gleichermaßen ist Erdkamps Versuch, zu zeigen, daß der römische Staat (durch Requirierung oder als Kriegsbeute) doch Handelsschiffe für den Getreidetransport besaß, nicht überzeugend. Wenn Scipio in Sizilien und später Cato vor seinem Aufbruch nach Spanien eine große Anzahl von Schiffen requirierten (S. 187), waren diese sicherlich nicht für „Großladungen an Getreide", sondern (wie in beiden Fällen der Text zeigt) für den Transport der Truppen selbst bestimmt. Erdkamps Begeisterung für seine These kann zu einer schwerwiegenden Mißdeutung der Quellen führen. Es muß aber betont werden, daß dies den Gewinn, der aus seiner Arbeit zu ziehen ist, nicht sonderlich schmälert.

Die Notlieferung von thessalischem Weizen an Rom um das Jahr 130 v. Chr. (S. 186f.) ist in der Tat interessant, ganz abgesehen davon, daß sie (wie Erdkamp hätte feststellen können) der einzige bekannte Fall ist, in dem ein Ädil über das Meer reiste, um die Getreideversorgung zu sichern. Die Inschrift zeigt deutlich, daß der römische Staat keine Handelsschiffe besaß, die Getreide hätten transportieren können, und daß man angesichts der Getreideknappheit nicht einmal sicher sein konnte, genügend private Schiffe zu finden; wie Erdkamp sagt, liegt der Grund hierfür darin, daß von denen, die Getreide nach Rom „verschenkten" oder verkauften, auch erwartet wurde, daß sie für dessen Transport sorgten.[19]

Erdkamps Feststellung einer „direkten Beteiligung des Staates" an der Lebensmittelversorgung sowohl für die Stadt als auch für die Armeen, die er zu Recht trifft, ist natürlich nie bestritten worden, doch gibt es verschiedene Stufen der Beteiligung, und was wir – auch nach Erdkamps Beitrag – zur Zeit der Republik sehen, ist ganz anders als das, was sich in der Kaiserzeit entwickelte. Aber Erdkamps Aufsatz hat detaillierter als zuvor die verschiedenen Methoden gezeigt, mit denen Getreide tatsächlich beschafft wurde. Vielleicht wird er, wie ich schon gesagt habe, seine Arbeit mit der genauen Untersuchung der Entwicklung der römischen Verfahrensweise fortsetzen, nachdem er uns einen vollständigen Katalog der bezeugten Fälle erstellt hat. Ich freue mich, daß ich diese letzte Notiz noch in diese Ausgabe meines Buches aufnehmen konnte.[20]

Anmerkungen zum Anhang

1 Dies betrifft natürlich nur die Passagen, in denen der Text keinem Zweifel unterliegt. S. Nicolets berechtigte Warnung in: CRAI 1990, S. 685.

2 Neben anderen Wissenschaftlern werde auch ich (S. 160 Anm. 1) in diesem Zusammenhang zitiert. Ich habe aber in dem hier übersetzten Buch nichts dergleichen geschrieben und glaube auch nicht, daß Kyrene vor Pompeius annektiert wurde, obgleich die Haupteinkünfte aus diesem Land schon seit 74 sicher nach Rom flossen.

3 Es gab anscheinend auch keine Bestimmung, Bürger von Städten auszunehmen, die ihre Zollbefreiung dank eines zwischenstaatlichen Vertrages gewonnen hatten: Zumindest sieht es so aus, als ob die Bestimmung für sie in den Zeilen 81–83 auch eine Neuerung war, die

noch ein deutliches Indiz für die Hast liefert, die den Entwurf von Octavius und Cotta kennzeichnet.

4 S. meine ›Foreign Clientelae‹, S.183. M. Antonius' propagandistische Behauptung in Asia (bei App. BC V 4,17), daß die Römer die von Attalos eingezogenen Abgaben aufhoben, bis Demagogen ihre Wiedereinführung erzwangen, ist absurd, wenn man sie wörtlich nimmt, und sie ist selten ernst genommen worden. Sie kann sich höchstens auf die freien Städte bezogen haben. Aus Lucilius 671–2 M (aus Buch 26) wird deutlich, daß jedenfalls die *scriptura* auf dem *ager publicus* (d.h. dem vormaligen königlichen Land) von einem sehr frühen Zeitpunkt an erhoben wurde und daß die römischen *publicani* zumindest an deren Einziehung beteiligt waren.

5 Wir können dies mit Sicherheit erschließen, obwohl Cicero – für seine speziellen Absichten – nur einen Sakralauftrag erwähnt. Es gibt übrigens keinen sicheren Beweis dafür, daß Sulla im Jahre 80 die Feier des *lustrum* beging (Argumente dafür bei G. Tibiletti, SDHI 25, 1959, 122).

6 Wir kennen keinen früheren Fall von Konsuln, die eine überlieferte *lex censoria* änderten, und wir wissen auch nicht, ob Sulla und Metellus dies taten. Von Interesse ist, daß Octavius und Cotta durch ein Gesetz ermächtigt wurden, jede von ihnen geschriebene *lex* so zu entwerfen, wie sie es für richtig hielten. Das legt nahe, daß Konsuln nicht von vornherein das Recht hatten, eine *lex censoria* zu ändern (soweit wir wissen, hatten sie nicht einmal das Recht, sie zu erneuern), es sei denn, sie wurden ausdrücklich durch ein Gesetz dazu ermächtigt. Das scheint die einzig mögliche Erklärung für das Gesetz zu sein. Es ist leicht möglich, daß Sulla und Metellus auch ein derartiges Gesetz einbrachten, da im Jahre 80 das Gesetz nicht mehr gültig war, das Sulla als Diktator ermächtigte, alles zu tun, was er wollte. Aber dafür interessiert sich Cicero natürlich bei seinem kurzen Verweis nicht.

7 Dazu s. H. Seyrig, Essays in Greek Coinage Presented to Stanley Robinson (1968, S.197). Angesichts der engen Beziehungen zwischen den beiden Städten (sie hatten sogar gemeinsame Bronzemünzen im dritten Jahrhundert geschlagen) scheint es möglich, daß Kalchedon sich Kosten und Ärger ersparte, indem es byzantinische Münzen benutzte.

8 Siehe dazu die Rede der byzantinischen Gesandten vor dem Senat, wie sie Tacitus, ann. XII 62 überliefert. Tacitus läßt die Gesandten ihre lange Allianz mit Rom betonen, angefangen mit dem Vertrag aus der Zeit des Pseudophilippos. (Sie deuten an, obgleich sie es nicht offen auszusprechen wagen, daß es ein Vertragsbündnis gegen Pseudophilippos war!) Dann erwähnen sie unter völliger Mißachtung der Chro-

nologie *missas posthac copias in Antiochum Persen Aristonicum* ... (Ein früherer Herausgeber bezog *posthac* auf das verbum dicendi am Ende des Satzes, aber die Wortstellung [*missas posthac copias*] schließt das aus. Koestermann ignoriert dies und läßt die Unklarheit bestehen.) Sie verzichten natürlich auf jeglichen Hinweis auf ihre Bestrafung und darauf, daß sie damals ihrer Freiheit beraubt wurden, und nehmen für sich in Anspruch, Sulla und Lucullus geholfen zu haben. Ich weiß nicht, ob Tacitus ein Protokoll der echten (historischen) Rede besaß, auf das er seinen Bericht stützen konnte, oder ob er selbst (mit seinen, wie wir andernorts feststellen können, geringen Kenntnissen über die Geschichte der Republik) für die falsche Darstellung verantwortlich ist.

9 Festgestellt von Seyrig a.a.O. (s. Anm. 7), S. 198 Anm. 2.

10 M. J. Price, NC[7] 8, 1968, S. 9f. (mit Tafel IV Nr. 26); M. Thompson, RN 15, 1973, S. 54–65.

11 Ich konnte den Verweisen bisher nicht nachgehen, insbesondere der Frage, ob die Zuschreibung an Kalchedon gesichert ist.

12 Cicero 2 Verr. II 76 erwähnt den Krieg in Kreta, die Unabhängigkeitserklärung für Byzanz und die Wiedereinsetzung des Ptolemaios als die drei Themen, für die (so behauptet er sarkastisch) Verres sich interessieren werde, wenn ihm die Rückkehr in den Senat erlaubt werde. Cic. prov. cons. 5ff. (6 zur Behauptung, daß Byzanz unabhängig war), natürlich ohne Erwähnung des peinlichen Zwischenspiels. Wir wissen nicht, wann Byzanz seine Unabhängigkeit erlangte und aus welchen Gründen. Der Auftrag des M. Cato, einige Verbannte dorthin zurückzuführen (Plut. Cat. Min. 34,7), kann etwas damit zu tun haben. Wenn Cicero Piso beschuldigt, die bemitleidenswerte Stadt all ihrer Statuen beraubt zu haben, gibt er indirekt zu, daß Byzanz trotz seiner angeblichen Leiden unter Mithridates alle seine Standbilder durch den ganzen Krieg hindurch behalten konnte ... Es wäre auch interessant zu wissen, wann und aus welchen Gründen Byzanz gezwungen wurde, die großen Gewinne aus seinem Fischfang mit dem römischen Volk zu teilen (Strab. VII 6,2, 320). Daß es sich um das „römische Volk" handelt, läßt vermuten, daß dies in die Zeit der Republik zurückgeht.

13 Die Passagen aus Ciceros Briefen, die den Dreh- und Angelpunkt dieser Diskussion bilden, sollen hier im Wortlaut zitiert werden (die Auslassungen sind ohne Bedeutung):

Cic. fam. XIII 65 (aus Cilicia an P. Silius): *cum P. Terentio Hispone, qui operas in scriptura pro magistro dat, mihi summa familiaritas consuetudoque est ... eius summa existimatio agitur in eo ut pactiones cum ciuitatibus reliquis conficiat. non me praeterit nos eam rem Ephesi expertos* esse neque ab Ephesiis ullo modo impetrare potuisse. sed quoniam ... tua cum summa integritate tum singulari humanitate et mansuetudine consecutus es ut libentissimis Graecis nutu quod uelis consequare, peto a te in maiorem modum ut honori mei causa hac laude Hisponem adfici uelis.

(2) (Cicero betont seine enge Verbindung mit den *societates* und mit Hispo sowie deren Dankbarkeit.) *sic enim uelim existimes, in tota tua prouincia omnique isto imperio nihil esse quod mihi gratius facere possis.*

Cic. fam. XIII 9. (an Furius Crassipes in Asia: Datum ungewiß, doch in den fünfziger Jahren): ... (2) *quae societas* [die bithynische] *ipso hominum genere pars est maxima ciuitatis: constat enim ex ceteris societatibus.*

Cic. fam. XIII 55,2 (an Q. Minucius Thermus): *in toto tuo imperio atque prouincia nihil est, quod mihi gratius facere possis.*

Cic. fam. XIII 79 (an A. Allienus): *hoc mihi gratius in ista prouincia facere nihil potes.*

[14] Einige weniger wichtige Punkte: Brunt glaubt noch, daß „er (Polybios) unter Volk hauptsächlich die *equites* versteht" (S. 148), zitiert dazu Walbank und Nicolet und führt einige Textstellen aus Cicero an, von denen nur zwei (über *iudices*) von Bedeutung sind (es mag aber erwähnenswert sein, daß, wenn Cicero in einer Rede an das Volk andeuten kann, der Ausschluß der aus dem Stand der *equites* stammenden Richter sei soviel wie der Ausschluß des römischen Volkes, dies offenkundig zeigt, daß diese *iudices* nicht aus der begrenzten Klasse der *equites equo publico* kamen). Weiter akzeptiert Brunt (S. 145) kritiklos Livius' Märchen, daß der Senat durch die Macht der *equites* im Jahre 212 in großen Schrecken versetzt worden sei. Beide Punkte sind im vorliegenden Buch eingehend behandelt, und der Leser wird sein Urteil zu fällen haben. Auf Seite 164f. stellt Brunt fest: „Für große Projekte bildeten die *publicani* Kapitalgesellschaften." Zu Teilhaberschaften selbst bei ganz kleinen Aufträgen (obgleich dies natürlich nicht immer galt) siehe dieses Buch S. 86f.

[15] Der betreffende Teil des Textes muß wie folgt wiedergegeben werden: *dum nei quid portori ab ieis capiatur quei publica populi Romani uectigalia redempta habebunt. quos per eorum fineis publicani ex eo uectigali transportabunt* ... (mehr nicht erhalten). Der letzte, unvollständige Satz legt die Bedeutung der vorherigen Aussage fest (und angesichts des *eo uectigali* fragt man sich, ob *quos* richtig sein kann). Es ist *prima facie* wahrscheinlich, daß die vollständige Bestimmung, wenn wir sie besäßen, sich nur auf die *uectigalia* beziehen würde, die

von *publicani* durch das Gebiet von Termessos transportiert wurden. Ich muß hinzufügen, daß ich mich hier nicht mit der Datierung der *lex* beschäftige, obwohl ich im Gegensatz zu denjenigen, die kritiklos die Behauptung hinnehmen, daß Sulla jegliche tribunizische Gesetzgebung verbot, 72 für ein plausibles Datum halte.

[16] The corn supply of the Roman armies during the third and second centuries B.C., Historia 44, 1995, 168–191.

[17] Merkwürdig ist, daß Erdkamp, wenn dies seiner These entspricht, ganz zu Recht bereit ist, die Grundstruktur eines Berichtes zu akzeptieren, der von Fiktionen überlagert ist. Siehe S. 173 Anm. 12. „Es gibt Zweifel an der Zuverlässigkeit des ersten dieser Fälle ... Dies kann ebenso Zweifel an den beiden anderen Fällen wecken, doch im Lichte anderer Quellen gibt es kaum ausreichende Gründe, den Mechanismus als solchen zu verwerfen" (Hervorhebung von mir). Das ist natürlich genau die Art und Weise, in der ich (in meiner irreführenden Interpretation) den Fall der betrügerischen Unternehmer behandelt habe.

[18] Man muß anmerken, daß Brunt (a.a.O. 149), der Livius sicherlich selbst überprüft hat, den Vorgang beiläufig richtig wiedergibt.

[19] Ob von den Thessaliern erwartet wurde, den Transport wirklich aus eigener Tasche zu bezahlen, ist eine Frage, die wir leider nicht beantworten können, obgleich man leicht zu vorschnellen Schlüssen kommen kann. Man erwartete sicherlich von ihnen, daß sie aus dem Preis für das Getreide die Kosten für die Lieferung nach Rom bestritten. Aber wir wissen nicht, ob die Preise in Rom normalerweise die Kosten einschlossen, die für den Transport entstanden, wenn das Korn gekauft und nicht geschenkt worden war. Wir können daher die Frage einfach nicht beantworten, ob die Thessalier zusätzliche Lasten zu tragen hatten, und wir wissen auch nicht, ob sie angesichts der Getreideknappheit in Rom tatsächlich auf dem römischen Markt mehr erhielten als dort, wohin sie den Weizen ansonsten geliefert hätten. In der Inschrift werden sorgfältige Vorkehrungen für dosierte Lieferungen getroffen, um eine Überschwemmung des Marktes zu verhindern. Wir müssen von einem Urteil über den rein wirtschaftlichen Hintergrund absehen und alle Antworten in Frage stellen.

[20] Für die mir im August 1996 gewährte Gastfreundschaft möchte ich an dieser Stelle noch der Kommission für Alte Geschichte und Epigraphik und ihrem Direktor, Professor Michael Wörrle, danken. Unter anderem habe ich den größten Teil des Anhangs während meines Aufenthaltes in der Münchner Kommission geschrieben.

Glossar

Ädilen: Vier Beamte, von denen zwei jährlich von den → *comitia tri buta*, zwei, die den Plebejern vorbehalten waren, von der Versammlung der Plebs gewählt wurden. Mit Unterstützung eines kleinen Hilfspersonals hatten sie über das tägliche Leben in Rom zu wachen. Sie übten eine Art Polizeifunktion aus (eine wirkliche Polizei gab es nicht) und hatten u.a. die Aufsicht über Straßen, Tempel, Märkte (Kontrolle der Maße und Gewichte), über die Getreide- und zum Teil über die Wasserversorgung inne. Seit dem 2.Jh. v.Chr. mußten sie auch die staatlichen Spiele ausrichten, deren glanzvolle Ausstattung (zum Großteil von ihnen aus Privatmitteln finanziert) die Gunst des Volkes für einen weiteren Aufstieg in ihrer Karriere gewann.

As: → Römisches Münzgeld.

Comitia: Die Versammlungen des römischen Volkes unter Vorsitz eines → Konsuls oder → Prätors. Die wichtigsten waren die *comitia tributa* und die *comitia centuriata*. Die *tributa* waren nach dem Wohnsitz der Bürger organisiert und bestanden aus 35 *tribus* von sehr ungleicher Größe. Nur vier davon entfielen auf die Einwohner der Stadt Rom und zumeist auch auf die → Freigelassenen. Wer ein Landgut besaß, konnte sich in der *tribus* dieses Gutes einschreiben lassen. Die *tributa* wählten die niederen Magistrate. Die *comitia centuriata* bestanden aus 193, seit dem 3.Jh. v.Chr. teilweise nach *tribus*, teilweise nach Vermögen aufgestellten *centuriae*, wiederum von sehr ungleicher Größe, um den reicheren Bürgern einen überwältigenden Vorteil zu geben. Die große Mehrheit der Bürger wurde überhaupt nur selten zur Abstimmung herangezogen. Die *centuriata* wählten die höheren → Magistrate (→ Zensoren, Konsuln, Prätoren), entschieden über Krieg und Frieden und fungierten bis zur Einrichtung der → *quaestiones* als Berufungsgericht bei Verurteilung eines Bürgers zum Tode oder zu einer höheren Vermögensstrafe. Beide Versammlungen konnten zur Abstimmung über Gesetze herangezogen werden.

Denar: → Römisches Münzgeld.

Equites: siehe das vorliegende Buch S. 11f. und 59f.

Freigelassene: Das römische Gewohnheitsrecht erlaubte den

Sklaven, ihr Geld *(peculium)* zu sparen und anzulegen. Wenn sie genug gespart hatten, um dem Herrn ihren Marktwert zu bezahlen, konnten sie im allgemeinen damit rechnen, sich die Freilassung kaufen zu dürfen. (Die, die im Haus geboren waren, und die, die besondere Dienste geleistet hatten, wurden oft viel früher freigelassen.) Der Freigelassene blieb „Klient" seines früheren Herrn, mußte dessen Vor- und Gentilnamen annehmen und sich für offizielle Zwecke als dessen Freigelassenen bezeichnen. Er war ihm auch zu verschiedenen Dienstleistungen verpflichtet, die sich oft auf seine freigeborenen Kinder vererbten. Der Freigelassene galt als römischer Bürger, wurde aber zu den Gemeindeämtern, hohen Priesterkollegien und zum Stand der → *equites* nicht zugelassen und mußte in einer der vier städtischen *tribus* (→ *comitia*) stimmen. Der Makel verschwand erst nach mehreren Generationen. Beim Volk scheint sich jedoch keine Spur von Vorurteil gegenüber den Freigelassenen zu finden, und man muß zugeben, daß die relative römische Großzügigkeit gegenüber den Sklaven in der Geschichte der Sklaverei kaum ihresgleichen hat.

Italici (Italiker): Alle Gemeinden Italiens, die nicht aus römischen Bürgern oder aus → Latinern bestanden, mußten als „Bundesgenossen" auf Befehl der Römer Truppenaufgebote stellen, galten aber sonst als unabhängige Staaten. Seit der Zeit der Gracchen waren sie zunehmend am Erwerb des römischen Bürgerrechts interessiert, doch scheiterten alle diesbezüglichen Vorschläge am Widerstand von Senat und Volk. 91 v.Chr. griffen die Italici zu den Waffen (der sogenannte „Bundesgenossenkrieg"), was ihnen im Jahre 90 das Angebot des Bürgerrechts einbrachte. Sie wurden aber auf wenige *tribus* (→ *comitia*) aufgeteilt und die Vollendung der Einbürgerung verzögerte sich noch bis 70.

Konsuln: Die zwei jährlich von den → *comitia centuriata* gewählten Oberbeamten des römischen Staates. Seit Anfang des 2. Jh. v. Chr. war die Prätur (→ Prätor), seit Sulla auch die Quästur (→ Quästor) eine Vorbedingung, und das 42. Lebensjahr war das Mindestalter für die gesetzmäßige Kandidatur. Die Amtsgewalt der Konsuln, ursprünglich die volle Gewalt der Könige, wurde allmählich eingeschränkt, besonders im Stadtgebiet von Rom *(domi)*, doch blieb ihnen immer das Recht der Einberufung und der Leitung des Senats und der Volksversammlungen. (Bei den Wahlen in den *comitia centuriata* mußte der Wahlleiter ein Konsul sein.) Auch wurden die Konsuln bis an das Ende der Republik mit dem Kommando in den wichtigsten Kriegen betraut und hatten „im Feld" *(militiae)*, d.h. sobald sie die Stadt verließen, die alte, unbeschränkte Gewalt. Im 1.Jh. waren sie gewöhnlich den größten Teil des Jahres in Rom beschäftigt und übernahmen erst gegen Ende des Jahres oder im folgenden Jahr (als Prokonsuln, → Promagistrate) ihr Kommando. Zum Konsulat gelangten hauptsächlich → *nobiles*, und die Wahl eines nicht aus solchen Familien stammenden Mannes verlieh dessen Familie die Nobilität.

Latiner: In der mittleren und späten Republik Bürger der sogenannten latinischen Kolonien, die zumeist von Rom gegründet und mit römischen Bürgern besiedelt worden waren. Sie galten als unabhängige Gemeinden, waren aber mit Rom eng verbunden, hatten z.B. bei den → *comitia* in einer *tribus* Stimmrecht und wurden als Zwischenglied zwischen Römern und Nichtrömern angesehen. Seit der 2. Hälfte des 2.Jh. v.Chr. erwarben ihre Magistrate automatisch das römische Bürgerrecht. Bei der Einbürgerung nach dem Bundesgenossenkrieg wurden sie besser behandelt als die Italiker (→ *Italici*).

Legion: Die größte unabhängige Einheit des römischen Bürgerheeres, in kleinere Einheiten gegliedert. Die Legion bestand im 2. Punischen Krieg aus ungefähr 4000 Mann; im 2.Jh. v.Chr. betrug die Sollstärke wahrscheinlich zumeist über 5000, durch Marius wurde sie angeblich auf 6200 erhöht (doch sicher nur vorübergehend). Im 1.Jh. liegt der Bestand, wo wir ihn beziffern können, zwischen 4000 und 5000 Mann.

Lustrum: Das feierliche, von den → Zensoren am Ende ihrer Amtszeit gebrachte Sühneopfer für die römische Gemeinde. Da es im Prinzip alle fünf Jahre stattfand, wurde das Wort auch für einen Zeitraum von fünf Jahren gebraucht.

Magister (einer Pachtgesellschaft): siehe im vorliegenden Buch S.92f.

Magistrate: Die jährlich von den → *comitia* gewählten Beamten des römischen Volkes.

Nobiles: In der späteren Republik die Nachkommen eines Konsuls oder als gleichwertig angesehenen → Magistrats. Sie beanspruchten bei Wahlen, besonders bei Konsulwahlen, den Vorzug und erhielten ihn im allgemeinen mit der Zustimmung der maßgebenden Wähler (→ *comitia*). Im Zeitalter von Cicero und Caesar hielten sie gegen 90 Prozent der Konsulate.

Pactio: siehe im vorliegenden Buch S. 103f.

Patrizier: Die Nachkommen der Familienväter *(patres)* des römischen Uradels, unter denen die Könige den → Senat wählten und die in den ersten Generationen der Republik das alleinige Anrecht auf Ämter und Priesterstellen hatten. Mit einer einzigen Ausnahme in den ersten

Jahren der Republik wurden zwischen dem Ende der Königszeit und Caesars Diktatur keine neuen Familien in den Stand der Patrizier erhoben, so daß deren Anzahl sich dauernd verminderte. Nach ungefähr fünfzehn Generationen gab es in der späten Republik nur noch ein paar Dutzend Patrizierfamilien. Einige von ihnen spielten jedoch unter den → *nobiles* eine hervorragende Rolle. In den zwanzig Jahren vor Caesars Diktatur waren 30 Prozent der Männer, die zum ersten Mal Konsuln wurden, Patrizier (s. auch Plebejer).

Plebejer, Plebs: Der Großteil der römischen Gemeinde, der ursprünglich von Senat, Magistratur und Priesterstellen ausgeschlossen war. In einem langen sogenannten „Ständekampf“ mit den → Patriziern errangen die Plebejer unter Führung ihrer → Tribune den Zutritt zu fast allen Führungsstellen der Gemeinde und am Ende sogar erhebliche Vorteile. So mußte z.B. immer ein Konsul Plebejer sein und beide durften es. Seit kurz nach 300 v.Chr. waren Beschlüsse der Plebejer unter Leitung der Tribune *(plebiscita)* auch für Patrizier verbindlich. Die führenden Plebejerfamilien stiegen in die Oberschicht auf, und es bildete sich aus Patriziern und Plebejern der neue Adel der → *nobiles*. „Plebejer“ bleibt Fachausdruck für Nichtpatrizier, doch entwickelt sich das Wort „Plebs“, außer in einigen traditionellen Wendungen (z.B. *concilium plebis* für die Versammlung der Plebejer unter Leitung der *tribuni plebis*), zur Bezeichnung des niederen Volkes, das aus dem Aufstieg der führenden Familien keinen Nutzen zog.

Portoria: siehe das vorliegende Buch S.21 und 46.

Prätor: Ein „minderer Kollege“ *(collega minor)* der Konsuln. Er hatte bis auf wenige (z.B. die Wahlleitung in den → *comitia centuriata*) dieselben Rechte wie der Konsul, mußte sich aber dem Befehl des Konsuls fügen. Im 2.Jh. v.Chr. gab es sechs, nach Sulla bis knapp vor Ende von Caesars Diktatur acht Prätoren. Zwei von ihnen beschäftigten sich mit der Rechtsprechung in Rom, die anderen dienten als Verwalter und Befehlshaber in den Provinzen. Als sich nach 123 → *quaestiones (perpetuae)* herausbildeten, wurden Prätoren deren Vorsitzende und konnten erst nach Ende des Jahres als → Promagistrate ein Kommando antreten.

Promagistrate: Nach Ende ihres Amtsjahres wurden → Magistrate, die in einem Krieg oder in einer Provinz tätig waren, oft ein oder mehrere Jahre lang mit fast denselben Befugnissen „an Stelle eines Magistrats“ *(pro magistratu)* im Amt belassen, anfangs durch Volksbeschluß, doch seit dem 3.Jh. v.Chr. normalerweise durch Senatsbeschluß. Ursprünglich wurde → Konsuln das Amt *pro consule* und

→ Prätoren das ihrige *pro praetore* verlängert. Seit dem 2.Jh. jedoch wurde zunächst in den spanischen Provinzen und seit Sulla wahrscheinlich in allen auch Prätoren der Titel *pro consule* verliehen. In Sonderfällen konnte das Volk auch Privatleute zu Promagistraten wählen, wie z.B. Pompeius im Jahre 67. Die Promagistratur konnte von Jahr zu Jahr verlängert werden.

Quaestio: Die Versammlung des römischen Volkes fungierte lange als einziges oder als Berufungsgericht bei Anklage eines Bürgers wegen schwererer Verbrechen. Im 2.Jh. v.Chr. wurde, wenn das Staatsinteresse gefährdet schien, von Senat und Volk manchmal ein Sondergericht *(quaestio)* ohne Berufungsrecht unter Leitung eines → Konsuls oder → Prätors eingesetzt. Gaius Gracchus schuf zum ersten Mal eine *quaestio perpetua*, ein jedes Jahr zu erneuerndes Gericht, das unter dem Vorsitz eines Prätors aus 50 nichtsenatorischen „Richtern" *(iudices)*, d.h. Geschworenen bestand und für *res repetundae* (rechtswidrige Vermögensaneignung durch Senatoren, hauptsächlich Erpressung in den Provinzen) zuständig war. Nach diesem Muster entwickelten sich in den folgenden Jahrzehnten weitere *quaestiones perpetuae*, jede von ihnen nur für eine einzige Art von Verbrechen zuständig. Sulla setzte ihre Zahl auf (wahrscheinlich) sieben fest und übertrug sie an senatorische „Richter". Im Jahre 70 wurde ein Kompromiß angenommen, nach dem sich diese Gerichte teilweise aus Senatoren und teilweise aus → *equites* zusammensetzten. Die Gerichtsbarkeit des Volkes verschwand fast völlig und die Prätoren wurden bis auf die zwei, die die private Rechtsprechung leiteten, zu Vorsitzenden der *quaestiones*.

Quästoren: Jährlich in den → *comitia tributa* gewählte Beamte, die hauptsächlich als Finanzbeamte in Rom und (unter dem Magistrat oder Promagistrat) in den Provinzen fungierten. Dort übernahmen sie in Abwesenheit des Befehlshabers das Kommando und die Verwaltung. Ihre Zahl, noch im frühen 2.Jh. v.Chr. acht, vermehrte sich langsam mit der Zahl der Provinzen und wurde durch Sulla auf zwanzig festgesetzt, wobei es bis knapp vor Ende von Caesars Diktatur blieb. Seit dem späteren 2.Jh. wurden die Quästoren oft – und seit Sulla von Rechts wegen – Mitglieder des → Senats. (Vgl. Konsuln.)

Römisches Münzgeld: Ursprünglich waren die römischen Münzen aus Bronze. Die Standardmünze war der As, der ein römisches Pfund zu 12 Unzen (ca. 320–330 g) wog. Von den verschiedenen Teilstücken betrug der kleinste Wert eine halbe Unze *(uncia)*. Silbergeld, das nach griechischem Währungsstandard geprägt wurde, fand nur im Außenhandel Verwendung. Während des 3. Jh. v. Chr. wurde der As entwertet und sein Gewicht sank bis auf ca. zwei Unzen. Auch die Silberwährung verschlechterte sich während des 2. Punischen Krieges. Um 212/211 wurde eine neue Silbermünze, der *denarius*, grundsätzlich der griechischen *drachma* gleichgesetzt, mit einem Wert von zehn Assen eingeführt. Kleinere Einheiten waren der *quinarius* (ein halber Denar) und der *sestertius* (ein Vierteldenar). Nach weiteren Gewichtsänderungen der Silber- und vor allem der Bronzemünzen wurde der *denarius* um 140 v. Chr. in ein neues Wertverhältnis zum As gesetzt. Dieses Verhältnis (1 Denar gleich 16 Asse) wurde fortan beibehalten. Der *sestertius* nahm nun die Rolle des As als allgemeine Rechnungseinheit ein.

Senat: Das de facto regierende Gremium der römischen Republik. Seine Beschlüsse konnten von Volk oder → Plebs umgestoßen werden, doch kam das nicht oft vor. Bis auf Wahlen und Gesetze, die immer dem Volk oder der Plebs vorbehalten waren, betreute der Senat die Geschäfte der Republik. Die Liste der Senatoren *(album senatus)* wurde von den → Zensoren aufgestellt, die aber normalerweise alle → Magistrate bis auf die niedrigsten aufnehmen mußten. Die → Tribune wurden im 2. Jh. v. Chr., die → Quästoren unter Sulla von Rechts wegen Mitglieder, und die Zahl erhöhte sich von ungefähr 300 auf 600. Senator blieb man auf Lebenszeit, doch hatten die Zensoren immer das Recht – und in manchen Fällen die gesetzliche Pflicht –, Mitglieder strafweise auszuschließen. Die Gliederung bei der Umfrage im Senat war im allgemeinen hierarchisch, von gewesenen Konsuln zu gewesenen Quästoren, die natürlich nicht oft zu Wort kamen. Der Vorsitzende hatte selbst kein Stimmrecht, konnte aber den Gegenstand der Abstimmung formulieren und (nach Sulla) wählen, welchen der gewesenen Konsuln er als ersten um seine Meinung *(sententia)* fragen wollte. Gewöhnlich fand die erste *sententia* allgemeine Zustimmung.

Sesterz: → Römisches Münzgeld.

Tribune (hier nur für *tribuni plebis* verwendet): Ursprünglich Oberbeamte der Plebs, in historischer Zeit zehn, waren sie „sakrosankt" (durch Eidschwur gegen Gewalt und Beleidigung geschützt), um durch ihren ungehinderten Einspruch *(intercessio)* dem → Plebejer (später jedem Bürger) gegen magistratische Übergriffe Hilfe leisten zu können. Aus dem Interzessionsrecht entwickelte sich ein Recht, fast jede Handlung von → Magistraten, Senat, Volk oder Plebs durch persönlichen Einspruch verhindern zu können. Das Kollegium als ganzes nahm auch Gerichtsfunktionen wahr. Die Tribune leiteten die Versammlung der Plebejer *(concilium plebis)*, welche die Tribune und die plebejischen → Ädile wählte und schon seit dem 4. Jh. v. Chr. über Gesetze abstimmte. Seit Anfang des 3. Jh. waren die Beschlüsse der Plebs für das ganze Volk rechtsgültig und die Versammlung der Plebs entwikkelte sich zum Hauptorgan der Gesetzgebung. Seit dem 2. Punischen Krieg konnten die Tribune Sitzungen des Senats einberufen und leiten; im 2. Jh. wurden sie Mitglieder des Senats und bald de facto Magistrate. Das Volkstribunat wurde für Plebejer in die Ämterlaufbahn eingestuft, doch fanden sich immer unter den Tribunen gewissenhafte Vertreter der Plebs.

Ultro tributa: siehe das vorliegende Buch S. 22 und 37.

Volksversammlungen: siehe *Comitia*.

Zensoren: Zensoren wurden normalerweise im Frühjahr jedes fünften Jahres gewählt, nach 200 v. Chr. aus der Zahl der gewesenen Konsuln, und blieben achtzehn Monate im Amt. Sie erstellten die Listen von Senat, → *equites* und Volk (die letztere nach Vermögensklassen geordnet) und versteigerten die Kontrakte für Steuern, Mieten und → *ultro tributa*. Aus der Aufstellung der Listen entwickelte sich eine Sittengerichtsbarkeit: Die Zensoren konnten auf eine Anklage hin Verstöße gegen die anerkannten Sittennormen, die nicht unter das Strafgesetz fielen, mit Verlust verschiedener Standes- und Bürgerrechte bestrafen. Am Ende ihrer Amtszeit brachten sie das → *lustrum* dar.

Verzeichnis der Eigennamen

Abkürzungen: cens. = Zensor, *cos.* = Konsul, *pr.* = Prätor, *aed.* = Ädil, *tr. pl.* = Volkstribun, *q.* = Quästor; A. = Aulus, Ap. = Appius, C. = Gaius, Cn. = Gnaeus, D. = Decimus, L. = Lucius, M' = Manius, M. = Marcus, P. = Publius, Q. = Quintus, T. = Titus, Ti. = Tiberius.

Die in Klammern gesetzten Zahlen verweisen auf den jeweiligen Artikel in der RE (s. Abkürzungsverzeichnis S.218).